叢書・ウニベルシタス 199

# 他者の記号学

## アメリカ大陸の征服

ツヴェタン・トドロフ
及川　馥／大谷尚文／菊地良夫 訳

法政大学出版局

Tzvetan Todorov
LA CONQUÊTE DE L'AMÉRIQUE
La question de l'autre

他者の記号学／目次

隊長《カピタン》アロンソ・ロペス・デ・アビラは戦闘中に若いインディオの女をつかまえた。美しく、しとやかな女性だった。戦場で死ぬことを恐れる夫にたいして、彼女は、夫以外の男のものにはならないと約束していた。だから、どんなに隊長が口説いても、彼女が他の男によって汚されるくらいなら生命をすてようとするのを止めることはできなかった。そのため彼女は犬の群れに投げあたえられたのである。

ディエゴ・デ・ランダ
『ユカタン事物記』32章

私はこの本を犬たちに食い殺されたマヤの一女性の思い出に捧げる。

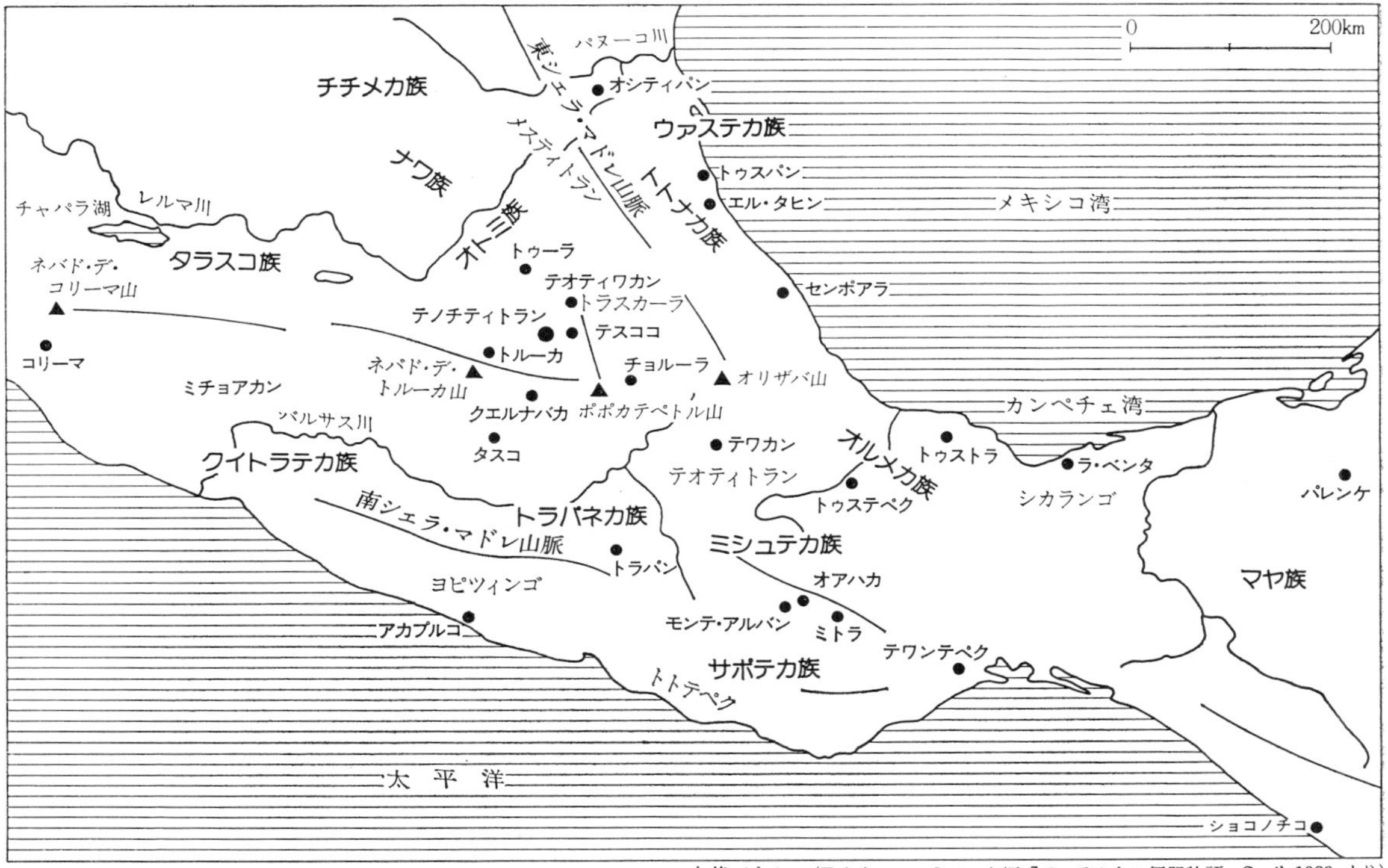

古代メキシコ(T.トドロフ，G.ボード編『アステカ人の征服物語』Seuil, 1983. より)

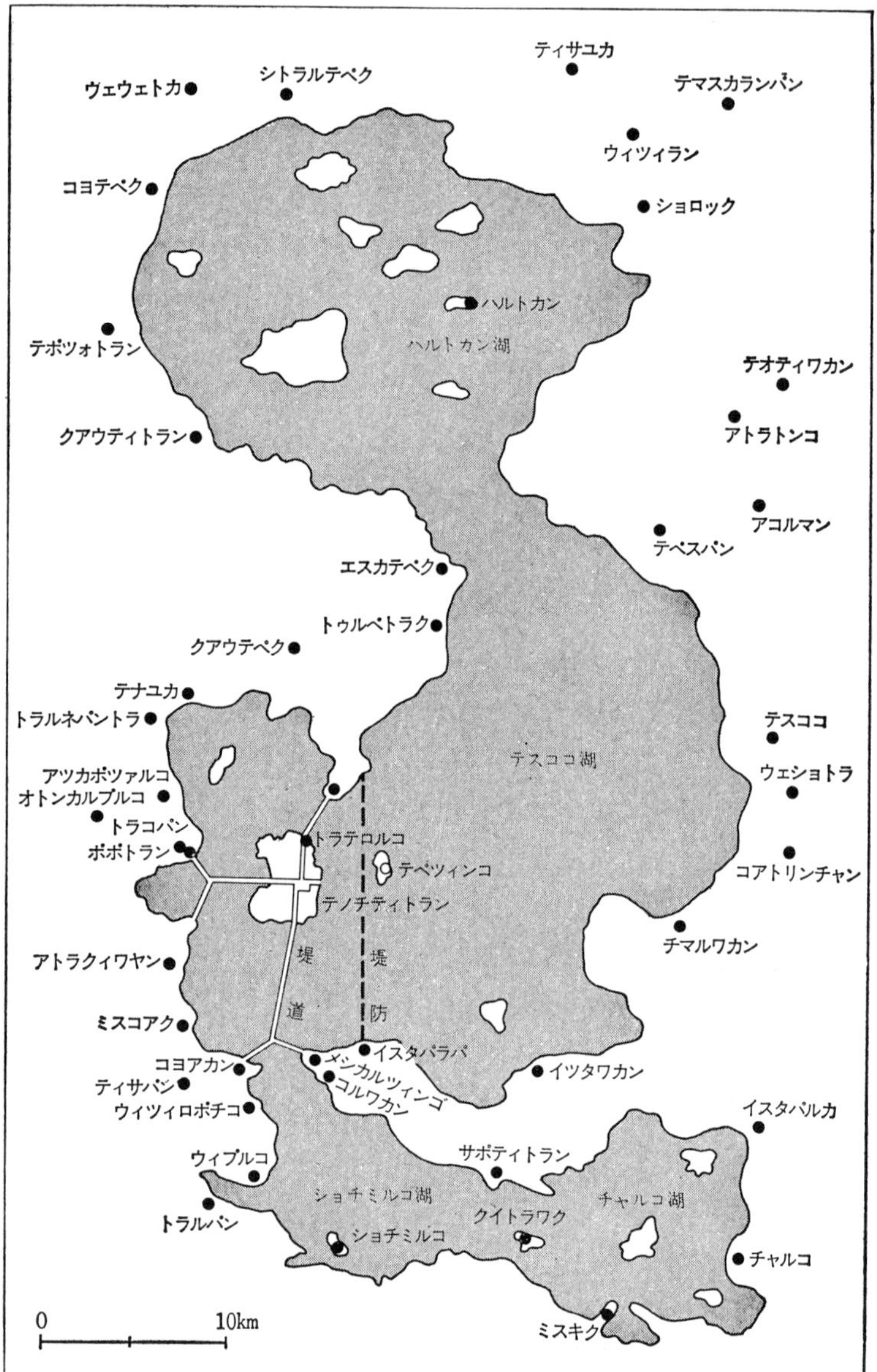


アステカ時代のメキシコ盆地(T.トドロフ, G.ボード編『アステカ人の征服物語』Seuil, 1983. より)

# I　発見

# 1　新大陸の発見

私が語りたいのは、私というものがおこなう他者の発見である。これは途方もなく大きな主題である。この主題はひとたび一般的な形で提起されるやいなや、たちまち類別化による細分化が生じ、しかも多様な方向に分散化され、はてしなく続くことが分かるであろう。だれでも自己の中に何人もの他者を発見するのだし、また人間は等質の実体ではなく、自己以外の一切のものと根本的に異なる実体ではないということも異論なく首肯しうるであろう。私とは一人の他者なのだ。しかしさまざまな他者はまたさまざまな私でもある。つまりそれらの他者は私に似た主体たちであり、それらと私とを実際上分離区別するのは、人々はみなあちらにおり、私のみがここにいるとする私の視点だけである。こういう他者を抽象概念だとみなすこともできるし、いかなる個人にもある心的装置の審級《アンスタンス》とみなしたり、われにたいする他人または他性としての「他者」のようなものとしたり、あるいは私たちが属していないなんらかの現実の社会集団だとみなすこともできる。この集団にしても、またそれなりに男性にたいする女性、貧者にたいする富者、〈正常者〉にたいする異常者、といったふうにして社会内部の集団であることもあるし、また社会の外部の集団、したがって別な社会になることもありうる。別な社会とは場合により、近かったり遠かったりする社会である。つまり、文化的、道徳的、歴史的な面で私たちが関連をもつ近い人々の社会であり、他方、私が言葉も習慣も理解できず、極端な場合には、あまりにも見知らぬゆえに、私たちと同じ人類に属しているのだろうかと危ぶんでしまうほどの未知の人々、異邦人たちの社会である。このうち外側の、遠くにいる他者についての問題が私の選択したものだ。この選択は少々恣意的だが、絶対にやりつくせないような探求をはじめるのに、一度に全部を説明することなどだれにだってできないであろう。

だがこの問題をどのように語るべきか。ソクラテスの時代は、語り手は習慣としてつぎのように聴衆にたずねたものだった。皆様がたお好みの表現様式あるいはジャンルは何でありましょうか。たとえば、神話つまり物語なのでしょうか、それとも理詰めの論法でしょうか、と。書物の時代になると、読者にこの決定を委ねることは不可能となった。書物が存在するためには選択が前もってなされていなければならなかった。そしてできることといえばせいぜい、この選択に好意的に応じてくれそうな読者層を想像するか要望するかぐらいであり、あるいはまた、主題そのものが暗示したり有無をいわさずおしつけてくる答えに耳を澄ますぐらいなのである。私は歴史を叙述することを選んだ。これは論証というよりも神話に近いが、しかしこの歴史は構想上二つの点で神話とは区別される。まず第一に実話であること（神話とは、実話でありえたかもしれないのに、そうあるべきでなかったものである）。第二に、私の興味の重点は歴史家としてよりもモラリストとしての方におかれている。私には過去よりも現在が大事なのだ。他者にたいしてどのように振舞うべきかという問いにたいしては、もっぱら事例史（これが選ばれたジャンルとなるであろう）を語ることによって答えることにしたい。すなわち、できるかぎりの真実を盛った歴史ではあるが、同時に聖書注釈学者が比喩的《トロポロジック》意味あるいは精神的道徳的意味と名づけているものを歴史から絶対に見失わないように努めながら物語ることである。そのため本書では、少しばかり小説ふうな要約もしくは全体の簡単な概観、あるいは引用文で固められた実際の情景、その細部分析、あるいは展開された事件を作者が注釈する小休止部分とか、それに、もちろん頻繁な省略や削除といったものが、交互にあらわれよう。しかし、これこそすべての歴史の出発点ではなかろうか。

私たちの前には無数の物語が提供されているが、私はつぎの一つを選ぶ。新大陸の発見と征服である。より正確におこなうための私の枠としてつぎのようにした。時間の単位《ユニテ》としては、コロン〔コロンブス〕の第一次航海後の約百年、つまりおおよそ一六世紀の全体、つぎに場所の単位として、カリブ海とメキシコ（時に中央アメリカとも呼ばれる）の地域、最後に筋の単位として、スペイン人がインディオをどう理解していたかをとりあげた。この最後のものが私の唯一の主題となろう。例外的に、モクテスマと彼の部下たちもとりあげよう。

この主題の選択は他者発見の世界への第一歩であるとして――後になって――二つの理由が裏づけてくれた。まず第一に、新大陸の発見、というよりむしろそこの原住民の発見は、ヨーロッパの歴史上もっとも驚嘆に値する他者との出会いであった。他の大陸や他の人種の〈発見〉においては、本質的な違和感は実際上はなかった。ヨーロッパ人はアフリカやインド、中国の存在をまったく知らなかったわけではない。これらの国々の記憶はそもそものはじまりからすでにいつも人々の前にあった。たしかに月は新大陸よりもはるかに遠いが、今日ではご存知のように、月との出会いを出会いとはいわないし、その発見もさほどの驚きをともなわない。月の上で生きものの写真を撮るためには、宇宙飛行士がカメラの前に立たなければならず、その宇宙服の中に唯一の影、つまりもう一人の地球人の影が見えるにすぎない。一六世紀初頭、新大陸のインディオ自身はまさに現存していたのだが、予想されうるように、遠隔地の他の人種のイマージュや観念を、新しく発見された人々に投影したとしても、その理解はまったくちんぷんかんぷんになるばかりだ（図1参照）。出会いがこれほどの強度（使用すべき言葉として真にふさわしいかどうかは分からないが）に達することは、もはや決してありえないであろう。一六世紀は人類史上最大の民族大虐殺がお

図1　西インドの船と城

かされるのを目撃するのだから。

新大陸の発見が今日の私たちにとってきわめて重要なものであるのは、それが単に極端な出会いであり、しかも出会いの典型的なものであるからだというだけではない。こうした範列的《パラディグマテック》価値の他に、直接的因果関係による別な価値がそこにあるからである。なるほどこの世の歴史は、征服と敗北、植民地化と他者の発見によって作られている。しかし、これから証明することになるのだが、今あるヨーロッパ人のアイデンティティが示され、基礎づけられたのはまさにこの新大陸の発見によるのだ。時代を二つに区分できる日付というものは、どれでも自由に決められるとはいえ、一四九二年――コロンが大西洋を横断した年――以上に近代のはじまりを刻むにふさわしい年はないであろう。ヨーロッパ人はすべてコロンの直接の子孫であり、――はじまりという言葉が意味を有するかぎりにおいて――私たちの系譜がはじまったのは、彼コロンにおいてなのだ。ラス・カサスがのべているように一四九二年以来、私たち〔ヨーロッパ人〕は「かくも新しい、他に類を見ない時代」（ラス・カサス『インディアス史』I, 88）に入ったのである。この時以来（たとえ宇宙は無限であるにせよ）、世界は閉じられ、コロン自身が断固たる口調で宣言したように「世界は小さくなった」のである。（《たぐいまれな手紙》一五〇三年七月七日。コロンを描いた一枚の絵は、何かしらこうした精神を伝えている。図2参照）。それまでは、人は全体にはかかわらない一部分を構成していたのにたいして、自分たちがその一部分となっている全体の存在に気づいたのだ。本書は、つぎのような人物によって書かれたいくつかのテクストの読解をとおして、新大陸発見のその日から、その後の一世紀の間にいったい何が起こったかを理解しようとする試みである。それらの人物には、コロンのようにモノローグで語る者や、コルテスやモクテスマのように行為という対話を交した者、ラス・カサスやセプルベダのように学者言葉で討論をまじえた者、あるいはインディオを相手にしたドウランやサアグンなどのような、

図2　ドン・クリストーバル・コロン

あまり対話らしくない対話のやりとりをする人物像などが見られよう。

――だが前置きはさておき、本題に入ろう。

コロンの勇気は賞讃に値する（このことは数限りなくくり返されてきたことだ）。おそらくヴァスコ・ダ・ガマやマゼランの方がはるかに困難な航海を企てたのだが、しかし彼らは行先を知っていたのだ。それにたいしコロンは、いかに自信に満ちていたにせよ、海の尽きるところが深淵ではなく、奈落への墜落はありえないという確信はもちえなかったのだし、あるいは、西方への航海は――人々が地球の頂点にいるので――長い傾斜面を下って行くことであり、再び戻るのはさらに至難なことではないかということにたいして、ずばり帰還は可能であるとはいい切れなかったのである。そこで時間的経過をたどるこの研究における最初の問いは、彼を出発へと駆り立てたものは何か、どのようにしてそういう事態が生じたのか、ということになる。

コロンの書き残したもの（〔航海〕（訳注）日誌、書翰、報告書）を読むと、本質的な動機は富への欲望にあったという印象を受けるかもしれない。（ここで、といっても、これ以降も同様なのであるが、私がコロンについてのべることは、他の人にもあてはまったはずである。もっとも、コロンはしばしば最初に行動した人間であり、したがってその手本を示した人ということになる）。金《きん》が、最初のうちは発見しても微々たるものだったからむしろ金の探索というべきだろうが、第一次航海中、つねに彼の頭につきまとっていた。陸地発見の翌日、一四九二年一〇月一三日には、はやくも自分の日誌（原注）に「注意深く気を配って、黄金があるかどうかを知ろうと努めた」と記している。このことは絶えずくり返される。「自分はもっと遠くに行き、多くの島々を訪れ、黄金を発見する目的があるので、一か所に止《とどま》っていたくないのです」（一四九二年一〇月一五日）。「提督〔コロン〕の探し求めているのは金以外の何物でもないことを彼ら〔インディオ〕に分からせるために、それらのもの〔金以外の品々〕を一切相手から受け取らないように命じた」（一四九二年一一月一日）。コロンのおこなう祈りすらも、「われらが主よ、どうかご慈悲をもって、あの黄金を発見する手助けを私にあたえられますように……」（一四九二年一二月二三日）となる。またずっと後の報告書（《アントニオ・デ・トーレスへの覚書》一四九四年一月三〇日）にも、「金《きん》をかき集めることがわれわれの活動である」と簡潔にその根拠を認めている。また、金があるとコロンが信じる手がかりが航海を決定する。「私は金や宝石を探すため、南西の方角に行く決心をした」（一四九二年一〇月一三日）。「彼はバベックと呼ばれる島に行きたいと望んだ。そこには多量の金があると聞き知っていたのだ」（一四九二年一一月一三日）。「提督は金の生まれ出る所のすぐ近くにいると考え、われらの主がその産する場所を示して下さるだろうと思っていた」（一四九二年一二月一七日。当時、金は〈生まれる〉ものと考えられていた）。こんな具合で、コロンは島から島へと渡ることになる。というのは、インディオは、彼を厄介払いしたい時には金の話をすればよいことに、間違いなく気づいていたと思われるからである。「夜が明けると、彼は帆を上げ、島々に向かっての進路をとり続けた。インディオたちは、その島々には多量の黄金があり、中には土よりも黄金の方が多い島さえあるといっていた」（一四九二年一二月二二日）。

とするならば、コロンを航海に駆り立てたのはありふれた金銭欲となるのであろうか。彼の書き残したものを読むだけで、そうではないことが十分納得される。ただコロンは富、とりわけ金が人を引き寄せる餌としての価値をもちうることを知っていただけのことだ。難局に直面すると、彼は黄金の約束によって人々を安心させた。「その日、完全に陸地が視界から消えた。これから、ずっと長い間、陸地が見られないかと心配して多くのものが、ため息をつき涙を流した。提督は彼らが希望をもち、長い航海中の恐怖を取り除くために、あまたの土地と富とが大いに約束されているといってみなを元気づけた」（フェルナンド・

コロン、18)。「ここで船員たちはもう辛抱しきれなくなった。彼らは長い航海に不服を申し立てた。しかし提督はみなが得られるであろう利益にたいし大きな希望を抱かせて、できるかぎり彼らを元気づけた」(一四九二年一〇月一〇日)。

億万長者への皮算用をしたのは水夫ばかりではない。もし利益の約束がなければ、探険の融資者はもとより、スペイン両国王もこの計画に参加しなかったであろう。コロンがつけていた日誌とは、実にこうした人たちへの対策用のものだった。それゆえ、(金それ自体の代りに)金があるという手がかりがどのページにも濃厚でなければならなかった。第三次航海の折に、最初の船団編成を思いだしながら、黄金とは、いわば彼への出資を受諾するよう〔フェルナンド及びイサベラ〕両国王の鼻先に差し出した人参だったのだとかなりあけすけにのべている。「教会の世上権についても申し上げておく必要がございました。そこで、歴史を論じかつこれらの地域がいかに莫大な富を有しているかを物語っている権威あるあまたの学者たちの書物を彼らに示すことにいたしました」(《両国王への書翰》一四九八年八月三一日)。また別な折には、金をかき集め、保有したのは「両陛下がそれをお喜びになり、そして、かくも大量の大金鉱を前にした状態なら、その計画の重要性をご理解いただけるがためであります」(《保育女官への手紙》一五〇〇年一一月)と語っている。しかしコロンがこれらの原動力を重要だと考えたのは間違いではなかった。彼の不運、少なくともその一端は、島々に思ったほどの金がなかったことによるのではなかろうか。「私がこうしてはじめた企てに中傷や侮辱が生まれるとすればその点にあります。というのも、私は金を積み込んだ船をただちにお送りしたわけではございませんから」(《両国王への書翰》一四九八年八月三一日)。

コロンと両国王との対立となった長い紛争は有名である(やがてどちらも跡継ぎ間の訴訟問題となった)。それは、とりもなおさず提督が〈インディアス〉から取得するものとして承認されていた利益額をめぐることであった。だが、こうしたことにもかかわらず、コロンの真の動機は物欲にあったのではない。彼にとって富が重要であるとすれば、それによって発見者としての彼の役割が認められることを意味するからである。しかし自分自身のためなら、むしろ修道僧の粗末な衣服を選んだであろう。黄金は、コロンの興味を本当に引き出すにはあまりにも世俗的な価値であった。だから第三次航海の日誌にみられるように「私が財宝を蓄えたり、自分のためにそれらを捜し出そうとして、あらゆる労苦にこの私が耐えているのではないことをわれらの主はよくご存知であらせられるからです。というのも、もし人間が神への栄誉と奉仕のために行動するのでなければ、この世におけるすべての行為は虚しいということを私は承知いたしておるからです」(『インディアス史』I, 146)とか、また第四次航海報告の末尾の「私はこの航海を名誉と財産を得るためにおこなったのではありません。これは本当のことです。なぜなら、私はこれらにたいするどんな望みもいだいていないからです。私は邪心なき意図と大いなる熱情をもって両陛下のもとにやって参りました。嘘いつわりを申しているのではございません」(《たぐいまれな手紙》一五〇三年七月七日)という彼の言葉は、これを信じるべきであろう。

ところで、この邪心なき意図とは何か。第一次航海日誌にコロンはその意図をしばしば明示している。それは、マルコ・ポーロが忘れがたい肖像を残したあの大汗王《グラン・カン》または中国皇帝に会見したいという意図なのである。「私はさらに進んで大陸に赴き、キンサイ(杭州の都)に行って両陛下の御親書を大汗王に奉呈し、その返書をいただき、これをもち帰る決心をいたしました」(一四九二年一〇月二一日)。しかしこの目標はなんとなく先送りにされる。目前のさまざまな発見で手が回らなくなっていたからだが、実際には、それを忘れてしまうことは絶対になかった。それにしても、ほとんど子供じみてみえるこの執念は一体どうしてなのだろう。その理由は、いつもマルコ・ポーロに起因するのだが、「はるか以前にカタイ(中国)

の皇帝がキリスト教を学ぶために学者を派遣するよう要請した」（《たぐいまれな手紙》一五〇三年七月七日）こと、そしてこの願いがかなえられる道を開こうとしたのがコロンだからである。彼の心を深く捉えたのは、黄金ではなくてキリスト教の伝播であり、前述した手紙や、とりわけつぎのような教皇への手紙に彼の意志がよくあらわれている。彼がこれからおこなうであろう航海は、「聖三位一体と聖なるキリスト教の栄光を讃える」ためであり、だからこそ「過去において、永遠なる神がつねに私に勝利をもたらしたように、神の勝利を期待する」のである。彼の行為は「聖なるキリスト教信仰の栄光と発展に寄与する崇高かつ高貴な」ものとなる。結局、彼の目標は「われらの主がその聖なる御名と福音書を世界中に広められるよう期待する」（《教皇アレキサンデル六世への書翰》一五〇二年二月）ことであった。

キリスト教の世界制覇、これこそ、心の底から信仰深い男コロン（彼は日曜は絶対に航行しなかった）を動かした動機である。まさにこの理由のために、自らを選ばれた人、神の使命をおびた者と見なした。また彼の船の難破（なんとクリスマスの夜だった）とか、波の動きなどのなかにも、いたるところで神の介入を見るのだった。「数々のめざましい奇跡をとおして、神が、この航海中すがたをあらわしたまわれたのだ」（一四九三年三月一五日）。

そればかりか、金銭への欲求と真の神を受け入れさせようとする願望とは相反するものではなかった。むしろ従属関係すらそこに見られる。つまり前者は手段で後者が目的なのである。事実、コロンが世界中に福音書を宣揚するよりも、もっと具体的な計画をもち、しかもいつまでもそれをもち続けていた点に彼の気質がよくあらわれている。何世紀か時代遅れのドン・キホーテよろしく、コロンは十字軍に遠征し、エルサレムを解放せんと欲していたのだ。ただその当時も、それは突飛な計画であった上に、また彼には財力がなかったから、耳を傾ける人はだれ一人いなかっただけのことだ。一五世紀というこの時代に、財力のない男が十字軍を派遣したいと欲するならば、どのようにしてその夢を実現しうるのか。それはコロンの卵同様、簡単なことである。資金を得るには新大陸を発見しさえすればよい……。というより、《直接》西ルートで中国に行くだけでよい。なぜなら、マルコ・ポーロや他の中世の著述家が断言しているように、そこには黄金が豊富に〈生まれている〉からである。

この計画が夢物語でないことは十分に確認されていた。第一次航海中の一四九二年一二月二六日、黄金を発見したいという願望を記している。「そして、それがきわめて多量であり、両国王は〈聖なる家〉を征服に赴く準備をおこない、三年以内に敢行することがおできになるであろう。かくして私は両陛下に、私の今回の事業による利益はエルサレム征服のために使われますようにと申しのべました。両陛下はこれにたいしお笑いになり、嬉しいことだとのべられて、たとえその利益がなくともこの征服こそご自分の望みである旨仰せられました」とコロンはのべている。このエピソードはまた少し後で回想されている。「インド〔インディアス〕発見のために奔走していた時、インドから得られるであろう収益をエルサレム征服のためにお使いなされる決定を下さるよう、われらの主君、国王陛下と女王陛下にお願い申し上げようと思っておりました。そして実際にそうお願いいたしました」(《世襲財産の相続指定》一四九八年二月二二日)。コロンが第一次探険に必要な援助を求めて王宮に参上し説明したのがこの計画であった。一方、両国王の方ではその申し出をごく真面目には受け取らなかったが、もし利益が上がるはずなら、その計画による利益を他の目的に使う権利を留保しておかなければならなかった。

コロンは自分の計画を忘れることなく、教皇への手紙でもつぎのように触れている。「この計画によって得たものは、〈聖なる家〉を〈聖教会〉に取り戻させんがために使用する意図のもとにこの事業が企てられました。あちらに到着し、陸地を見てから、われらの主君、すなわち国王及び女王陛下につぎのようにしたためました。今日から七年間、私は〈聖なる家〉征服のために、五万の歩兵と五千の騎兵を養成しようと思います。これに続く五年間は、さらにもう五万と五千の歩兵および騎兵、計一〇万の歩兵と一万の騎兵を前述の征服のために準備いたす所存です」（一五〇二年二月）。しかしコロンは征服がまったく別の方角、つまり彼の発見した陸地のすぐ近くで、しかも結局は、はるかに少数の兵士でたえずなされ続けるとは知るよしもなかった。彼の訴えがさほど多くの反応を引き起こさなかったのもこのためである。「かの栄光ある計画が腕を広げてあなた方に呼びかけています。今日までその計画はだれからも無視されていたものです」（《たぐいまれな手紙》一五〇三年七月七日）。であるからこそ、彼自身の死後も、その意図が生かされることを願って、世襲権を設け、彼の息子（または息子の後継者）につぎのような指示をあたえている。可能なかぎり多くの資金を集めること――もし両国王がその計画を放棄するとしても「たった一人ででも、できるかぎり強力なかたちで出発」（一四九八年二月二二日）できるようにするためである。

　ラス・カサスはコロンについてのあの有名な人物像を書き残している。コロンの十字軍への偏執ぶりを、深い宗教心という文脈上に巧みに位置づけたのである。「金《きん》とか貴重品が彼のところにもたらされると、コロンは自分の礼拝室に入り、こうした時にはそれが当然の義務であるかのように跪き〈われらの主に感謝いたしましょう。私たちをこれほどの富の発見にふさわしい者となし給うたことを〉とのべるのだった。彼こそ神の栄光のこの上なく敏感な擁護者、人々を改宗させ、キリスト信仰の種がいたるところにまかれ広まるのを目にしたいと貪欲に渇望する人であった。とりわけ彼がその一身を捧げたことは、神の思し召しにより、自分が聖墓所の解放のために何らかの役に立つ者となることであった。神の導きにより、自分が約束した世界が発見されたのだという崇拝と信頼から、コロンは彼の発見により両国王が取得できるすべての財産をエルサレムの聖地と〈聖なる家〉の解放のために捧げられんことを、晴朗なるドニャ・イサベラ女王陛下が誓言なさるよう懇願し、女王陛下もまたそのように誓いを立てられた……」(『インディアス史』I, 2)。

コロンは純然たる人間界の事柄よりも神との接触にはるかに興味をもっていたが、それだけではなく、彼の宗教心のあり方が（当時としては）とくに古風なのである。十字軍の計画が中世以来放棄されたのは、それなりの理由があった。コロンの特徴である中世的な考え方が新大陸の発見をなさしめ、かつ近代の幕開けとなったのは実に皮肉なことである。（ここで〈中世的な〉とか〈近代的な〉という二つの形容詞を決して正確に使い分けているのではないことを私は認めるにやぶさかではないし、むしろそのことをお断りしておくべきである。とはいえ、これらの言葉は使わざるをえない。今後本書では、特殊な内容で使われるときまでは、この形容詞はごくふつうの意味で使用されると了解されたい）。ご承知のようにコロン自身は近代人ではない。この事実は発見の過程でも適切にあてはまる。あたかも新世界をこれから生み出そうとする人が、その世界にはもはや所属不可能な（古い）存在であるかのようにである。

しかしまた、コロンの考え方のある種の特徴は私たちのそれにかなりよく似ている。一方では、何もかも外的かつ絶対的な理想（キリスト教）に服従させる結果、この理想の実現のためには、地上のありとあらゆることが、単なる手段にすぎなくなる。しかしながら、他方では、彼にとってはもっとも成功した活動ともいうべき、自然界の発見——こうした行為それ自体で十分なのだという気分を引き出す一種の喜び——にいたったように思われる。この活動では、実用性はまったく考慮されず、手段としての行為が目的となる。近代人にとっては、事物、行為、存在のそれぞれがそれ自体で正当化できるときにのみすばらしいものであるのと同じく、コロンにおいても、〈発見する〉とは無目的な行為なのである。「私の望みは、可能なかぎり、多くを見極め、発見することだ」（一四九二年一〇月一九日）と彼は記し、「東方にのびているあの陸地を全部見て、その全海岸を踏破してから帰りたかったと彼はのべている」（一四九二年一二月三一日）と〔『日誌』に〕書かれている。島を訪れたいという気にさせるには、彼に新しい島があると知らせるだけで十分だった。第三次航海日誌には次のような強い表現が見られる。「他の大陸を発見し、その秘密を見極めるためなら、すべてを投げ出す覚悟であると彼はのべた」（『インディアス史』I, 136）。「彼のいうところによれば、彼がもっとも望んだことは、より多く発見することだった」（同書、I, 146）。また別なときには、「どんな利益がこの国から引き出せるでしょうか。このことはここには記述しません。しかし両陛下、このような土地柄のところには、間違いなく有益なものが無限にあるに相違ありません。しかし私はどの港であろうとそこで足止めしようとはいたしません。それは、私ができるだけ多くの土地を見聞し、それについて両陛下にご報告申し上げようと考えたからであります」（一四九二年一一月二七日）。コロンにとってはそこに見出される〈に違いない〉利益なるものは二次的でしかなかった。重要なことは〈陸地〉であり、それを発見することであった。実をいえば、この発見とても、航海を物語るという目標にしたがっていると思われる。まるでコロンは、前代未聞の物語を作るために、ユリシーズのようにあらゆる企てをおこなったようにみえる。しかし旅行記そのものは、単なる到達点でなく、新航海への出発点ではなかろうか。コロン自身は、マルコ・ポーロの見聞録を読んだからこそ出発したのではなかったろうか。

（原注）テクスト中の参考文献名は省略されたものである。正式なタイトル名は本書末尾に付した「人名注・索引」を参照のこと。（ ）内の数字は、とくに指示がなければ、章、節、部等であり、ページ数は示されない。

（訳注）コロン〔ブス〕の航海『日誌』はラス・カサス神父が抜粋・要録したもののみが現存する（林屋永吉訳『コロンブス航海誌』岩波文庫、または大航海時代叢書I『航海の記録』岩波書店、参照）。『日誌』からの引用は以下すべて年月日のみとし、書名は省略する。

## 2　解釈学者コロン

コロンは目の前にある陸地が、数多い島の一つではなく、これこそ大陸であることを証明しようとして（ラス・カサスによって転写された第三次航海日誌の中で）つぎのように推理する。「これは今日までまったく知られていなかった、一つの大きな大陸であると私は確信しております。この考えに強い確証をあたえるのは、途方もなく大きな河とその淡水が流れ込む海があるという事実であります。さらに、エズラ書の第四書第六章で、地上には六つの大陸の部分と一つの海の部分があると語っていることもその根拠であります。この書物は教父アンブロシウスがその『ヘクサエメロン』のなかで、また聖アウグスティヌスも認めております。そのうえ、別な機会に捕えた多数の食人種インディオの話によれば、彼らの国の南方に大陸があるということであり、このことも私に確信をあたえてくれるものであります」（『インディアス史』I, 138)。

三つの論拠がコロンの信念を支えている。厖大な量の淡水、聖書の権威、そしてそこで出会った他者の見解である。だが明らかにこの三つの論拠は、同じレベルに置かれるものではなく、むしろコロンの世界を分割する三領域、すなわち自然、神、人間という領域の存在を示している。征服の際に、この三つの動機——第一は人間的な動機（富）、第二は宗教的な動機、第三は自然との交歓が生み出した動機——が見られるとしても、偶然とはおそらくいえない。コロンが世界と交渉《コミュニケーション》をもつ場合、彼が問いかける（あるいは逆に問いかけられる）ものが、自然か神か人間かによって、彼の反応は異なってくる。もう一度、大陸の例に話を戻そう。コロンが間違っていないとすれば、それはつとに第一の論拠〔自然〕による（日誌によれば、この論拠は現実との接触をとおして少しずつ形成されたのが分かる）。淡水が海の沖の方まで押し出しているという観察から、彼は持ち前の洞察力にものをいわせて、水流の強さと河の流れ下った距離を演繹し、だからこれは大陸であると結論づける。反対に〈食人種インディオ〉がのべたことは、おそらく彼には皆目理解できなかったはずである。同じ航海のもっと早い時期には、つぎのような対話の模様が伝えられている。「あれは確かに島である、なんとなればインディオたちがそういっているのだから、と彼（コロン）はのべた」。ラス・カサスは次のように補足する。「このことからして、彼にはインディオのいうことが理解できなかったようだ」（『インディアス史』I，135）。神にかんしてはどうであったろうか……。

コロンにとってはこれら三つの領域は同一次元上に生じたはずだが、私たちには実際のところ、そういうわけにはいかない。私たちにとって現実的な交換とは、自然との交換と人間との交換という二つのみである。神との関係は、たとえそれによってあらゆるコミュニケーションの形式が影響を受けたり、あらかじめ決定されるとしても、それはコミュニケーションの領域外である。ところがコロンの場合がまさしくそうなのである。彼の神にたいする信仰の形式と彼の解釈にたいする戦略との間には、確固たる関係が存在するのである。

コロンは信仰者だといわれるときは、目的より行動の方が重要である。彼の信仰はキリスト教だが、たとえ彼がイスラム教やユダヤ教を信じたとしても、別なふうに行動したとは思われない。重要なのは信仰そのものの力である。「聖ペテロは海にとび降り、信仰によって支えられるかぎり長い間海上を歩いた。

ホソムギ一粒の大きさの信仰をもつ者でさえ、山をも服従させるであろう。信ずる者は求めよ、すべてはあたえられるであろう。扉を叩け、開かれるだろう」とコロンは『予言の書』(一五〇一年)の序文に書いている。だが彼はキリスト教の教義だけを信じていたのではない。彼はキュクロープス(一眼巨人)、セイレーン(人魚)、アマゾン(女人族)、有尾人の存在をも信じている(当時としては彼のみではない)。そして、彼は聖ペテロに比肩する深い信仰により、これらのものを見出すことができるのである。「ここから先には、一つの目の人間や犬の鼻面をした人間がいるといっているように彼は理解した」(一四九二年一一月四日)。「前日、リオ・デ・オロ〔黄金川〕を遡上して行ったとき、海上高く三匹の人魚がとび上がるのを見た。それは絵に描いてあるように美しいものではなかったが、何かしら人間のような顔をしていた、と提督は語った」(一四九三年一月九日)。「その女たちは女としての仕事を少しもおこなわず、むしろ、前述したように、葦で作った弓矢の訓練に専念し、豊富に産する銅の薄板で身を覆い武装する」(《サンタンヘルへの手紙》一四九三年二月〜三月)。「私がまだ走破していない二つの国が西の方にあり、そのうちのアバンと呼ばれる国では、人は尻尾をもって生まれる」(同書)。

コロンの信じているもののうちでも、もっとも驚くべきものは、実のところ、キリスト教からきている。それは地上の楽園にかんするものである。ピエール・ダイの『世界像について』によって、コロンは楽園は赤道の向こうの温暖な地帯にあるにちがいないと判断した。カリブ諸島への最初の航行中には、驚くべきことにそれらしきものは何一つ見つけられなかった。しかしひとたびアソーレス諸島に戻ってくると、「地上の楽園は東洋の果てにある、というのはその地は気候がまことに穏やかであるからだ。今回自分が発見した土地こそは東洋の果てである」(一四九三年二月二一日)と宣言している。第三次航海では、コロンが赤道にだんだん近づくにつれて、このテーマが頻繁に顔を出すことになる。まず彼は、地球の球形がいびつになっていることに気づいたと思う。「私は世界は絵に描かれているように丸いものでないことを発見いたしました。ごく丸い西洋梨の、頭のところが高く突起している花柄《かへい》の部分がくっついた形状であります。あるいは、丸いボールの上に、女の乳房がついたような形のもので、その乳首に相当する部分が地表ではもっとも高く、天空にもっとも近く、かつ東洋の果ての大西洋の赤道直下に位置しているのであります」（《両国王への書翰》一四九八年八月三一日）。

この隆起した部分（梨の上の乳首）は、地上の楽園の所在地を示す追加論拠となる。「私はあの地こそ、神のご意志によらなければ何人といえどもたどり着けない地上の楽園であると確信いたしました。（……）この楽園にかんしては種々の書き物に示されているような、急峻な山で形成されているとは思われません。そうではなくて楽園は、さきに申しました、あの隆起した部分にあるのですが、その部分は、はるか彼方からなだらかにはじまった起伏が西洋梨の先端を形成するところにあると考えられます」（同書）。

コロンの信仰が、どのように彼の解釈に影響するかをここに見ることができる。彼には自分に話しかける人の言葉をもっとよく理解しようという気はない。それというのも、一眼巨人《キュクロープス》や有尾人、アマゾンに遭遇することを前もって知っていたからだ。彼は〈セイレーン〉が世間でいわれているような美女ではないことはよく分かっている。しかしだからといって、セイレーンは存在しないという結論を出すのではなく、セイレーンは伝えられているほど美しくはないという別の偏見によって、その偏見を修正するのである。また第三次航海の際には、コロンはインディオたちが時折持参する真珠について、産地はどこだろうかと自問している。彼は真珠採りの様子を目撃する機会をうる。だが彼が日誌に取り入れたのは、すでにある本のなかで書きとめられていたプリニウスの説明だった。「海岸の水際には海水につかっている木々の枝があり、その枝に無数の牡蠣がくっついている。それらは一滴のしずくが落ちて真珠が生まれ出るのを期待しながら、木の葉から落ちる露を受け止めようと口を開いている。これはまったくプリニウスがのべたとおりである。そして彼は〔フワン・バルビ・デ・ヘノバの〕『カトリコン』と呼ばれる辞書を引用している」（『インディアス史』I, 137）。地上の楽園についても同様である。淡水〔の海〕（だから大河があり、したがって山岳がある）という記号構成は、しばしのためらいの後に、「前述の聖人や神学者の意見に完全にしたがって」（同書）解釈される。「私ののべた場所に地上の楽園があることは、私のひそかに確信するものですが、上述した理由や権威にその根拠を置くものです」（同書）。コロンは解釈する場合に〈超越的《フィナ》目的論《リスト》〉の戦術を実践する。教父が聖書を解釈したあのやり方である。最終的な意味がまず一挙にあたえられ（これはキリスト教の教義である）、探究すべきことは、最初の意味（聖書本文の言葉の表面的な意味）とこの究極の意味を結びつける道筋である。コロンには近代経験主義者を思わせるものはまったくない。決定的な論拠は経験的なものではなく、権威によるものである。何が発見されるかは、彼には前もって分かっている。具体的な経験は、真理の追求のためにあらかじめ決められた規則にしたがって検討されるよりも、その規則にしたがってすでに知られている真理を例示するためにあるのである。

たとえコロンが超越的目的論者に終始したとしても、すでに指摘したように、彼が原住民を理解しようとするときよりも、自然を観察するときの方がはるかに鋭いものがあった。コロンの解釈上の態度は、いついかなるところでもまったく同一というわけではないのだ。以下この点についてもっと詳しく見ていくことにしよう。

「ほんの幼い年頃から、いまでもまだそうしているのだが、私は船乗りの生活を送ってきた。この職業はそれをなりわいとする者に、この世界の秘密を知ろうとする気を起こさせるものである」とコロンは『予言の書』（一五〇五年）の冒頭に書いている。ここでは（〈人間〉と対立的に）世界という語に着目しよう。れっきとした船乗りは、隣人よりも自然を相手にするのである。彼の頭の中では、人間と神の類似性よりも、まちがいなく、自然と神の類似性の方がいっそう支配的なのだ。たとえば、彼はプトレマイオスの『地理学』の余白に「たとうべし、騒然たる海の激情を。たとうべし、深奥の神を」とひと筆で書き記している。コロンの著述、とくに第一次航海日誌には、どんな自然現象にたいしてもたえざる注意が示されている。魚と鳥、植物と動物が彼の物語る冒険譚の主たる登場人物である。彼はこれらについて詳細な描写を書き残している。「網で魚を捕っていたが、多くの魚にまじって、豚にそっくりの魚を捕った。マグロとは似ていないし、全然鱗がなく、とてもごわごわしており、柔らかいところといえば尻尾、目、それに糞を出すための下方の穴の部分しかないと提督は語った。これを両国王のご覧に供するために塩漬けにしておくようにと彼は命じた」(一四九二年一一月一六日)。「四〇羽あまりの海つばめと二羽のあほう鳥が船に飛来した。その一羽をカラベル船の少年水夫が石を投げて打ちとめた。提督の大帆船に一羽の軍艦鳥と、鷗のような白い鳥一羽が飛来した」(一四九二年一〇月四日)。「私はわが国の樹木とは大変異なった木をたくさん見たが、中には一本の幹からちがった種類の枝が出ているものが数多くあった。ある小枝は一つの種類、別の枝は他の種類と、その途方もない相違ぶりは実に驚くべきもので、これこそこの世最大の不思議である。たとえば、一本の枝に葦のような葉が出ているかと思えば、他の枝には乳香樹のような葉があるという具合で、一本の木から五、六種類のまったくちがった葉が出ているのだ」(一四九二年一〇月一六日)。第三次航海では、ヴェルデ岬諸島に寄港する。そこは当時の、ポルトガル王国のすべての癩病患者の収容地である。患者は亀を食べ、その血で体を洗うと病気が治るものと考えられていた。コロンは癩患者とその風変わりな風習に何ら注意を払っていない。ところが、亀の習性についてはたちどころに長長と叙述をはじめる。コロン、このアマチュアの博物学者は、野猪と猿との有名な闘いの場面の叙述になると、実験動物行動学の学者にもなる。この時期におけるコロンは悲劇的といえるほど悪化した状況にあり、とても自然の観察に熱中する姿など思いもよらない時期なのである。「小さいのや大きいものなどあまたの動物がおり、われわれのものとは非常にちがっています。贈り物に二匹の豚をもらったのですが、アイルランド猟犬すら尻ごみしてしまうほどのものでした。弓の射手が尾巻猿に似た動物を射止めました。しかし尾巻猿よりもはるかに大きい上に、人間の顔つきをしているのです。その動物は胸から尻まで矢を射込まれていたのですが、暴れ狂うのでその片手片足を切らねばなりませんでした。豚は、この獣を見るや、毛を逆立て、遁走しはじめました。それを見るや、私はベガール（この地ではそう呼んでいます）をもう一方に投げつけるよう命令しました。その獣が豚に当たると、獣は瀕死の状態で、相変わらず身体に矢がささったままでありながら、尻尾を豚の鼻面のまわりに巻きつけ、しっかりと締めつけながら、残った片手で豚の首を、まるで仇でもあるかのようにつかまえました。この場面の非常な目新しさと狩猟の戦いの美しさが、私にこうしたことを書かせた次第です」（《たぐいまれな手紙》一五〇三年七月七日）。

動植物に注意を払いながらも、コロンは航海にかんすることは何であれ、なおいっそうの注意を払っている。たとえこの注意が、科学的に厳密な観察というよりも、水夫の実際的な感覚に依存していたにしても。彼の最初の日誌の序文へのしめくくりとして、自分自身にたいしてつぎのような自戒の言葉をのべている。「万事が達成されるために、何よりもまず、私が眠りを忘れ、航海に十分意を払うこと、これが肝要である。なかなかの大仕事である」。文字どおり彼はこれを守ったといえる。星、風、水深、海岸の起伏にかんするメモのない日は一日もない。ここでは神学上の原理で邪魔されることはない。二番船の船長ピンソンが黄金探しのため姿を消している間、コロンは地形図作成に時を費やす。「昨夜は一晩中、船乗りの言葉を借りれば、彼は立ち往生した――これは前進しないでジグザグ航行することを意味する――が、それは日没時に見た山の裂け目のような形をした、まるで山と山の間の峡谷のような小さな港を調べようとしたからで、その入江には二つの非常に大きな山がそびえ立っていた」(一四九二年一一月一三日)。

この細心の観察によって、航海にかんしては結局正真正銘の功績(彼の母船の難破にもかかわらず)を彼はもたらしたのである。どんな時でも、最良の風とふさわしい帆を彼は選ぶことができた。星座による航海を最初におこない、地磁気がずれることを発見した。第二次航海の時の参加者、ミケレ・デ・クネオ——お世辞屋でないこの人物——はつぎのように記している。「航海中、何が起こるか、天候が荒れるかどうかを知るには、雲か、夜には星を眺めれば彼には十分だった」。別ないい方をすれば、コロンは自分のプラスになるように自然の徴候《シーニュ》を読み取ることができるのだ。その上、彼が原住民との間に交した、唯一の、しかも真に効果的なコミュニケーションもまた星にかんする彼の知識の上に成立している。それは、間近に迫った月食の日を知っているコロンが、ばからしいほどもったいぶった態度でこれを利用する時のことである。八カ月前からジャマイカ海岸に座礁していて、もはやインディオから食糧をただでもらうことはできなくなっていた。そこでコロンは月を盗むぞといって彼らを脅かす。そして、一五〇四年二月二九日の夜、恐怖におののく酋長たちの目の前で、彼は脅迫の実行に取りかかる……。たちどころの成功である。

しかしながら(私たちの目からみると)、コロンの中には二人の人間が共存している。航海者としての仕事とはもはや関係がないとなると、すぐに超越的目的論者の戦略が彼の解釈の方式を支配する。その戦略とは、もはや真実を探求することではなく、むしろ、あらかじめ分かっている真実の確証を見出すこと(あるいはよくいわれるように、願望と現実とを取りちがえること)である。たとえば、第一次航海で大西洋を横断している間——コロンはカナリヤ諸島から、最初に見たカリブ海のグァナハニ島までおよそ一カ月あまりかかっている——ずっと陸地の手がかりを探している。もちろん、彼は出発後わずか一週間でそれを見つけている。「濃い緑色をした草の束が次々と流れてくるのが見え始めた。提督によれば、これらの草束は少し前に陸地から剝がれてきたもののようであった」（一四九二年九月一六日）。「北方に大暗雲があらわれたが、これは陸地の上に広がっている徴《シーニュ》〔記号〕である」（一四九二年九月一八日）。「風もないのに、にわか雨が降ってきたが、これは陸地に近い確かな徴《シーニュ》である」（一四九二年九月一九日）。「二羽のあほう鳥が提督の船に飛来し、またその後一羽飛んできたが、これは陸地に近い確かな徴《シーニュ》である」（一四九二年九月二〇日）。「鯨を一頭見たが、これはいつも陸地近くで遊泳しているから、陸地に近い徴《シーニュ》である」（一四九二年九月二一日）。コロンは毎日〈徴《シーニュ》〉を見ているが、しかしながら今日ではそれらの記号は真実を伝えていない（あるいは徴《シーニュ》などなかった）ことが分かっている。なぜなら、陸地に到達するのはやっと一〇月一二日、なんと二〇日以上も後になってからなのだ。

　海上では、あらゆる記号が陸地の近さを示すことになったが、このようなことこそコロンの願望がなせるものだったのだ。陸地においては、どのような徴候《シーニュ》でも金《きん》の存在を示すことになった。ここでもまた、彼の確信ははるか以前にでき上がっていた。「莫大な富と、宝石や香料があるものと信じていると彼はふたたびいった」（一四九二年一一月一四日）。「あそこには川もたくさん流れていて、黄金がふんだんにあるにちがいないと提督は思った」（一四九三年一月一一日）。ときおり、断固たる信念の言葉の間から、率直に無知なることを告白する声が聞こえてくる。「私は、エスパーニャにもっていけば染料や薬品、香料として珍重される草木がたくさんあると思いますが、これについての知識のないことがいかにも残念であります」（一四九二年一〇月一九日）。「そしてまた、数知れぬ樹木があり、それぞれさまざまな果実をつけて、すばらしい香りをただよわせています。私はこれらの樹木について何も知らないことを、この世でもっとも残念なことだと思っておりますが、それというのも、これらがみな値打ちのあるものと確信しているからであります」(一四九二年一〇月二一日)。第三次航海中も、同じような思考の図式をたどっている。彼はこれらの土地は豊饒であると考えるが、それはそこが豊饒であることを彼が強く願望するからなのだ。彼の信念はつねに経験に先行する。「そこで、彼はこのあたり一帯の陸地の秘密を突きとめたいと大いに気をもむのだが、それは、価値ある物がそのあたりにないはずはないと信じていたからだ」(『インディアス史』I, 136)。

では、彼が自己の信念の正しさを確かめることができる〈記号《シーニュ》〉とはどんなものなのか。解釈学者としてのコロンはどのように物事を処理するのか。ある川を見て、彼は〔スペインにある〕テージョ川(ターヘ川)を想い起こす。「その時、テージョ川の河口に近い海で黄金が発見されるということを思い出し、ここにも確かに黄金があるにちがいないと彼は思った」(一四九二年一一月二五日)。この種の漠然とした類推では何一つ証明されないばかりか、そもそもの出発点で間違いをおかすことになる。つまりテージョ川は黄金を産出しないのだから。あるいはまた、「蠟があるなら、役に立つものが他にもたくさんあるにちがいないと提督はのべた」(一四九二年一一月二九日)。こういった推測にはかの有名な「火のないところに煙は立たず」ほどの値打ちもない。他の推測でも同じことで、島が美しければ、その島は豊かであると結論づけられてしまう。

一四九五年、彼の文通相手、モーセン・ハウメ・フェルレルはコロンに「高価なものはほとんど酷暑の地方に産します。その地方には黒人や鸚鵡がいて……」と書き送っている。つまり黒人と鸚鵡は暑さの記号(証明)と見なされ、暑さは富の記号と見なされている。コロンが鸚鵡の数の多さ、皮膚の色の黒さ、暑さのひどさを見落すことなく、かならず書きとめていたが、それはなんら驚くに値しない。「船にきたインディオたちは、提督が鸚鵡を欲しがっていることを知っていた」(一四九二年一二月一三日)。いまや私たちは、提督がなぜ鸚鵡を欲しがったかを知っているわけだ。第三次航海の時は、もっと南の方へ進む。「そこの住民は極度に黒い肌をしていました。そこから西へ航行した時には、暑さはひどいものでした」《両国王への書翰》一四九八年八月三一日)。しかしこの暑さこそ歓迎すべきことなのだ。「この地域で彼らが蒙っている暑さからみて、インディアスならびに現在航海している地域には、多量の黄金があると推測されると提督はいった」(一四九二年一一月二一日)。ラス・カサスは他の同じような例にたいしてつぎのような適切な判断を下している。「まことに驚くべきことに、人が大いに何かを欲望し、かつ自己の想像力の中でその何かにしっかりと結びついてしまうと、見るもの、聞くもの、あらゆるものがそれに都合よく働くような気さえするものらしい」(『インディアス史』I, 44)。

こうした振舞いのもう一つの驚嘆すべき例として、大陸の場所探しがある。最初の航海の時すでにコロンは日誌につぎのような適切な情報を記録している。「このイスパニョーラ(ハイチ)島もヤマイェ(ジャマイカ)島も大陸からカヌーで一〇日間、つまり六〇ないし七〇レーグアの距離しかなく、そこの住民は衣服をまとっている」(一四九三年一月六日)。しかし、彼にはキューバ島こそ(アジア)大陸の一部という確信があるために、それに反するような情報はすべて取り除こうと決意する。コロンの会見したインディオたちによれば、この陸地(キューバ)は島であった。もちろんそれは彼にとって都合の悪い情報なので、彼は情報提供者の資格に異議をとなえ出した。「そのものたちは、けだものに近く、全世界は一つの島と考えており、大陸とはどういうものかも知らず、文字も昔の記録ももたず、楽しみといえば、食うことと女と寝ることだけで、だから彼らは島だといって……」(ベルナルディーズによる第二次航海日誌の転写)。その地が島だという原住民の証言が、まさに女を好むからという理由で無効にされてしまうのは理解に苦しむ話であるが、とにかく第二次航海の終わり近くで、有名なしかも滑稽なつぎのような場面に出くわすのである。コロンは最終的にはキューバが島かどうかを経験によって確かめるのはあきらめ、彼の仲間にたいしては、権威による論拠づけの適用で落着させた。つまり、全員が上陸し、各人はつぎのような内容の誓いの言葉をのべることになったのである。「まぎれもなく、ここは大陸にして島にはあらず。この海岸に沿いて航行し、幾数里の彼方には、文明の人、世界を識りし人々の国を見出すべし。（……）これより、この誓いに反すべきことを表明せし者は、何人といえども、いついかなる時であれ、その度ごとに、一万マラベディ〔スペイン貨幣〕の罰金かつまた舌切りの刑。見習水夫またはそれに類すべき者は、百叩きの笞刑および舌切りの刑。以上処分せらるべし」（《キューバの誓い》一四九四年六月）。文明人が発見されるはずだとは何という驚くべき誓いだろう。

　到達すべき結論がコロンによる自然界の記号解釈を前もって決定しているのだ。新大陸発見という彼の功績すらも同じ対処の仕方によっている。彼は新大陸を発見するのではない。それがあると彼が〈知っていた〉その場所に（アジアの東海岸が位置すると彼が前々から考えていたその場所に）見出すのである。ラス・カサスの報告するところによれば、「イエロ島の先の大洋を横切れば、おおよそ七五〇レーグアの距離のところに大陸を発見できるだろう——こうした判断の根拠が何であれ（それはトスカネリの著作やエズラの予言を読んだことによるものだった）、彼がつねに心に秘めていた考えはこのようなものであった」（『インディアス史』I, 139）。七五〇レーグアを走破すると、もう間近にあることを彼が知っている、あの大陸を見逃すおそれがあると考え、彼は夜間の航行禁止命令を出す。このような確信は航海するよりもはるか以前からのものである。フェルナンド王（五世）〔カスティーリャ女王イサベラと共にカトリック両王と呼ばれる〕とイサベラ女王が新大陸発見後に彼に書き送った書翰にこのことがふれられている。「あなたが私たちに告げていたことは、まるで私たちに話す前からこのことをご存知であったかのように実現したということですね」(一四九四年八月一六日付書翰)。後になるとコロン自身がこの発見をア・プリオリな知のせいだとしている。このア・プリオリな知と神の意志や予言(実際には、彼の都合のよいようにこの方向で解釈したものだった)とは彼にとって同じものである。「すでにのべたように、インディアスの事業を遂行するには、理性、数学、地球全図は私には何の役にも立たなかった。要は、イザヤが予言したことを達成することだけだった」(『予言の書』序文、一五〇一年)。同じく、コロンが(第三次航海中に)狭義のアメリカ大陸を発見するのも、ピエール・ダイの本になされた彼の書き込みから明らかなように、現在のラテン・アメリカをあらかじめ用意された方法で探すからである。すなわち、シンメトリー上の理由で、地球上には北と南に二つずつ、見方を変えれば東と西に二つずつ、全部で四つの大陸があるはずである。ヨーロッパとアフリカ(〈エチオピア〉)は南―北の第一のカップルであり、アジアは第二のカップルの北の部分である。とすれば、四番目の大陸はそれが位置する場所で発見、というよりも出くわすことになる。このことからすると、〈超越的目的論者〉の解釈はかならずしも経験論者のそれより、有効性の点で劣っているわけではない。コロンの航海をあえて試みようとする航海者が他にでなかったのは、彼のような信念がもてなかったからである。

予知や権威にもとづくこの種の解釈は、なんら〈近代的〉なものではない。しかしすでに見てきたように、こうした態度は私たちにとっていっそう親しみのもてるもう一つの態度によって償われている。それは自然を前にしたときの無目的な感嘆である。その度合はたいそう強いものであって、いかなる解釈や役割ともかかわりがなくなるほどである。つまりその態度とは、もはやいかなる合目的性とも無縁な、自然を前にした喜びなのだ。ラス・カサスは第三次航海日誌の抜粋を引用しながら、コロンが有用性よりも美しさの方にひかれていることを示している。「たとえその地がその美しさのほかには、なんらうるべき利益がなかったとしても、（……）それだけでも十分に評価すべきである、と彼はのべた」（『インディアス史』I, 131）。コロンが感動したものをすべて列挙したらきりがない。「この陸地は全土にわたって美しい高山が連なっていたが、どの山も緑豊かであり、ごつごつした岩肌もなく、なだらかで、美しい渓谷も見られた。山々と同様、渓谷も青々と茂った高い樹木に蔽われ、大いに見る目を楽しませた」（一四九二年一一月二六日）。「ここでは魚もわが国とは非常に異なっており、それは驚嘆に値します。なかには、まと鯛のように、青、黄、赤などこの世でもっとも微妙な色彩で身をかざり立てた魚や、あらゆる色をしている魚もいます。数えきれない仕方で、色とりどりのまだら模様をつけているのもいます。その色のあでやかさに驚嘆しない者はなく、これを見てうっとりとしない者もおりません。また鯨もおります」（一四九二年一〇月一六日）。「ここのみならず、島全体にわたって樹木の緑につつまれ、植物もまたアンダルシアの四月のように繁っていました。小鳥のさえずりを聞いておれば、だれもここから立ち去りがたくなるだろうと思われます。鸚鵡の群れで日がかげるほどです。わが国のとは大変ちがった、いろいろな種類の鳥や小鳥が見られ、驚嘆するばかりです」（一四九二年一〇月二一日）。風さえもこの地では「ほれぼれと流れていきます」（一四九二年一〇月二四日）。

コロンにとって、自然にたいする感嘆の念の描写には、最上級の表現が手放せない。樹木の緑はもう緑色でなくなってしまうほど濃くなる。「この地の樹木は繁殖力旺盛のあまり、その葉も緑色を通りこして、黒ずんだ緑色となっている」（一四九二年一二月一六日）。「陸地の花や樹木のうっとりとさせる芳香がしてきましたが、それはこの世でもっとも甘美なものでした」（一四九二年一〇月一九日）。「この島は人間の目がかつて見たこともないほど美しいと彼は再びのべている」（一四九二年一〇月二八日）。「彼はなだらかな丘陵地帯の中ほどを川が流れている土地を見て、これにまさる美しい眺めはないといった」(一四九二年一二月一五日)。「この島には、畳々とした山々や河、それに無数の支流が潤す谷間などがあって、その美しさは実に目を見張らせるもので、太陽の下では他のいかなる場所といえどもこれにまさってすばらしいものはありえないことは確かである」(《アントニオ・デ・トーレスへの覚書》、一四九四年一月三〇日)。

コロンはこれら最上級を用いることによって、本当らしさがなくなること、結果的には説得力を失うことに気づいていたが、別な方法も取りかねて、この危険をおかす。「彼は港を見に行き、今まで見てきた中でこの港に匹敵するような港はないと断言した。が、これまであまりにも他のところも誉めたので、いまさらにこの港をどう賞讃してよいか分からないのだ、それにあまり誉めることによって、自分が何事も極端に美化する男のように取られることを恐れるといい訳をする。しかしこの賞讃は間違いではないと正当化し……」(一四九二年一二月二一日)。彼は、少しも誇張していないのだと誓う。「この港で発見した島々がいかに地味豊かで美しく、またその山がいかに高いかを幾度もくり返し語り、しかも両国王はこのように自分が賞讃するからといって、決して驚かれないようにとお願いし、ここにのべることは実際の百分の一ですらないと思われると両国王に誓うのである」(一四九二年一一月一四日)。そして、言葉の貧しさを嘆いて「同行している者たちに、ここで見たすべてを両国王に報告するには、舌が千枚あっても十分ではなく、描写する腕前も持ち合わせていず、まったく魔法にでもかかっているようだと語った」(一四九二年一一月二七日)。

この止まることを知らない感嘆の念から引き出される結論は理にかなっており、要は、このような美の極致からもはや立ち去りたくないという願望につきるのである。一四九二年一〇月二八日には、「緑したたる風景や、木立や鳥を眺めたりすることはまことに楽しく、船に戻ろうとしてもなかなか立ち去りかねると彼はのべた」という文章が見られ、何日かたってからの、「樹林と空気のすがすがしさ、きれいにすきとおった水、小鳥たちとこの地の温暖なことなどを見るにつけ、あまりのすばらしさに、もはやこの地から立ち去る意欲を失うかと思われると彼はのべた」（一四九二年一一月二七日）というのが彼の結論なのだ。樹木こそコロンを魅する真のセイレーンである。これらを前にすると、解釈することも、利益の追求も頭から消えてしまって、何の役にも立たず、何も生み出さず、結局、もっぱら〈くり返される〉だけのもの、つまり美しさばかりを倦《う》まずたゆまずくり返すのである。「入港すればどこででも、その地の美しさやすがすがしさに魅せられ、つい見て回ってしまうので、予定以上に停泊してしまうのだった」（一四九二年一一月二七日）。その時、多分彼は、すべての偉大な探険家を駆り立てた動機――意識的なものであろうとなかろうと――をふたたび見出しているのである。

注意深い自然観察はそれゆえ、それぞれ無関係なつぎの三つの方向に行きつく。まず航行にかんする場合は、純粋に実践的、効率的な解釈、ついでそれ以外はどんな場合でも、記号が彼の信仰と希望の正しさを立証する超越的目的論的解釈、そして最後に解釈の拒否として、無目的な感嘆、美への絶対的服従があり、そこでは木は美しいから、かつ存在するから好まれるのであって、船のマストとして役立つとか、それによって富が約束されるからではない。人間の記号にたいするコロンの態度は、結局のところもっと単純化されることになる。

自然の記号と人間の記号の間には断絶が見られる。自然の記号は二実体間の安定した結合であり指標である。一方の存在だけで、他方をただちに結論づけることができる。人間の記号、つまり記号体系としての言葉はたんなる結合ではない。音声と事物を直接に結びつけるのではなく、主体間の実在《レアリテ》である意味を媒介にする。ところで最初の驚くべき事実だが、言語にかんしては、コロンは固有名詞にしか関心をもたなかったようである。固有名詞はある意味では自然的指標にむしろ類似しているのだ。まずこのような関心のもち方に注意することにして、手始めに、コロンがしきりに自分自身の名前に向けた関心について観察しよう。周知のように、彼は一生の間に、何度も自分の名前の綴字を変えているのだ。ここでもう一度、提督の大いなる信奉者であり、彼にかんする情報の唯一の情報源であり、改名の意味を十分に明らかにしているラス・カサスの言葉に耳を傾けることにする。「だがこの著名な人物は、しきたりによってつけられた〔コロンボという〕姓をすてて、コロンと称することを望んだ〔コロンブスは二五歳以降みずからコロン Colón と名のった――〕。彼がこの古い名をひろい出してきたのは、(古い名前であるという) 理由のためであるよりも、彼の姓名が意味することを実現するために、自分は神のご意志によってあらかじめ選ばれていたのだとする考えに動かされてのことだったと思いたい。聖書の多くの個所で見られたように、神の摂理が任命してその奉仕者となった人は、委ねられた任務にふさわしい姓名を受けるのがふつうであり、これが神の摂理というものである。かの哲学者(アリストテレス)もその『形而上学』第四章で〈名称は事物の性質と機能にふさわしくあらねばならぬ〉とのべている。クリストーバルという名の由来も、*Christum Ferens* つまりキリストを運ぶ者の意味からきている。それで彼はしばしばそのようにサインしたのである。事実、彼ははじめて大洋の扉を開き、救世主イエス・キリストをこの遠く離れた地、その時まで知られずにいたこれら王国まで、海を渡り運び入れた最初の人だった。(中略) 彼の姓はコロンとなった。コロンとは新たに植民するの意であり、福音書の教えにより(中略) 栄光に輝くあの天の都へ日ごとに入植してきたし、これからも入植しつづけようとしている無数の人々、無数の魂を発見しようと精魂を傾けた人々にまことにふさわしい名なのだ。また彼が、植民地の基礎を築くためにスペインから人々(その目的にふさわしい人々ではなかったが) を連れてきたり、原始的な原住民のまんなかに居を定め(中略)

新しい（中略）キリスト教会と幸福な国家を建設すべく新しい住民を定住させた最初の人であるかぎりにおいて、この名は彼にふさわしいものとなったのである」（『インディアス史』I，2）。

つまり、コロン（筆者がこの表記を支持する理由がお分かりになったであろう）もラス・カサスも、彼らの同時代人の多くとともに、名称、あるいは少なくとも例外的な人間の名前は、その存在に似ていなければならないと考えているのである。だからコロンは、自分の心に刻んでいた福音伝道者と植民地開拓者を象徴するにふさわしい二つの特徴を、わざわざ自分の名前にあらわすことにしたのだ。結局、彼は正しかったのである。名前にたいする同様の関心は、物神崇拝に近いものとなっていたが、自分の署名にたいしてあれこれ気を配っている点にもあらわれている。というのは、彼はだれもがするように自分の名前で署名するのではなく、特別に凝った形の頭文字でするのである。もっとも、凝りすぎてだれもその隠された意味を読み取ることができなかったが、彼自身はそれを自分だけで使用することに満足せずに、彼の後継者にも使うように命じている。貴族世襲財産の指定を書いた中に実際つぎのような文章がある。「わが子、ドン・ディエゴおよびこの世襲財産を継承するものは何人であれ、これを継承し、自分のものとした時より、現在私が使用しているような、私自身のサインで署名すべし。すなわち、SをXの上に、ロマン体のAをMの上に、さらにこのAの上にSを。ついでSをYの上に、線とコンマをつけて。現在私が使っているのはこのようなものであるが、だれしも私のサインを見る機会は多々あり、本状にも見られるとおりである」（一四九八年二月二二日）。

コンマや句読点すら前もって規則化されているとは大したことだ。自分自身の名前にたいするこうした極度の関心は、当然のなりゆきとして、航海中の彼の命名活動にも尾を引いている。エデンの園のアダムのように、眼前に横たわる処女地の名前の選択にコロンは熱中する。彼自身の場合のように、これらの名前にも動機がなければならない。動機づけはいろいろな仕方でなされる。はじめは、列車のダイヤを思わせる仕方でおこなわれる。命名をほどこす時間的な順序と、つけられた名前に結びつけられたものの重要度の順序が一致するのである。それらは神、聖母マリア、スペイン国王、女王、王室後継者の順となる。「最初に出会ったもの（島のこと）に、私はサン・サルバドール〔救世主の意〕の名をあたえました。奇跡的にも私にこれらすべてをあたえ給うた神を称えるためであります。インディオはこの島をグァナハニと呼んでいます。二番目はサンタ・マリア・デ・コンセプシオン〔受胎の聖母〕、三番目は〔国王の名より〕フェルナンディナ、四番目に〔女王の名より〕イサベラ、そして五番目に〔王子の名より〕フワナと名づけ、かくのごとく島の一つ一つに新しく名称をあたえました」（《サンタンヘルへの書翰》一四九三年二月〜三月）。

コロンはこれらの島がすでに名前を、本来の《ナチュレル》（この語の「土着の」という別な意味においてだが）名称をもっていることをよくよく承知している。だが彼は他者の語にはほとんど興味を示さず、彼が発見した際の島の占める位置との関連で地名をつけなおし、土地に正しい名前をつけたいと望んでいる。それに、命名することはとりもなおさずそのものを取得することなのだ。その後、宗教と王室にかんする名簿をほぼ使い尽すと、直接的相似関係にもとづくより伝統的な動機づけに頼っている。彼はその動機づけをつぎのような形でただちに正当化して見せる。「その岬を私はエルモーソ〔美しい〕岬と名づけました。なぜならそれは本当に美しいからです」（一四九二年一〇月一九日）。「アレーナ〔砂〕諸島と彼が名づけたのは、島の南部六レーグアにわたって遠浅となっているからである」（一四九二年一〇月二七日）。「彼は椰子《パルマス》の一面に茂った岬を見たので、これをパルマス岬と名づけた」（一四九二年一〇月三〇日）。「高く《アルト》なったり低く《バホ》なったりして海へ長々と突き出ている岬があったので、これをアルト・イ・バホ岬と名づけた」（一四九二年一二月一九日）。「水樽や杓子の輪《たが》にも金の小粒が付着していた。それで提督はこの川をリオ・デ・オロ〔黄金川〕

と名づけた」(一四九三年一月八日)。「大小二つの大きな岩を突き出させている岬が見えたので、これをパドレ・エ・イホ〔父と子〕の岬と名づけた」(一四九三年一月一二日。『インディアス史』I, 195)。「この場所をハルディン〔庭〕と呼ぶことにいたしました。なぜなら、その名こそここにふさわしいからであります……」(《両国王への書翰》一四九八年八月三一日)。

事物はそれにふさわしい名前をもたねばならない。何日かの間、こうした義務感によって、コロンは命名者としてすっかり興奮して文字どおり熱狂的な状態にあった。かくして、一四九三年一月一一日の日誌には、「四レーグア東方に進んだところで岬に着き、これをベルプラド〔美しい平野〕と呼んだ。その南東に見える山にはモンテ・デ・プラタ〔銀の山〕の名を付したが、そこまで八レーグアの距離があると彼はのべている。この地から東、ベルプラド岬に向かって、やや南東一八レーグアのところには、アンヘル〔天使〕と名づけた岬があった。(中略)アンヘル岬からやや東南東、四レーグアのところには、イエロ〔鉄〕の名をつけた岬があり、同じ方向へ四レーグア行けば、プンタ・セカ〔乾いた岬〕と名づけた岬があった。そこからさらに同方向へ六レーグア行けば、レドンド〔丸い〕と名づけた岬が、そしてその東方にはカボ・フランセス〔フランス岬〕があって……」などと、こんなぐあいに記されている。ある日などは、同じ場所に次次と二つの名前をつけてしまうほどの楽しみようであったようだ(たとえば、一四九二年一二月六日、夜明けにマリアと名づけた港が、夕べの祈りの時にはサン・ニコラスとなっている)。逆に、だれか他の者が命名行為をまねたいと思っても、コロンはその命名を無効にし、自分でつけた名前をあたえようとする。ピンソンが一時的に姿をくらましていたとき、ある河にピンソン自身の名をあたえたことがあったが(これは提督が絶対にしなかったことだ)、コロンはすぐにこの河に〈恩寵の河〉という名をつけなおしている。インディオですら、こうした洪水のような名づけ行為から逃れることができない。スペインに連れてこられた最初のインディオたちは、ドン・フワン・デ・カスティーリャとかドン・フェルナンド・デ・アラゴンなどに改名させられているのである。

新たに発見された陸地に触れて（ということはヨーロッパと後のアメリカ大陸とのまったくはじめての接触のことである）、コロンがおこなった最初の行為は、いわば名前をばらまく作業である。命名とは、名づけた土地を以後スペイン王国の属領とする宣言だからである。コロンは王旗で飾られた船から、二人の船長およびインク壺を身につけた王室公証人をともなって上陸する。そして、なんのことやらと眺めているインディオたちを尻目に、彼らに一向おかまいなく証書を作成させる。「並居る者たちの面前で、主君たる国王ならびに女王の名において上記の島を取得する旨を——事実、彼はそうしたが——立証し、証言するようにとコロンは彼ら〔書記および王室監督官〕に命じた……」（一四九二年一〇月一一日）。これが新大陸でコロンがおこなった一番最初の行為であり、これこそ、彼にとって命名式がいかに重要であるかをあますところなく物語っている。

ところですでにのべたように、固有名詞は語彙のうちでもきわめて特殊な分野を形成している。意味を奪われている固有名詞は、ただ外示《デノタシオン》としてのみ機能し、人間的コミュニケーションの働きは直接にはしていない。それがさし向けられるのは自然（指示対象）にであって、人間にではない。ちょうど標識のように、音声の要素連続と世界の分割片《セグメント》との間を直接に結びつけるのである。それゆえ、コロンの注意を引いている人間的コミュニケーションの部分とはまさしく言語活動《ランガージュ》のこの分野——少なくとも初期の段階においては自然を指し示す働きしかもたない言語活動の分野なのである。

それに反して、それ以外の語彙にかかわるときには、コロンはほとんど興味を示さない、という以上に、言語活動にたいする素朴な考え方をのぞかせている。もちろん彼がいつも名詞と事物を混同して理解するからである。語の間主観性、相互的な価値（その外示的能力と対立的に）の次元、記号の人間的特徴、つまり恣意的特徴の次元がごっそり欠落しているのだ。その意味でつぎのエピソードは興味深い。これは民族誌研究のパロディーのようなものである。インディオの〈カシケ〉という語を覚えたとき、彼はこの語がインディオの慣習的で相対的な序列の中でどのような意味をもつのかを知ろうとするのではなく、スペイン語でぴったり当てはまる語は何かを知ろうとするのだ。まるでインディオもスペイン人と同じ識別の仕方をしており、スペイン語の用法がいくつもある約束事のうちの一つではなく、事物の自然な状態であるかのようなのである。「そのときまで、提督はこの語〔カシケ〕が王なのか総督なのかその意味をはかりかねていた。彼らにはニタイノと発音して、偉大な人を意味する別な語があったが、コロンにはそれが貴族の意味なのか、総督か、法官なのか分からなかった」（一四九二年一二月二三日）。コロンは一瞬たりとも疑わずに、インディオもスペイン人のように貴族、総督、法官の区別をしていると思っている。彼の好奇心は、ただし限定されていて、こうした言葉に正確に一致するインディオの同義語にしか向かわない。彼によれば、語彙はすべて固有名詞に似ており、この固有名詞は指示対象の特性に由来する。だから植民地《コロニザ》開拓者《トゥール》はコロンと呼ばれるべきなのだ。語とは事物のイマージュであり、それ以外ではないというのである。

　コロンが外国語にさほど注意を払わないことが分かっても驚くにあたらない。かならずしもはっきり示されたわけではないが、彼の行為の根底をなしている率直な反応によれば、結局、言語は自然の産物であるから、言語上の多様性は存在しないのである。コロン自身は多言語使用者であり同時に母国語喪失者であるだけに、こうした事態はますます驚くべきものである。彼はジェノヴァ語、ラテン語、スペイン語をどれも同じように上手に（あるいは下手に）話したが、個別的な偶発事を克服できたのは、つねにイデオロギー的確信によるものであった。彼に出発の決断をあたえることになった、アジアが場所的に近いという彼の信念そのものも、典型的な言語上の誤解に根ざしている。地球は丸いという主張は当時の一般的見解だが、当然のこととして、西まわりによるヨーロッパからアジアへの距離はとてつもなく遠く、渡航不可能なものと考えられていた。コロンはアラビア人の天文学者アルファルガニを権威と見なしているが、アルファルガニは、かなり正確に地球の円周の長さを示してはいるものの、その長さはコロンの知っているイタリア海里より三分の一ほど長いアラビア海里であらわされている。ところが、尺度は約束事であるということ、同じ単語でもそれぞれの伝統（いろいろな言語、あるいはさまざまな文脈）にしたがって、ちがった意味になることはコロンの想像しかねることなのだ。そのため、イタリア海里で翻訳した結果、その距離は彼の力量の範囲内のように思われたのである。そして、彼が信じる場所にはアジアはないのだが、新大陸を発見するという慰めをうるのである……。

つまり、コロンには言語の多様性というものが分かっていない。そのため、外国語と相対したとき、彼には相補的な二つの態度しかとることができない。つまり、言語であることは認めるが相違があることを信じようとしないか、あるいは相違は認めるが言語であることを容認しない、この二つである。一四九二年一〇月一二日、彼がはじめてインディオに出会ったときの反応は後者である。彼らを眺めながらコロンはつぎのように決意する。「神の思し召しにかなうのであれば、私の出発の際に、言葉を話せるようにするために、ここから六人のインディオを両国王のもとに連れ帰ろうと思います」（コロンの作品の仏訳者たちにとって、この表現〈言葉を話せるようにする〉は非常にショックだったようで、仏訳者全員で〈われわれの国語〔スペイン語〕を学ばせるために〉と訂正してしまった）。その後、コロンはインディオに言語があることを認めることに同意しようとするが、それがちがうものだという考えになじめず、彼らのおしゃべりのなかから自分の知っている語が聞えてくるとあくまで主張し、彼らには自分のいうことが分かるはずだといわんばかりに話しかけ、自分が聞き取ったと信じた名詞や単語の発音が悪いといってインディオたちをとがめたりしている。聴覚のゆがみも加わって、コロンは滑稽で空想的な対話に巻き込まれる。そのうちでももっとも多いのは、彼の航海の目標である大汗《グラン・カン》にかんするものである。インディオはカリブ族（食人種）を指して、カリバと呼んでいる。それをコロンはカニバ、つまり汗《カン》の人々の意に受けとる。だが彼はまた、インディオによればその人々は犬の頭をしていて（スペイン語のカン＝犬による）、まさしくそれでもって彼らを喰うのだというふうにも理解する。ところが、これはやっぱり作り話だろうということで、彼らを非難する。「提督は彼らが嘘をついていると考えた。彼らの首を切る者たちは、大汗の領地の者であると信じた」（一四九二年一一月二六日）。

とうとうコロンが一つの言語の奇妙さを認めたときにも、この奇妙さは他のすべての言語がもつ奇妙さであると主張することだけは忘れない。要するに、一方にラテン系の諸言語があり、他方に諸外国語がある。そして、前者についてはコロン自身がそれらラテン系の言語を容易に話せることから見ても、後者については彼に同行した言葉の専門家の判断からしても、それぞれのグループの肝要なところは非常によく似ているのである。内陸にいる大酋長についての話を聞くと、彼はそれが中国皇帝であると想像し、使節として「以前はユダヤ教徒で、ムルシアの総督に仕えたことがあり、ヘブライ語とカルデア語、および少少アラビア語が分かるといわれているルイス・デ・トーレスという人物」（一四九二年一一月二日）を派遣する。コロンの使者とインディオの酋長、別名中国皇帝との間で、交渉は何語でおこなわれたのか興味深いところだが、後者はついに会見に姿を見せなかったのである。

他者の言語にたいするこうした関心の欠如からいかなる結果が生じるかは、容易に予測できる。事実、第一次航海の間中、スペインに連れ帰られたインディオが〈話し方〉を学ぶまでは、まったくのちんぷんかんぷんであった。たとえばラス・カサスはコロンの日誌の余白に次のように書いている。「インディオの言葉が分からないために、彼らはだれもが暗中模索の状態であった」（一四九二年一〇月三〇日）。このこと自体はショッキングでも意外なことでもない。むしろそれ以上に目を見張るべきことは、コロンはつねに自分に話しかけられたことを理解していると主張しながら、その舌の根もかわかぬうちに、自分の無理解ぶりを証明しているという事実である。たとえば、一四九二年一〇月二四日、「私がインディオたちから聞いたところによると、〔キューバ島は〕大変広く、取引もさかんで、黄金や香料もあれば、大きな船や商人も訪れるということでした」と彼は書いている。ところが同じ日付の二行先には、「私は彼らの言葉が分からない」と書いているのだ。ということは、彼が〈分かった〉ことは、ただたんにマルコ・ポーロとピエール・ダイの書物を要約したものにすぎなかったということである。「彼は大汗王の大型船がそこにやってくること、その大陸までは一〇日間の航程であるという話を聞いたと信じた」（一四九二年一〇月二八日）。「だから、私が何度ものべたことをここにくり返すが、カニバというのはここからほど遠くないところに住む大汗王の部下以外の何者でもない」。そして、なかなか味のある注釈をつぎのように加える。「われわれはインディオたちのいうことがだんだん分かるようになり、彼らもまた同様にわれわれのいうことを理解するようになってきた。もっとも彼らは意味の取りちがえをしばしばおかしているが、と提督はのべた」（一四九二年一二月一一日）。彼の部下がインディオたちにどのようにして彼らの意図を分からせようとしたかをはっきりと示しているつぎのようなエピソードがある。「大型ボートから上陸するのが二、三名だけならば、インディオたちも恐れを抱かないであろうと考え、三名のキリスト教徒は、船に連れてきているインディオとの会話によって少しは知っている彼らの言葉で、恐がることはない、と呼びかけながら彼らに近づいて行った。結局は、みな逃げて行って、年寄も、若者もだれ一人として残らなかった」(一四九二年一一月二七日)。

ただし、コロンはいつも自己の幻想にだまされていたわけではなく、彼自身コミュニケーションがないことを認めている(だとすれば、彼が自身でおこなった会話から引き出したと思っている〈情報〉は、ますます疑わしくなってしまう)。「私はこの地方の住民の言葉が分かりませんし、彼らも私のいうことが分かりません。私だけでなく私の部下のだれもが彼らのいうことを理解できないのです」(一四九二年一一月二七日)。「推測によるのでなければ」(一四九三年一月一五日)彼らの言葉を理解できないとも彼はのべている。だがこの方法にはほとんど信頼がおけないことは、いまさらいうまでもない……。

ノンバーバル・コミュニケーション〔言語によらない情報伝達〕が言葉のやりとり以上にうまく行くのは実にまれである。コロンが海岸に部下と共に上陸するときのことである。「(彼の正面に見える)インディオの一人が川へ入り込み、端艇の船尾に近づき、提督に長広舌をふるったが、提督には理解できなかった(このことは別に驚くことではない)。だが彼は他のインディオたちが時々両手を天に上げ、大声を張り上げているのに気づいた。提督は、彼らは自分がやって来たことを喜んでいるのだと考えたが(典型的な希望《ウィッシュフル・シン》的観測《キング》の例)、ふと見ると、一緒に連れてきたインディオ(彼には言葉が理解できる)は顔色を変え、蠟のように黄色くなって、彼らはあなた方を殺そうとしているから、この川から立ち去らなければならないと手真似《シーニュ》で告げながら、ぶるぶると震えていた」(一四九二年一二月三日)。とはいうものの、はたしてコロンはこの二番目のインディオが〈手真似《シーニュ》で〉いったことを本当に理解したのだろうか。つぎはこれとまったく同じような首尾に終わった象徴発信の一例である。「私は彼らと接触したいと強く願っておりました。しかしながら長太鼓をのぞけば、こちらにこさせるために彼らに見せるべきものは何一つないように思われました。そこで長太鼓を船尾塔に運び上げ、何人かの若い者を踊らせるためそれを叩くよう命じました。そうすれば彼らが祭を見ようとやってくると思ったからです。ところが、太鼓が打ち鳴らされ、踊りがはじまると見るや否や、彼ら全員がオールを手放し、弓を手にし、それぞれの盾で身を守りながら、弓を引きしぼって、われわれに矢を射かけはじめました」(《両国王への書翰》一四九八年八月三一日)。

これらの失敗は、ただたんに言葉の無理解やインディオの風習にたいする無知のせいばかりではない(コロンはこれらを克服しようと努めたのかもしれないが)。というのは、ではヨーロッパ人とのやり取りではそれよりずっとうまく行くのかというと、そうではないからだ。たとえば、第一次航海からの帰路、アソーレス諸島で、コロンに敵対するポルトガル人船長とコミュニケーションをもつ際に、失敗に失敗を重ねる彼の姿を見ることができる。最初はあまりにも相手を信用しすぎて、最高のもてなしを受けると思っていたところが、彼の部下が逮捕されてしまう。するとたんにひどいペテン師に早変わりして、相手の船長を口車に乗せ自分の船に招き、捕えてしまおうとするが、果たさない。彼のまわりの部下たちにたいする認識もあまり見る目があるとはいえない。彼が全幅の信頼を寄せた者(たとえばロルダンとかオヘダ)はすぐに彼に対立してしまう。一方、ディエゴ・メンデスのように、本当に彼に尽している者を彼はなおざりにしている。

コロンの場合、人間とのコミュニケーションはうまく行かない。それは彼の関心事ではないからである。一四九二年一二月六日の日誌に、彼の船に乗せられたインディオたちが逃げようとしたり、自分たちの島から遠く離れて不安がる様子が書かれている。「もっとも、彼には彼らのいうことが分からなかったし、彼らも彼のいうことが理解できなかったのだが、彼らはこの島の住民を非常に恐れていた。だから、この島の者たちと接触するようになるには、この港に数日間留まることが必要であったろう。しかしもっと多くの土地を見るためと、それにこの好天がいつまで続くか分からなかったので、彼はそれを取り止めた。」これら数行の中にすべてがある。インディオにたいするコロンの横暴と親切さがないまぜになった大ざっぱな認識、彼らの言葉と記号にたいする無理解、発見した島をより良く知るためとあらば他者の気持を踏みにじってしまうその安易さ、人間よりも陸地にたいする好み。コロンの解釈学には、人間用の特別席は存在しないのである。

## 3　コロンとインディオ

コロンが彼自身の見た人間について語るのは、人間もまた、結局は、風景の一部となっているからである。彼が島の住民についてのべるのは、いつも鳥や木などの自然を描写中のことである。「内陸にはあまたの金属鉱山があり、数限りない住民がいます」《サンタンヘルへの書翰》一四九三年二月〜三月)。「いままでのところ、私が発見したものは、陸地もそうですが、原住民についてと同様、木、草、花、果実も、つねに次第にすぐれたものになって行きます」(一四九二年一一月二五日)。「この地の根〔パンの役をする〕は脚ほどの太さであり、また土地の者はみな太っていて、勇敢である」と彼はいっている(一四九二年一二月一六日)。ここでは、根を描写するのに必要な比較として人間が導入されているのだが、その導入の仕方がどのようなものであるかは一目瞭然である。「ここでは、結婚した女たちは木綿の下着をつけており、若い娘たちは一八歳以上の数名をのぞいては、これをつけていないということである。この地にはマスチフ種とブランチェテ種の犬もいた。また彼らが見た男は、一カスティーリャ貨の半分ぐらいの大きさの金片を鼻につけていた……」(一四九二年一〇月一七日)。男たち、女たちの描写のまんなかに犬についての記述があることは、彼らも同じ範疇に属することを事実上示している。

インディオにかんする最初の記述は大きな意味をもっている。「そのとき、彼らは裸の人間を見た……」(一四九二年一〇月一一日)。これは事実をのべているにすぎない。だが、コロンを驚かす原住民の第一の特徴が、衣服の欠如であるという事実は示唆的である。衣服は文化の象徴なのだ（コロンの関心が衣服を着た人々にあったのはそれゆえである。着衣の人々の方が、大汗王について伝え聞くところにいっそうふさわしく思われるからである。彼は未開人しか見出せなかったことに少し失望する）。確認がくり返される。「この王をはじめとして臣下もみな、母から生まれたままに真裸で歩いており、女たちも同様で、何らはじらうことはなかった」（一四九二年一一月六日）。せめて女たちぐらいはなんとかしてくれてもよかったのに、というわけである。その結果、彼の観察は身長とか肌の色（白ければ白いほど――つまり〔ヨーロッパ人の肌と〕似ていれば似ているほど評価される）など、たいてい人々の肉体的外観に限られる。「彼らはみな、カナリア諸島の者たちと同じで、黒くもなければ白くもない」（一四九二年一〇月一一日）。「彼らは他の島の者より色が白い。なかには、スペインにいるような色の白い娘も二人いた」（一四九二年一二月一三日）。「身体の非常にきれいな女もいる」（一四九二年一二月二一日）。そして、インディオは裸ではあるが、動物より人間に近いらしいと驚きをこめて結論する。「これらの島やむこうの大陸の人たちはみな、獣のように裸で歩いているが、（中略）かなり理性的で鋭い知性の持ち主であるように思われる」（ベルナルディーズ）。

コロンの目から見ると、物理的に裸であるインディオは、文化的にも一切の特性を剝ぎ取られている。彼らの特徴とは、いわば、慣習も儀式も宗教ももたないことにあるのだ（これにはそれなりの論理性がある。というのは、コロンのような人間にとって、人類は楽園追放後に衣服を着るようになったからである。楽園追放そのものが、人類の文化的アイデンティティの起源なのだ）。しかもそこには物事を自分の都合のよいように見る彼の性癖があらわれているが、この性癖によって彼が、精神的な裸体のイメージをもつにいたったことは注目に値する。「私には、彼らは本当に、何ももっていない人たちのように思われた」

と最初の出会いのときに書き、また「彼らはいかなる宗派にも属していないようだった」(一四九二年一〇月一一日)とも記している。「この者たちは、非常におとなしく臆病で、すでにのべたように、裸で、武器もなければ法律もない」(一四九二年一一月四日)。「彼らはいかなる宗派にも属さず、また偶像崇拝者でもない」(一四九二年一一月二七日)。すでに言語をもたぬものと見なされたインディオは、法律も宗教もないものとしてあらわれる。たとえ彼らが物質的な文化をもっているとしても、精神的な文化以上にコロンの関心を引くわけではない。「彼らは、綿の糸玉や、鸚鵡や、投槍や、それにここに書き出したらうんざりするほどの細々としたものをもってきた」(一四九二年一〇月一三日)。もちろんここで重要なのは、鸚鵡が存在することである。このような異文化にたいする彼の態度はせいぜいのところ、骨董品収集家のそれであって、理解しようとする気持など毛頭ない。(第四次航海の途中、ホンジュラス海岸で)彼ははじめて石造りの建築物を観察する機会をえたが、記念に石のかけらを割ってもってくるよう命令しただけであった。

文化的には手つかずであり、スペイン文化とキリスト教の記載を待つ白紙のページであるこれらインディオが、みなたがいに似かよっていることはなんら驚くべきことではない。「人々はみな、さきほどのべた者たちに似ており、同じ様子、同じ裸、同じ背丈であった」(一四九二年一〇月一七日)。「この地の者が大勢でやってきたが、彼らは他の島の者たちと似ており、同じように裸で、同じくその身体に色を塗っていた」(一四九二年一〇月二二日)。「この地の者はいままで出会った連中と同じ性質、同じ風習をもっている」(一四九二年一一月一日)。「この者たちは、すでにのべたインディオに似ており、その信仰も同じであると提督はいった」(一四九二年一二月三日)。インディオは全員が裸で、弁別的特徴をもたないという点で、たがいに似ているのである。

このようなインディオ文化にたいする無理解やインディオと自然との同一視を考えると、コロンの書いたもののなかに、住民にかんする詳細な描写を期待する方が無理である。彼の筆になるインディオのイマージュは、はじめは自然描写と同じ規則にしたがっている。コロンは何にでも感嘆することにしていたから、まず最初に肉体的な美しさが賛嘆の的になる。「彼らはみな、姿がよく、美しい身体つきをしており、顔立ちもなかなかよい」(一四九二年一〇月一一日)。「だれもが背筋をすらりとのばした品位ある身体つきだ。非常に美しい人たちである」(一四九二年一〇月一三日)。「この土地の者は男も女も、彼らがこれまで出会ったうちでもっとも美しい人たちだった」(一四九二年一二月一六日)。

コロンやその最初の同行者の印象(でなければ空想)を忠実に反映するピエトロ・マルティレのような著述家〔一四五九—一五二六、イタリア人〕は、喜んで甘い牧歌的な場面を描き出す。つぎの場面では、インディオがコロンに敬意を表しにやってくる。「どの女も美しかった。あたかも、古代人が大いにもてはやした、あのまぶしいばかりの水の女神《ナイアード》、泉の精を目のあたりにするかのようであった。歌に合わせて踊りながら、手にしていた棕櫚の束を、彼女らは、膝をおって総督にさし出した」(I, 5。図3参照)。

前もって定められていたこうした賛嘆の念は、精神面にまで拡大される。断定の根拠などおかまいなく、ここの住民は善良だと、コロンはぞうさもなく宣言する。「彼らは、この世でもっとも善良で穏やかな人人である」(一四九二年一二月一六日)。「かつて、これほどまでに善良な心をもった人々を見た者がいるとは信じられない、と提督はいった」(一四九二年一二月二一日)。「私は、この世に彼ら以上に善良な人々もいなければ、またこれ以上よい土地もないと思う」(一四九二年一二月二五日)。こうした人間と土地との安易な関連づけは、これを書いているコロンの頭の働きを示しているのであって、彼の観察に見られる描写の質は、あまり当てにできない。その上、もっとよくインディオの正体が分かってくると、彼はまったく逆の

図3　ハイチ島に上陸するコロン

立場に立つことになるが、そうなったところで、彼の観察はもっと信頼にたる情報となるわけではないのだ。ジャマイカ島で難破したとき、彼は「残酷で、われわれに敵対するおびただしい数の未開人に取り囲まれている」(《たぐいまれな手紙》一五〇三年七月七日)のにやっと気づくのだ。もちろん、ここで注目すべきは、インディオを特徴づけるのに、コロンが善/悪という型の形容詞しか思いつかないということである。これでは実際には、私たちに何一つ教えることができない。というのも、善悪などは人のとる視点に左右されるからであるが、それだけでなく、それが安定した特性ではなく、局限された状態に対応するからであり、認識しようとする欲望にではなく、状況についての実用的な評価にもとづくものだからである。

一見したところ、他の特徴より予測しがたいインディオの特徴が二つある。〈気前のよさ〉と〈臆病さ〉である。だが、コロンの描写を読み進むにつれ、こうした断定はインディオについてよりも彼自身について語っていることが明らかになる。最初の出会いのときから、インディオとスペイン人は、言葉の代りに細々とした品物を交換する。ただ同然で、何でもあたえてしまうインディオの気前のよさを、コロンはしきりにほめたたえる。ときにはその気前のよさは、彼の目には愚劣とさえ思われることもある。彼らはなぜ、一枚の硬貨をありがたがるようにガラスのかけらを、あるいは金貨と同じほど小銭をありがたがるのだろうか。「私は、その他たいして値打ちのないものをたくさんあたえたが、彼らはそれで大いに喜んだ」(一四九二年一〇月一一日)と彼は書いている。「彼らは、自分たちがもっているすべてのものを、こちらがさし出すどんなくだらないものとでも交換する。小鉢のかけらや、壊れたガラスのコップの破片とでも交換するのだ」(一四九二年一〇月一三日)。「彼らにあたえるものならどんなものであっても、少なすぎるなどと絶対いわず、ただちに自分たちのもっているものを代りにくれる」(一四九二年一〇月一三日)。「それが価値あるものであろうとなかろうと、そのとき交換にさし出すものが何であろうと、またどれほど値打ちがあろうと、いずれにせよ彼らは満足するのです」(《サンタンヘルへの書翰》一四九三年二月〜三月)。言語の場合と同じく、コロンは、価値が約束事であるということ、黄金はガラス〈それ自体〉より価値が高いのではなく、ヨーロッパの交換体系においてのみ高い価値をもつのだということを理解できない。だから、交換の描写の結論として、「彼らがもっているものと引きかえに、小樽の壊れたたがの破片までもっていくとは、まるで野生の動物《ベット》だ」(《サンタンヘルへの書翰》一四九三年二月〜三月)と彼が書くとき、ここで愚か《ベット》なのはコロンの方だという印象を受ける。彼にとって、異なった体系とは体系の不在に等しいのであり、そこで彼はインディオの性格は愚劣だという結論に到達するのである。

優越感は保護貿易主義的な態度を生み出す。コロンは水夫たちに、彼が恥ずかしくなるような不均衡な物々交換はしてはならないとのべている。ところが彼自身は、今日の私たちからすれば〈礼儀知らず〉と思われるような、突拍子もないものを贈り物としてあたえている。だが、彼らにはじめて、愛すること、要求することを教えたのはコロンなのである。「私は彼を迎えにやり、赤い帽子と、いくつかの小さな緑色のガラス玉をあたえて、これを腕につけてやり、また二つの鈴を彼の耳につけてやった」(一四九二年一〇月一五日)。「私が首にかけていた非常に美しい琥珀の首飾と、一足の赤い靴と、一瓶のオレンジの花の香水をあたえたところ、彼は驚くほど喜んだ」(一四九二年一二月一八日)。「首長は、提督が贈ったシャツと手袋をもう身につけていた」(一四九二年一二月二六日)。コロンが他者の裸体にショックを受けたことは理解できるとしても、はたして、手袋、赤い帽子、靴が、この場合、割れたガラスのコップよりも本当に役立つのだろうか。いずれにせよ、インディオの首長は、いつも着衣して彼を訪れることができるようになるのである。その後、スペイン人からの贈り物の用途を教えられぬままに、インディオはそれに彼らなりの使い道を見出している。「原住民は衣服をもたないので、針は何に役立つのか彼らには分からなかったが、スペイン人は身振りで、しばしば彼らの皮膚にささるとげを抜くのに使っているとか、歯をきれいにするのに使うのだと教え、彼らの利発な好奇心を満足させた。そんなわけで、彼らは針を大切にするようになったのである」(ピエトロ・マルティレ、『新世界八〇年史』、I, 8)。

コロンが、インディオはこの世でもっとも寛大な人々だと宣言するのは、こうした観察や交換が念頭にあるからである。そして、このようにして、彼は善良な未開人という神話に多大な貢献をするのである。「彼らは他人の財産によこしまな欲望をいだかない」(一四九二年一二月二六日)。「彼らは非常に素直であり、自分の所有物についてはたいへん気前がよいのですが、それは、実際に立ち会ってみなければ、だれも信じることができないほどです」(《サンタンヘルへの書翰》一四九三年二月〜三月)。「彼らは気前よくくれるが、それは、実際に彼らがくれたものはあまり値打のないものだったからだ、などと思わないでもらいたい。というのも、金塊をくれることも、ヒョウタン一杯の水をくれることも彼らにとっては同じことだったのであり、彼らの気前のよさとはこういうことだからだ、と提督はのべ、さらにつけ加えて、ものをくれるときに、それを喜んでしているのかどうかは簡単に分かることだ、という」(一四九二年一一月二一日)。

実際には、見た目ほど事態は容易ではない。サンタンヘルへの書翰で、自己の見聞をまとめながら、コロンはこのことを何となく感じている。「彼らが私有財産をもっているかどうか、私は知ることができませんでしたが、彼らのうちのだれかが所有しているもの、とくに食糧などは、全員の共有であるように思われました」(一四九三年二月〜三月)。私有財産にたいする別の報告をもってきたところで、こうした〈気前のよい〉態度への説明となりうるのであろうか。コロンの息子フェルナンドは、第二次航海中に起こった出来事をのべたなかで、同じくこの件について触れている。「提督がイサベラ島から連れてきたインディオたちは、(現地のインディオの)小屋に入って、気に入ったものは何でも使った。持ち主は、自分たちの所有物はすべて共有物なのだといわんばかりに、少しも不機嫌な様子は示さなかった。私たちも同じ習慣をもっていると思った原住民は、はじめのうちは、キリスト教徒の家に入って、好きなものを手に入れたりした。だがすぐに、彼らは自分たちの間違いに気づいた」(『コロンの生涯』第五一章)。その結果、コロンは以前の自分の判断を忘れて、このすぐ後で、インディオは気前がよいどころか、だれも彼もが泥棒だと宣言する(この逆転は、インディオを、この世で最良の人間から荒々しい未開人へと変えてしまう逆転に並行している)。だから彼は、当時スペインで実施されていた残酷な刑罰を、彼らに科すのである。「シバオに航行しているときに、あるインディオがわずかなりとも盗みを働いたことがあったように、もし彼らのうちのだれかが盗みをおこなったと認められるなら、懲罰にその者の鼻と耳を切りとり給え。そこは隠すことができない身体の部分なのだから」(《モーセン・ペドロ・マルガリーテへの教示》一四九四年四月九日)。

〈臆病さ〉についての言説も、まったく同じようなプロセスをたどる。はじめは、ばかにしたような尊大さである。「彼らは武器をもたず、しかも大変臆病なので、たとえ彼らを相手にしても、わが方の一人で相手の百人を追い払うのに十分である」(一四九二年一一月一二日)。「提督は両国王にたいして、こちらの一〇人で相手の一万人を追い払うこともできるだろう、それほど彼らは腰ぬけで臆病だ、と保証する」(一四九二年一二月三日)。「彼らは剣も、短剣も、火器ももっていません。そんなものには、彼らはまったく向いていません。健康的な立派な体格をしていないからではなく、驚くほど臆病なのです」(《サンタンヘルへの書翰》一四九三年二月～三月)。犬を使ったインディオの狩猟——これもコロンの〈発見〉である——も、似たような観察に落ち着く。「というのも、一匹の犬が一〇人のインディオに匹敵するのだ」(ベルナルディーズ)。したがって、コロンは第一次航海の終わりに、部下の一部をエスパニョーラ島に残しておくことに何の危惧もいだかない。ところが、一年後に戻ってみれば、あのビクビクして、武器というものを知らないインディオによって、その全員が殺されてしまったことを認めざるをえないのだ。まさか、スペイン人一人をやっつけるために、インディオ千人が結集したはずもあるまい。そこでコロンは反対の極に走り、インディオなりの勇気を、彼らの臆病さから割り出す。「面とむかっては決して生命を危険にさらそうとしない臆病者ほど、悪辣な人間はいない。インディオたちは、仲間からはぐれた一人か二人の者を見つけると殺してしまうが、そんなことは驚くに当たらないことを、貴君はやがて知るだろう」（《モーセン・ペドロ・マルガリーテへの教示》一四九四年四月九日）。インディオの王、カオナボは「悪辣かつ大胆な男」（《アントニオ・デ・トーレスへの覚書》一四九四年一月三〇日）である。だからといって、コロンのインディオ理解が、以前より進んだとは思われない。実際には、彼は自分自身から抜け出すことがないのである。

　コロンがその生涯の一時期に、自分の足りないところを補うよう努力していることは事実である。このことはたとえば、第二次航海中、ラモン・パネ修道僧に、彼がインディオの習俗と信仰について詳述するよう命じていることにも見られる。しかも彼自身が、この記述の序文に、〈民族誌学的〉観察の一ページを書き残しているのである。彼はまず、原則を宣言することからはじめる。「私は彼らの間に、偶像崇拝も、いかなる他の宗教も認めなかった」。これは、すぐ後に続く、彼自身の筆になる具体例があるにもかかわらず、彼が頑としてゆずらない命題である。というのは、彼は実際いくつかの〈偶像崇拝的〉な祭祀を描写してはいるが、その後で「私たちのうちのだれ一人として、彼らが発する言葉を理解できなかった」とつけ加えているのである。そこで彼の関心は、インチキの摘発にむけられる。たとえば、しゃべる偶像の正体とは、なかが空っぽの物体であって、そこから別室に管が通じていて、その別室には呪術師の助手が鎮座しているのであった。ラモン・パネの小論（フェルナンド・コロンが書いた伝記の第六二章に収められている）は、それよりはるかに興味深い。もっとも、つぎのように、あきもせずくり返す著者の意図に反してではあるが。「インディオは、アルファベットも書記法ももたないので、自分たちの神話をうまく語らないし、私もそれを正確に書きとることができない。最初を最後にもっていったり、あるいはそれと逆の間違いを犯しているのではないかと心配している」(6)。「急いで書いている上に、十分な紙もないので、全部を正しく書き込むことができなかった」(8)。「それについて、この他に分かったことは何もなく、私が書いたことはあまり価値がない」(11)。

インディオ側がスペイン人をどのように受けとっているかを、コロンの覚書を通して推察できるだろうか。かなりむずかしい。この場合にもまた、コロンがすべてを事前に決定しているという事実によって、一切の情報が歪曲されているのだ。第一次航海は感嘆の調子で染め上げられている以上、インディオも感嘆するのが当然である。「彼らはたがいに、その他多くのことを話したが、私には理解できなかった。だが、すべてに驚嘆していることだけはよく分かった」(一四九二年一一月一八日)。理解などできなくても、コロンは、インディオの〈王〉が彼を前にしてうっとりしていることを知っているのである。もしかしたら、コロンがいっているように、インディオは、自分たちの目の前にいるのが、神々の子孫ではないかと思ったのかもしれない。そう解釈すれば、はじめに彼らが恐怖心を示したことも、スペイン人のいかにも人間くさい振舞いを前にして、この恐怖心が消え去ったこともかなりうまく説明がつく。「彼らは信じることにかけては天下一品である。天には神がおられることを知っているし、私たちが天からきたものと信じ込んでもいる」(一四九二年一一月一二日)。「キリスト教徒は天からきたのであり、またカスティーリャの王たちの王国は、この世ではなく天にあるとみな信じていた」(一四九二年一二月一六日)。「ずい分長い間彼らとともに過し、何度も言葉を交したにもかかわらず、今日でもなお、彼らは私が天からきたのだと信じ込んでいるのです」(《サンタンヘルへの書翰》一四九三年二月〜三月)。この確信については、もっと詳しく観察できるようになったときにもう一度触れることにして、さし当たって、カリブ海のインディオにとっては、大洋は天地をへだてる空間とまったく同様に、抽象的なものでありえたことを指摘しておこう。

スペイン人の人間くさい側面とは地上の富への渇望である。最初は、すでに見たように、黄金であり、そのすぐ後は女性である。コロンが報告するあるインディオの言葉のなかに、短いがハッとするような個所がある。「提督が〔通訳として〕連れてきたインディオの一人がその〔原住民の〕王に話しかけ、キリスト教徒がどのようにして天からやってきたのかを語り、これから黄金を探しに行くのだといった」（一四九二年一二月一六日）。この文章はいくつかの意味で真実であった。実際、戯画的にはなるが単純化していえば、スペインの冒険家《コンキスタドール》は、宗教に支配されていた中世と、物質的な富を価値体系の最高位に置く近代との歴史的な過渡期に位置している。したがって、征服は実際上、つぎのような二つの基本的な様相を呈することになる。すなわち、キリスト教徒は、頼みにしている彼らの宗教を新世界にもたらすということ、そして代りに、黄金と富をもちかえるということ、である。

インディオにたいするコロンの態度は、彼がインディオをどのように受け取るかにかかっている。彼の態度は二つに分けられるが、それはつぎの世紀に引きつがれるだけでなく、実際上、現代の植民地支配者一人一人の、被支配者としての原住民にたいする関係の中にまで尾を引いている。この二つの態度の萌芽は、コロンの他者の言語にたいする関係のなかにすでに見たとおりである。すなわち、ある場合には、彼はインディオ（もっともインディオという言葉は用いていないが）を、完全な権利を有する、つまり彼と同じ権利をもつ人間だと考える。だがその場合、彼らを対等であるばかりでなく、同一のものと見なしているのであって、こうした態度は同化主義に、すなわち自分自身の価値観を他者へ投影することに帰着する。そうでなければ、彼は差異から出発する。だがこの差異は、ただちに、優越と劣等をあらわす言葉に翻訳される（彼の場合にはもちろん、劣っているのはインディオである）。人は、自己のたんなる不完全な状態にとどまらないような、まったく他者的な人間の本質が存在することを、認めたがらないものだからである。他者性《アルテリテ》の経験がもつこうした二つの基本的形態は、いずれも、自己中心主義《エゴサントリスム》、すなわち自己固有の価値観と価値一般との同一視、私と宇宙との混同、要するに、世界は一つであるという信念にもとづいているのである。

それゆえ、一方でコロンは、インディオに、彼やスペイン人と同じようであってほしいと思っている。彼は意識していないが、素朴な同化主義者なのである。コロンがインディオにたいして親愛の情をいだいていることは、彼自身の慣習をインディオが身につけるありさまを見たいという気持のなかに、〈自然に〉あらわれている。彼は何人かのインディオをスペインに連れて行き、「彼らが帰ってきて、私たちの慣習や信仰を身につけ、キリスト教徒の代弁者となるように」（一四九二年一一月一二日）しようと決意する。彼はまたつぎのようにのべている。「彼らに村落を作らせても、衣服をつけて歩くことや、私たちの習慣を身につけることを教えても、それに」（一四九二年一二月一六日）彼らは十分に応えることができる。「両陛下は彼らをすぐにもキリスト教徒となされ、王国の良俗を学ばせられることでございましょうから、両陛下にあられましては大いにお喜びになられるものと存じます」（一四九二年一二月二四日）。いわずもがなのことだが、インディオにスペインの習慣を身につけさせたいというこの願望には、正当な根拠などありはしない。

多くの場合、この同化の計画は、インディオをキリスト教化し、福音書を布教しようとする意志とごちゃまぜになっている。周知のように、コロンの当初の計画の底にあるのは、この後の方の意図である。もっとも、この意図も最初のうちはやや漠としたものにすぎない（第一次探険には、司祭はだれ一人同行していない)。だがそれは、インディオに会うやいなやたちまち具体化しはじめる。正式に作成された公正証書によって、新たな土地を手中に収めるとすぐに、彼は宣言する。「彼らは力に頼るよりも、愛情による方が、はるかにすんなりとキリスト教に帰依し、改宗する者たちだと私は理解した……」(一四九二年一〇月一一日)。コロンのいう〈理解〉が、前もって決定されたことであることは明らかである。理解とはいっても、それはいまさら確認する必要さえない到達目標ではなく、とるべき手段の理解に他ならない。到達目標など、同じ表現をくり返せば、いわずもがなのことなのだ。それでも彼は、遠征の主たる目標が布教にあり、両スペイン国王はインディオをまったき臣下として受けてほしい旨を、たえず、くり返しのべている。「両陛下には、カトリック・キリスト教徒以外の異邦人がいささかなりともこの地と関係したり、足を踏み入れたりすることをお許しになるべきではないと、私は申し上げます。なぜなら、キリスト教の普及と栄光こそが、この計画の目的であり出発点だからでありますし、それに、この地方には、よきキリスト教徒以外の何者もくることをお認めにならぬよう、申し上げます」(一四九二年一一月二七日)。とりわけこうした態度の結果、インディオの個々の意志が尊重されるようになる。というのは、彼らはただちに、他のキリスト教徒と同じ立場に置かれるからである。「彼はすでに、この地の人々をカスティーリャ王の臣民と見なしていたし、また彼らの感情を害する理由もなかったから、彼〔インディオの老人〕をそっとしておくことにした」(一四九二年一二月一八日)。

コロンのこのようなヴィジョンは、事態を自分にとって都合のよいように見てしまう持ち前の能力によって助長される。とりわけこの場合には、インディオはすでにキリスト教徒の長所を備え、改宗せんとする願望にすでに駆り立てられているように、コロンには見えるのである。すでに見たように、彼にとってインディオは、いかなる〈宗派〉にも属していず、いかなる宗教にも汚されていないだけでなく、彼らは実際上、すでにキリスト教への素質をもっているのだ。コロンがインディオのうちに見る美徳がキリスト教の美徳であるのは、はたして偶然であろうか。「この地の者たちは、いかなる宗派にも属さず、偶像崇拝もせず、性質は穏やか、悪いことは何も知らず、たがいに殺し合うこともできません。(中略)彼らは、教えられたいくつかの祈りをすぐにとなえ、十字を切ります。したがって、両陛下は、彼らをキリスト教徒にするようご決断なさるべきであります」(一四九二年一一月一二日)。「彼らは自分自身のごとく隣人を愛する」とコロンはクリスマスの夜に書く(一四九二年一二月二五日)。こうしたイマージュはもちろん、それに対立するインディオのすべての特徴を削除することによってのみえられる。しかもこの削除は、インディオにかんする言説の面はもちろんのこと、必要な場合には、言葉だけでない事実についてもおこなわれる。第二次遠征では、コロンに同行した修道士たちは、インディオの改宗にとりかかる。ところが、だれもがすんなりと聖像を崇拝しはじめるどころの話ではないのだ。「礼拝堂を出てしまうと、この住民たちは、聖像を地面に投げすて、土を山のようにかぶせ、その上に小便をかけた。」これを見たコロンの弟バルトロメーは、きわめてキリスト教的な方法で彼らを罰することにする。「副王代理および島々の総督として、彼はこれら不届きな者どもを裁くことにし、彼らの犯罪が立証されると、皆の面前で火焙りの刑に処した」(ラモン・パネ、F・コロン所収、62, 26)。

いずれにせよ、今日ではよく知られているように、精神の伝播は物質的征服と切っても切れない関係にある(十字軍を起こすには金が必要なのだ)。ここに、双方の平等を建前とする計画のなかに、最初の断層が口を開く。物質的征服(とそれによって引き起こされるすべてのこと)は、精神の伝播の結果であると同時に条件なのだ。コロンは書いている。「これに両陛下が取り組まれるならば、広大な領土と莫大な富を獲得するとともに、エスパーニャのすべての人々がそうであるように多数の民を短期間に私たちの聖なる教えに改宗させることがおできになられると私は考えます。なぜなら、この地に厖大な量の黄金が産することは疑いもないことだからであります」（一四九二年一一月一二日）。この関連づけは、彼の場合、ほとんど自動的なものと化す。「両陛下は、私たちの聖なる教えが大いに広まる可能性をもち、かつ莫大な利益を引き出せるもう一つの世界を、ここにおもちになっています」（《両国王への書翰》一四九八年八月三一日）。スペインがそこから利益を引き出せることは疑いない。「神のご意志により、かくして私は、もう一つの世界をわれらが主君、国王および女王のご裁量のもとに委ねました。このことにより、貧乏国といわれたエスパーニャは、もっとも豊かな王国と化したのです」（《保育女官への手紙》一五〇〇年一一月）。

コロンは、この二つの活動の間に一定の均衡が成立しているかのように振舞っている。スペイン人は宗教をあたえる代りに、黄金を取るのである。だが、交換がかなり一方的であるとか、相手方をかならずしも満足させていないということの他に、そもそもこの二つの行為のもたらす結果は、相互に相対立するものなのだ。布教活動は、布教する者とインディオとが（神の前で）平等であるという考え方を前提とする。だが、インディオがその富を渡したくないといったら？　その場合には、武力と政略によって彼らを支配し、力ずくで奪い取らなければならない。いいかえれば、今度は人間的視点から見て、彼らを不平等（劣等）の立場に置くのだ。ところで、コロンはまたもや、自己の活動の両極が生み出す矛盾に気づかずといらべきか、少なくとも天上的なものと人間的なものとの間に彼自身が作り上げた不連続性に気づかずに、彼らを服従させる必要があると、何のためらいもなく説いているのである。さて、コロンが、彼らが臆病で武器の使用を知らないと指摘したのは、つぎのような理由からである。「五〇名の部下があれば、両陛下は彼らをすべて服従させ、お望みのままに彼らを何にでもさせられるでありましょう」（一四九二年一〇月一四日）。これでもキリスト教徒の言葉なのだろうか。こうなってもまだ、平等が問題なのだろうか。彼は、三度目の新大陸への出航に当たって、志願囚、つまり特赦される囚人を連れて行く許可を願いでている。これでもなお、福音伝道計画なのだろうか。

「私は一島といえども、所有しないままにしておくつもりはなかった」（一四九二年一〇月一五日）とコロンは第一次航海に乗り出しながら書いている。ときには、同航者にあちらこちらで島を贈りさえする。最初のうちは、コロンが公証人を引き連れてとりおこなう儀式について、インディオが大したことを理解できるはずもなかった。だが、それが分かりかけてきたときも、とくに感激した素振りを見せるわけではない。つぎは第四次航海中のエピソードである。「私はそこに村を作り、数々の贈り物をキビアン――彼らはこの地の酋長をそういう名で呼んでいる――に贈った（手袋か、赤い帽子か、コロンはそれについて何もいっていない）。だが私は、和平が長続きしないことはよく分かっていた。実際、彼らはきわめて粗野な（換言すれば、スペイン人に屈服するのをいさぎよしとしない）者たちであり、私の部下が邪魔なのだ。ついに私は、あのキビアンの領地を獲得した（交換の第二段階。手袋を贈る〈から〉、土地を所有する）。家々が建てられ、私たちの商取引が盛んになるのを見ると、キビアンはすべてを焼き払い、私たちを皆殺しにする決意を固めた」（《たぐいまれな手紙》一五〇三年七月七日）。この話の続きは、さらに暗澹たるものとなる。スペイン人はキビアンの一族を無理やり捕えることに成功し、人質として使おうと目論む。だが、インディオのうち何人かは首尾よく逃げおおせる。「取り残された捕虜は絶望にとらえられた。仲間と一緒に逃走できなかったからである。翌朝見ると、彼らは船の甲板梁で、ありあわせの紐を使って首を吊っていた。首吊りに必要な高さがなかったので、膝を折り曲げて。」このエピソードを報告しているコロンの息子フェルナンドは、現場にいあわせていた。彼はわずか一四歳だったが、そのとき示した彼の反応は、彼自身のものであると同時に、少なくとも父親のそれでもあったと考えることができる。「船上の私たちにとっては、彼らの死は大した損失ではなかったが、陸にいる部下の状況をひどく悪化させた。以前は、自分の子供と引換えに和解することでキビアンは満足したはずだが、もはや人質をもたぬいまとなっては、私たちの集落にたいしてキビアンが一段と残忍な戦いをしかけてくるにちがいないという恐れが生じたのであった」(99)。

かくして、平和のつぎに戦争がやってくる。だが、コロンはこうした侵略手段を決して完全に無視していたのではなかった。というのは、第一次航海のときから、彼はある特別な計画をあたためているからである。一四九二年一〇月一四日、彼はつぎのように書いている。「今朝、私は砦を建設できる場所を探しに出発した。」「ここには小高い岩山がそそり立っているから、この岩山の上に砦を建てることができるだろう」(一四九二年一二月五日)。周知のように、彼のこの夢は彼の船が難破したときに実現し、そこに彼の部下を残留させるのである。だが、砦とは、たとえ有効であるかどうかははっきりしていなくても、すでに戦争への第一歩、つまり服従と不平等への第一歩なのではあるまいか。

このように、コロンは、原則的な平等をふくむ同化主義から、奴隷制擁護のイデオロギーへ、そして結局は、インディオの劣等性の断言へと地すべり的に移行する。それは、インディオとはじめて接触したときから、折にふれ漏れ出た彼の皮相な判断から予見できたことであった。「彼らは、てきぱきとしたよい使用人になるにちがいない」(一四九二年一〇月一一日)。「彼らは生来、服従するのがふさわしい」(一四九二年一二月一六日)。自分の主張に一貫性を保つため、コロンは、潜在的なキリスト教徒である無垢なインディオと、食人をおこなう偶像崇拝者のインディオとの間に巧妙な区別を立てる。あるいは、(彼の権力に服従する)平和的なインディオと、好戦的、したがって懲罰に値するインディオとを区別する。だが重要なのは、すでにキリスト教徒でない者は奴隷でしかありえないということ、つまりそれ以外の第三の道が存在しないということである。そこで彼は、ヨーロッパ―新大陸航路についた役畜用輸送船が帰路、空船で帰らぬよう奴隷を積み込み、その間に十分な量の黄金を見つけようと考える。動物と人間の間に暗々裡に設定されたこうした等価性は、あきらかに打算のたまものである。「護送艦は食人種の奴隷で支払い可能と思われます。獰猛ですが、立派な身体をしており、非常に聞き分けのよい者どもで、非人間的なところを取り除きさえすれば、最高の奴隷となることは必定でしょう」(《アントニオ・デ・トーレスへの覚書》一四九四年一月三〇日)。

スペイン両国王はこうしたコロンの提案には乗らなかった。奴隷よりも家臣の方がよかったのだ。第三身分に属する人間よりも納税能力のある家臣の方を、というわけである。だからといって、コロンが自分の計画をあきらめたわけではない。一四九八年九月にはふたたび次のように具申する。「ここからは、ブラジル蘇芳《すおう》〔木材〕と同様に、売れる数だけの奴隷が聖三位一体の名において送り出せましょう。私のもつ情報が正しいとすれば、四千人ほどの奴隷が売り渡せるとのことでございますが、それは二千万マラベディ以上の値打ちをもつものでありましょう」(《両国王への書翰》一四九八年九月)。強制移住が最初のうちもたらすはずの問題も、たちどころに解決される。「確かに、現在はそれ〔移住〕が原因で多くの者が死亡しておりますが、いつもそうだというわけではございません。ネグロやカナリア群島の人たちもはじめはこのようなものでありました」(同書翰)。イスパニア島における彼の統治感覚は、まさにこの程度なのである。一四九八年一〇月付の両国王への書翰がラス・カサスによって以下のように要約されている。「以上のことから、コロンが、同行したスペイン人に譲ろうとした利益とは、カスティーリャに帰って売却するための奴隷を彼らにあたえることなのである」(『インディアス史』I, 155)。コロンの頭のなかでは、宗教の布教と奴隷制度への帰順とが解きがたく結びついているのである。

第二次遠征隊員であったミケレ・デ・クネオは初期の奴隷売買がくり広げられた手順を詳しく描写した珍しい物語を書き残している。それは、インディオが受けた扱いに何らの幻想をも抱かせない物語である。「われわれのカラベル船が（中略）スペインに出帆することになったとき、われわれの居留地に一六〇〇人ほどの男女のインディオを集め、もっともましな男女のうちから五五〇名を、一四九五年二月一七日に乗船させました。残ったインディオにたいしては、必要とあれば、だれもが満足の行くだけ所有してもよいと側近の者に触れまわさせました。そしてそれが実行されました。各人がそれぞれインディオを獲得した後も、まだ四〇〇人ばかり残っていました。彼らには勝手に行きたいところに行くように許可が出されました。そのなかには、乳児を胸に抱いた多くの女たちもいました。彼女たちはふたたび自分たちが捕えられるのではないかと恐れて、われわれからできるだけ遠くへ逃れようとして、その辺の地面に所かまわず子供を置き去りにして、死にもの狂いで逃走していきました。いく人かは、山々を越え、大きな河を渡り、イサベラのわれわれの居留地から七日か八日もかかるほど遠くまで逃げてしまったのです。つまり、今後は、大変な苦労をしなければ彼らを捕えられなくなったわけです。」事のはじまりはこのような具合である。さて、その結末はつぎのとおりである。「だが、われわれがスペイン沿岸に達したときには、これらインディオのうち二〇〇人近くが死んでしまっていました。思うに、不慣れな気候、彼らのところより寒い気候が原因でありましょう。われわれは海に死体を棄てました。（中略）残りの奴隷は上陸させましたが、そのうちの半分は病気にかかっていました。」

奴隷制度を問題にしていないときでさえも、コロンの態度は、インディオが自分自身の意志をもつ権利を認めず、結局は彼らを生きている物と見なしていたことを示している。だから、博物学者の情熱にとらえられると、あらゆる種類の見本、つまり樹木、鳥類、動物、それにインディオをスペインにもち帰りたいといつも願うのである。インディオの意見を聞いてみようなどという考えは、コロンにとってあずかり知らぬことなのだ。「一緒に連れて行くのに、五、六人のインディオを捕えたかったが、彼らはみな、日が暮れる前に〔船から〕引き揚げてしまったので、そうすることができなかった」とコロンは語った。だが翌日、すなわち八月八日火曜日、一二人の男たちを乗せた一隻のカヌーがカラベル船のところにやってきた。彼らは全員捕えられ、提督の旗艦に連れてこられた。コロンはそのうちの六人を選び、あとの六人は陸地に送り返した」(ラス・カサス『インディアス史』I, 134)。数字は前もって決められている。つまり半ダース。個々人が大事なのではなく、頭数が大事なのである。別の折には、彼には女性が必要となる(色欲からではなく、すべてのサンプルを手に入れるためである)。「私は河の西岸にある家に部下を送った。彼らは、老若合わせて七頭の女と三匹の子供を連れてきた」(一四九二年一一月一二日)。インディオであればだれでも、女であればなおさら、たちどころに獣と同列に置かれてしまうのである。

女について、コロンは博物学者としての興味しか示していないが、他の遠征隊員の場合にはそうはいかないことに注意する必要がある。例のサヴォーナの紳士、ミケレ・デ・クネオが第二次遠征中に体験したエピソードは、数ある物語のうちの一つではあるが、当事者自身のことを語っている点で貴重な物語となっている。その話を読んでみよう。「私は航海中に、大変美しいカリブ娘を手に入れました。それは前述の提督さまが私に下さったものでした。船室に連れて行くと、こちらの風習で裸のままですから、女と楽しもうという欲望が起こりました。欲望を満たしにかかろうとすると、相手は嫌がって、爪をいやというほど立てるので、手を出さなければよかったと思うほどでした。(最後まであらいざらい話しますが)、こんなふうなので、私はロープを手にして、女をびしびしと打ちつけ、その結果、女は恐ろしい叫び声を上げました。あなたならその耳を疑ったかもしれません。結局は二人の間に合意が成立し、それはもう、まるで女は娼婦の学校を出たのかと思われるほどでした。」

これはいろんな意味で示唆的な物語である。ヨーロッパ人はインディオの女を美しいと見ている。だが「欲望を満たそうとする」のに、相手方の同意をえようなどという考えが彼の胸に浮かばなかったのは明らかである。むしろこうした同意の要求は提督に向けられている。彼と同様ヨーロッパ人であり男でもある提督は、インディオの酋長たちに鈴を分けあたえたときと同じように気軽に、同郷の仲間に女をあたえるように見えるのである。もちろん、ミケレ・デ・クネオは他の男に宛てて書いているのであり、その男のために、腕をふるって、読む楽しみを仕立て上げている。というのも、彼の念頭には、結局のところ、まったくの快楽物語をあらゆる手段で作ることしかないからである。最初は侮辱された男の役割を自分にあたえる。だがそれは、その後、ものの秩序がもとどおりに回復し、白人が勝利するのを見て、読者の満足をいっそう強めるためというものでしかない。そして最後の合意の目くばせ。この紳士は〈実演〉の場面は省略するが、明らかに彼が期待する以上に、省略効果はその場面を彷彿とさせ、しかも驚くべき簡略論法でインディオの女性を売春婦と同列に置いている。というのも、性的誘惑を激しく拒否した女性と誘惑を職業とする女性とが同一視されているからである。しかし、女性の本性を目ざめさせるためには、笞刑の綱で思う存分たたきのめすだけでよいというのであれば、娼婦性はすべての女性の真の本性ということになりはしないだろうか。そうであれば、拒絶は偽善でしかありえなかったことになる。なびかない女は肌を掻いてやれ、そうすれば娼婦があらわれるだろうというわけである。インディオの女性は女性である、いいかえるなら、もう一段低いインディオである。この意味で、彼女たちは二重の凌辱の対象となるのである。

明らかに矛盾する以下の二つの神話にたいして、コロンはどのようにして結びつけることができるのであろうか。他者とは〈善良な野蛮人〉であるという神話（他者が遠くから眺められたとき）と、他者は〈汚い犬〉、潜在的な奴隷であるという神話である。この二つの神話は、実は共通の基礎の上に成り立っている。すなわち、インディオを誤認すること、そして、自分とは異なるが、しかし同じ権利を有する主体として彼らを認めることを拒否することである。コロンが発見したのはアメリカ大陸であって、アメリカ人ではなかったのである。

征服初期のエピソードであるアメリカ発見の歴史全体に、人間の他者性が顕現されると同時に拒否されるという両義性が刻印されている。スペインの歴史上、一四九二年はこの二つから成る動きをはやくも象徴している。この年、グラナダでの最後の戦いでモール人を撃破し、ユダヤ人を強制的に領土から追放することによって、内なる「他者」を切りすてたスペインは、後にラテン・アメリカとなる外なる「他者」を発見するのである。周知のように、この二つの出来事をコロン自身はたえず関係づけている。「一四九二年というこの年、（中略）モール人との戦いに終止符をお打ちになって、（中略）その同じ月、（中略）私ことクリストーバル・コロンを両陛下は前述したインディアスと呼ばれる地方へ派遣なさろうと思し召されました。（中略）そこで、すべての国土ならびに領土からユダヤ人を追放なさって後、両陛下はこの一月、私にたいし、十分なる船隊をひきいて、前記のインディアス地方に赴くようお命じになったのであります」と彼は第一次航海日誌の冒頭に書いている。コロンが神の調停を見ようとしているこれら二つの運動は、キリスト教信仰の普及によって統一される。「両陛下におかれましては、かつて父と子と聖霊に懺悔《ざんげ》しようとしなかった者共を滅ぼされたように、このような多数の人々を教会に糾合し、改宗させるために、すみやかに〔修道士を〕派遣することをご決断下さいますよう、神に願うものであります」（一四九二年一一月六日）。だが、この二つの活動は、逆方向に向かうが相補的な活動と見なすこともできる。一方はスペインの主要部分から異質なものを排斥し、他方はその異質なものを取り返しのつかないほど決定的に導入するのである。

コロンは彼なりの仕方でこの二重の運動の本質を体現している。すでに指摘したように、彼は他者を認めず、他者に自分自身の価値観を強要している。だが、もっとも多くの場合、彼が自分自身に関係して使う言葉、また彼の同時代人も〔彼にたいし〕使っている言葉とは「外国人《エトランジェ》」なのだ。しかも多くの国々がコロンの祖国はわが国だとその栄誉を競い合ってきたのは、コロンがいかなる祖国ももたなかったからである。

# II
# 征服

# 1　勝利の理由

コロンの新大陸発見により可能となった新旧両世界の出会いは、戦争あるいはむしろその当時いわれていたように、「征服」というごく特殊なタイプのものであった。そしてこの征服には、いぜんとして一つの謎がつきまとっている。つまり、戦闘の結果そのものが問題なのだ。新大陸の原住民の数の方がその敵よりも圧倒的な優位にあり、しかも彼ら自身の土地で戦うというのに、なぜスペイン側にこんな電撃的勝利が可能だったのだろうか。私はあの最高に劇的だったメキシコ征服に話を限るが、それは、コロンによる発見以前の大陸では、メキシコ文明がこの上ない栄華をきわめていたからだ。さて、数百人の部下を率いたコルテスが、数十万の兵士を擁するモクテスマの王国をまんまと占領してしまったという謎をどう説明したらよいのだろうか。私が求めようと試みている答えは、当時すでに、征服という局面が生んだおびただしい文献《リテラチユール》の中にある。たとえば、コルテス自身の報告書。スペイン人たちの記録。なかでも、もっとも注目すべきものは、ベルナール・ディアス・デル・カスティーリョのものだ。最後にスペイン人宣教師によって書き写されたり、あるいはメキシコ人の手によって編集された原住民の語った物語など。

私が使用することになったこの種の文献については、コロンの場合には考慮に入れる必要のなかったことだが、本論に入る前に検討すべきことがある。コロンの書いたものは、技術的にいえば、誤りをふくむこともありえたが、それによって価値が減ずることは少しもなかった。というのも私にできたのは、あくまで行動《アクト》として彼の文書を検討することであって、描写としてではなかったからだ。ところがここでの主題は、もはや（文献を書き残した）一人の人間の経験ではない。出来事それ自体が言葉によらないもの、すなわちメキシコ征服なのだ。分析された資料はただ行為を示すものとしてもはや役に立たない（あるいはあまり役に立たない）が、ある現実を知る情報源としては有効である。たとえ資料が現実の一部分を構成しているわけではないとしても、インディオの視点を表明する文献の場合はことに重要である。実際、インディオには文字がなかったから、テクストはすべて征服後のもの、したがって征服者たちに影響されて書かれている。この点については最後の章でもう一度触れることにして、ここではごく一般的に、一つの言い訳と積極的な理由をのべておきたい。まず言い訳。もしこの情報源を放棄するならば、この種のあらゆる情報を断念するのでないかぎり、それに代る他のいかなるものもえられないということである。唯一の妙薬は、これらのテクストを透明な発話《エノンセ》として読まず、それらが発話された状況と行為とを視野に入れてみることである。積極的理由については、これは旧修辞学者の用語でつぎのように表現できよう。すなわち、ここで提起された問題は、真実を知ることよりも、真実らしさの認識に向けられているということである。それはこういうことだ。たとえば、某記録者《クロニクール》の申し立てに反して、ある事実が実際には起こっていないというようなことはありうることであった。だが、記録者がそれを断言しえたということ、その同時代人の承認をあてにできたということ、このことは、ある事件がたまたま生起するという、結局は偶然に支配されている状況と同じくらい、とにかく何かを示唆しているのである。イデオロギーの歴史にとって言表《エノンセ》の受容は、イデオロギーの産出以上に示唆的である。だから作者の間違いや嘘があっても、そのテクストは真実をのべているときと同様にはっきりした意味をもっている。テクストが同時代人に受けとられるものであること、あるいは作者が受けとられると信じていたということ、これが肝心なのである。

この観点からすると、〈虚偽〉の概念は入り込む余地がないであろう。

メキシコ征服のおもな経過はよく知られている。一五一九年のコルテス遠征は、メキシコ沿岸に達した三度目の遠征である。この遠征には数百人の人間が参加している。コルテスはキューバ総督から派遣されたのだが、出航させた後に総督の気持が変わって、コルテスを罷免しようと画策する。ところがコルテスは、ベラクルスに上陸するや、自分はスペイン国王じきじきの命令権にしたがうものであると宣言する。アステカ王国の存在を知ると、内陸部へ徐々に進軍をはじめ、行くさきざきの部族民を協定やら武力によって、努めて自分の陣営に引き入れていった。もっとも困難をきわめた戦闘はトラスカーラ族との戦いであったが、彼らは以後最良の同盟者となった。コルテスはついに首都メヒコに達し、大歓迎される。やがて、アステカ王を捕えることに決め、首尾よく成功する。折も折、彼はキューバ総督の派遣によるコルテス討伐隊が沿岸に上陸したことを知る。新しく派遣されてきた討伐隊の方がコルテスの部下よりもはるかに大勢であった。コルテスはこの軍勢と戦うために部隊の一部と共に首都メヒコを出発した。残りの部下は、ペドロ・デ・アルバラードの指揮のもとに、モクテスマを見張って首都に残留する。同国人との戦いに勝利したコルテスは、討伐隊長パンフィロ・デ・ナルバーエスを投獄したが、他の者は説得して自分の部下にした。しかしその時、彼は留守中のメヒコで事態が悪化したことを知らされる。アルバラードが宗教的儀式が催されている最中にメヒコ人を集団虐殺したことから、戦闘が勃発したのである。首都に戻ったコルテスは、包囲されている城内に入り、彼の部隊と合流する。モクテスマが死ぬのはこのときである。アステカ人（原注）の攻撃は執拗をきわめ、ついにコルテスは夜のうちに首都から撤退することになった。その退却中に敵に感づかれてしまい、戦闘となり、彼の部隊の半ば以上が失われた。これがあの「悲しき夜《ノーチェ・トゥリステ》」といわれた出来事である。コルテスはトラスカーラに退却して軍勢を立て直し、再度メヒコ攻略に向かった。

〔首都に通ずる〕すべての通路を断ち、そして快速ベルガンティン船を建造させた（首都は当時湖の中にあった）。数カ月の包囲の後に、メヒコは陥落した。征服戦争はおよそ二年続いた。

まず最初に、コルテスのあの電撃的勝利について、一般にどのような解釈がおこなわれているかを見てみよう。第一にあげられる理由とは、モクテスマ自身のあいまいな、優柔不断な態度である。彼はコルテスにたいして、抵抗らしい抵抗は何もしていないのである（したがって、このことがいえるのは、征服の第一期からモクテスマの死までである）。こうした態度はおそらく、後に検討する文化的な動機をこえた、もっと個人的な理由によるものである。多くの点で、彼の態度は他のアステカの支配者たちとは異なっている。ベルナール・ディアスは、チョルーラ人高官の話を報告する中で、つぎのようにモクテスマを描いている。「神官たちの答えはつぎのとおりであった。実のところモクテスマはスペイン人が首都に向かうつもりであることを知っていたし、この件にかんしては毎日彼ら神官たちと話し合っていたが、自分のやりたいことをはっきりと決めかねていた。ある日は、われわれスペイン人がチョルーラにきたら、メヒコへ案内しながら最大級の敬意を払うよう神官に命令したかと思うと、他の日には、われわれが首都に入ることをもはや望まぬと神官に通達したりした。つい最近では、彼がもっとも信頼しているテスカトリポカとウィチロポチトリの二神のお告げによって、われわれ全員をチョルーラで殺害するか、縛り上げて、メヒコに生きたまま送りつけるようにといった」（『ヌエバ・エスパーニャ征服実録』、83）。加えてモクテスマの使者がスペイン人にたいして、アステカ王国を贈り物としてあたえるが、同時にメヒコにこないで帰国するようにと伝えたことなどは、たんなる不手際といったことではなくて、事実上の両義性《アンビギュイテ》であるような気がする。だが、後に見るように、この優柔不断ぶりを維持するよう意識的に手をうったのは、実はコルテスなのである。

ある種の記録には、モクテスマはふさぎがちな諦観した人物として描かれている。また、彼は上古アステカの歴史にあるあまり名誉とはならないエピソードにたいして後ろめたい思いにせめさいなまれ、それを自らの罪として償っているのだと主張する人もいる。アステカ族は前王朝のトルテカ族の正当な後継者であると自任しているが、実際には後からやってきた簒奪者なのである。こうした国家的な罪責の潜在意識が、スペイン人こそ古代トルテカ人の直接の後裔であり、自分たちの富を奪い返しにやってきたのだとモクテスマに思い込ませたのではないだろうか。後に見るように、ここでもまたそのような考えは部分的にスペイン人によって示唆されている。だがモクテスマがそれを信じたと、確信をもって断言することは不可能である。

ひとたびスペイン人が首都に到着すると、モクテスマはなおいっそう謎めいた行動を取る。コルテスとその部下によって王はむざむざと拘禁されてしまうのだが（この拘禁の件は、コルテスが下した決断のうちでも、自分自身の船を〈焼き払う〉――実際は座礁させた――決断とともにもっとも特筆すべきことである。コルテスは彼にしたがう一握りの部下でもって王を拘禁したのだが、王自身はアステカの強大な軍勢に取りまかれていたのである）、だがたんにそればかりでなく、一度捕虜になると、王は一切の流血ざたを回避しようということしか念頭にないのである。たとえばアステカ最後の皇帝クワウテモクの行動とは逆に、モクテスマはなんとしてでも戦争が首都で勃発し長引かないように努力する。そのためには、自分の権力も特権も財宝も放棄してもよいとする。コルテスが自分を討伐にきた部隊と決戦を交えるために一時首都を不在にしたときでさえ、この機会を利用してスペイン人を一掃しようともしないのである。「われわれが理解したところによれば、モクテスマは（敵対行為に出る早々から）後悔の念を感じていたし、またもし彼がその敵対行為の主謀者とか煽動者であったならば、自分たち兵士は皆殺しになっていただろうというのがペドロ・デ・アルバラードの部下のほとんどがもっていた意見であった。ところが、モクテスマは家臣をなだめまわり、攻撃を止めるよう説いていたというのが事実だった」（ベルナール・ディアス、125）。イエズス会士トバールがそのときに書き写した歴史または伝説（どちらでもよいことだが）によれば、モクテスマは自分の死の直前に、キリスト教にまさに改宗せんとしていたということである。だがあまりにも人を馬鹿にした話ということになるが、スペイン人の司祭は黄金をかき集めるのに夢中で、そんな時間を見出すこともできないのだ。「王は洗礼を求め、聖福音の真理に改宗したといわれている。ところが、そこに一人の司祭がいたことはいたのだが、公教要理をあわれな王に教えるよりも財宝さがしの方に夢中になっていたらしい」（トバール p. 83）。

あたかも勝利を望むことは毛頭考えていないかのように、敵を前にしながらその巨大な権力の行使を嫌がる、この不可解な皇帝の個人的な精神世界に入っていく手助けとなる資料は、残念ながら私たちの手元にはない。コルテス家の礼拝堂付き司祭で彼の伝記作者であるゴマラがいっているように、「われわれスペイン人は絶対に真実を知ることはできなかった。というのは、当時は言葉が理解できなかったのだし、後になっては、王の秘密を分かちもった人がもはやただの一人も存命ではなかったのだから」（107）。当時のスペインの歴史家はモクテスマの中に、ときに狂人、ときに賢者を見出しては、この問題への解答を探したが無駄であった。スペイン国外に出ることのなかった記録者ピエトロ・マルティレは、どちらかといえば後者の賢者だという解答に傾いているように見える。「王は子供に強制する文法規則よりもはるかに厳しい指令にしたがったように思われる。そして、家臣や部将の反乱が起きぬよう、辛抱強くあらゆることに耐えていた。国民の反乱を見るよりは、どんな頸枷でも重いとは思わずつけたことであろう。すでに譲位した帝国の手綱を再度手にするよりは、毒を飲む方をよしとしたディオクレティアヌス帝を、王は手本にしたかったかのようだ」（『新世界八〇年史』V, 3）。ゴマラはときおりモクテスマを軽蔑する。「モクテスマは気が弱く、あまり勇気のない人間だったにちがいない。だからあんなふうに拘束されてしまったし、その後、コルテスから自由にしてやるといわれて、臣下の者もそうするよう王に懇願したときですら、捕虜であった王は絶対に逃亡しようとしなかったのである」（89）。だが別のところでは、ゴマラ自身が迷ってしまって、すっぱりと裁断することは不可能だと告白する。「モクテスマの臆病というべきか、それとも彼がコルテスやスペイン人に抱いていた愛情か……」（91）。あるいはまた「私の見るところでは、王はある意味では我慢しなければならなかったことをさらりと流してしまうほど大変な賢者であるか、それともあの事態に立腹することもなかったほどのとんでもない愚か者かであった」（107）。このようにいつも二の足をふむような事態にわれわれはおちいってしまうのである。

モクテスマの性格が、以上のような悪にたいする無抵抗に何らかの関係があることは確かである。しかしながらこの解釈はコルテス遠征の前半部分にしかあてはまらない。なぜなら、モクテスマは生きていたときと同様に謎めいた仕方で（多分スペイン人の牢番に短刀で刺されたのだろうが）この事件のまっただなかに死亡し、アステカ王国の先頭に立つ彼の後継者は、ただちにスペイン人にたいして、残忍かつ情容赦のない戦争を宣言するからである。ところが、戦いの第二期に入ると、もう一つ別な要素が決定的役割を演じはじめる。メキシコの地を占有している種々の部族間の内紛をコルテスが利用するのである。この方面では彼は大成功を収める。遠征中はいつでも、彼は敵対し合う小部族間の内紛を利用して、最終的にはメヒコ軍に数の上でも匹敵するトラスカーラ軍および他のインディオ部族連合軍を自分の指揮下においた。スペイン人は、もはやいわば、軍隊の後方業務担当とか督戦隊でしかない。彼らの部隊は、しばしば一〇人のスペイン騎兵にたいし、一万のインディオ歩兵で構成されていたらしい。フランシスコ会修道士であり、『ヌエバ・エスパーニャ布教史』を著述した歴史家、モトリニーアのような同時代人の認識はすでにつぎのようなものであった。「トラスカーラ人が皇帝陛下から、かずかずの恩賞を賜わるのも当然である。また自分たちキリスト教徒がメヒコ市からアステカ軍に追われた際に、もしトラスカーラ人がいなかったら、われわれは一人残らず死んでいたであろうが、われわれを町に避難させてくれたのが彼らである、というのが征服者《コンキスタドール》の言葉であった」（モトリニーア、III、16）。実際、その後長年にわたって、トラスカーラ人はスペイン王国からあたえられる数々の特権をほしいままにすることになる。たとえば、税を免除され、新征服国の官史になるのはほとんどが彼らトラスカーラ人だった。

　メキシコの歴史を読んでいると、インディオはどうしてもっと反抗しなかったのか、植民地化というコルテスの野望に彼らは気づかなかったのだろうか、という避けがたい疑問につきあたる。だがこれへの直接の解答は問題の所在をぼかすことになる。すなわち、最初にコルテスが踏破した地方のインディオは、すでにアステカ族によって征服され植民地化されていたために、征服というコルテスの狙いをさほど気にも止めていなかった、という解答である。当時のメキシコは単一民族国家ではなく、アステカ族というピラミッドの頂点に位置する部族に支配された部族集団であった。この結果、彼らはコルテスを絶対的悪の化身どころか、身近であるがゆえにいっそう憎しみのつのる圧政のくびきをはねのけてくれる解放者として、あるいはそのための必要悪として――いろいろな面で問題はあるものの――見ているのである。

　ヨーロッパの植民地主義の悪事に敏感になっている私たちの理解に苦しむ点は、まだチャンスがありながら、なぜインディオはスペイン人にたいしてただちに反抗しなかったかということである。ところが、征服者《コンキスタドール》はアステカ人のまねをしているにすぎないのだ。スペイン人が黄金と奴隷と女しか求めていないことを知って、眉をひそめる人もあるかもしれない。「彼らが実際に熱中したことといえば、何人かのよい女を手元に置き、少々の分捕り品を自分のものにすることだけだ」(『ヌエバ・エスパーニャ征服実録』142)とベルナール・ディアスは書いている。そしてつぎのような逸話を物語る。メヒコ陥落の後、「クワウテモクと彼の全武将がコルテスに訴え出た。それは、水路で戦っていた〔スペインの〕数人の隊長ならびにベルガンティン船にいた何人かの隊長が、高貴な身分のインディオのほとんどからその娘や妻を掠奪してしまったという件であった。彼らはなんとか自分たちに取り戻してもらえないものかとコルテスに願い出たのである。女たちをすでに自分のものとしているコルテスの兵士たちから、彼女らを取り戻させることは困難であろうが、それでも女たちを迎えにやるように、そして自分〔コルテス〕のもとに連れてくるように使いを出そう、そして女たちがキリスト教徒になっているかどうかを調べ、その上で、父や夫のもとに帰りたいのなら、急ぎ帰宅させる旨を確約した」。調査の結果は驚くに当たらない。「彼女たちのほとんどが、父、母、夫にしたがおうとせず、逆に彼女らがつれそった兵士と一緒になる方を望んだ。その他の女は姿を消してしまった。なかには、自分はもはや偶像崇拝者ではないと宣言する者も何人か出た。すでに妊娠している者さえいた。その結果、帰宅させるというコルテスの特別命令で立ち去ったのは、わずか三名にすぎなかった」(同書、157)。

ところが、メキシコの他の地域のインディオがアステカ族の悪業を訴える際にのべたことは、これとまさしく瓜二つなのだ。「それらの村の住民たちは(中略)モクテスマおよびとくに収税吏にたいする激しい不満をもらして、次のようにいった。彼らは自分たちのものをあらいざらい盗むし、もし妻や娘が目を引くようであれば、夫や父親の目の前で暴行し、ときには完全に奪い去ってゆく。また、命令で奴隷のように働かされ、カヌーを使って、場合によっては陸路で、樅の木、石、トウモロコシの運搬使役があり、他にも種蒔きとか数限りない奉仕のために力仕事が絶えることがない」(ベルナール・ディアス、同書、86)。

スペイン人を狂奔させた黄金と宝石は、すでにモクテスマの官吏によって租税として吸い上げられていたのだ。この申し立てを、征服を正当化するための完全な創作——たとえそういう部分があるとしても——であると見なして否定しさることはできないだろう。この意味で、ありあまるほどの証言が一致をみている。『フィレンツェの絵文書』にはメシーカ（アステカ）人のおこなった暴虐ぶりについて、コルテスに訴え出た近隣部族の首長たちが描かれている。「というのは、われわれをひどく苦しめているのが、モクテスマとメシーカ人だからであり、われわれに困った事態をもたらしたのも彼らメシーカ人のせいなのだ。われわれは塗炭の苦しみをなめさせられた。彼らがあらゆる種類の税をわれわれに課したからである」（『フィレンツェの絵文書』、XII、26）。彼らに好意的で、文化的混血児といってよいと思うあのドミニコ会士、ディエゴ・ドゥランは、アステカ人を非難するその瞬間につぎのような類似性を発見する。「もし首長が不注意だったり、無頓着であれば、アステカ人は村々を荒らし、掠奪し、人々から衣類を剝ぎ取り、叩きのめし、持物は何もかも強奪したり、恥辱をあたえた。種蒔きを妨害しては、はかり知れない損失をあたえ、損害を蒙らせた。どの国々でも彼らの前では戦々兢々としていた。彼らが行く先々ではどんなところであれ、彼らの必要とするものは何もかも提供した。しかし、どんなにねんごろにもてなしても、彼らの行動には変わりがなかった。（中略）それは想像しうるかぎりではもっとも残忍な、もっとも邪悪な民族であった。その理由は家来にたいする処遇からきているのであるが、スペイン人がおこなった、そして現におこなっている扱い方よりもはるかにひどいものであった」（ドゥラン、III、19）。「彼らはやれることならどんな悪業にでも手を出した。ちょうど、もし手綱を締めていなければ、わがスペイン人も今日そうしたであろうように」（同書、III、21）。

新旧両征服者の間には多くの類似点がある。新征服者はこのことに気づいていた。なぜなら彼ら自身アステカ人のことを遠い昔の侵略者ではなく、彼らと似通った征服者として描いたのだから。もっと正確にいえば、その場合でも類似点があることにかわりはないが、先住者にたいする新旧征服者のかかわり方は、そのかかわりそれ自体を否認することもふくめて、ときには意識にのぼらないような、暗黙の連続性の関係なのである。スペイン人はメキシコ人の宗教の抹殺のため、やがて焚書をおこなったり、過去の偉大さをしのばせるあらゆるものを消滅させる目的で、遺跡を破壊することになる。ところが、それより約百年ほど前のイッコアトルの治世に、アステカ人自身が古書という古書を破棄して、歴史を彼らに都合よく改竄できるようにしたのであった。そうしながらも、すでにのべたように、アステカ人は彼ら自身がトルテカ人の継承者として描写されることを好んでいるのである。スペイン人も、宗教と政治とを問わず、しばしば過去の事跡に従順であろうとする。つまり彼らは同化すると同時に同化されるのである。とりわけその象徴的な出来事は、敗戦国メキシコの首都そのものが新国家の首都となることである。「〔首都〕テノチティトランが大都市でありかつ有名であることを考えると、そこに再植民するのがよいとわれわれには思われた。（中略）もしテノチティティトランが過去において、この地方一帯の首都であり女王であったとすれば、今後も同様にそうなるであろう」（コルテス、《第三報告書翰》）。コルテスはモクテスマ王国との継続性を取り込むことによって、いわば自らの正当性を、遠征期間中彼の最大の気がかりであったスペイン王にたいしてではなく、この地方の原住民にたいして確立しようとする。副王メンドーサはアステカ王国の収税登録簿をふたたび使用するにいたるのである。

これは宗教の領域でも同様であった。実のところ宗教上の征服では、聖なる場所からある種の〔古い〕聖像を取り除き、その場所に別な〔新しい、キリスト教の〕聖像を置くということがふつうにおこなわれている。だがその場合、これが肝心なことであるが、礼拝の場所はそのまま保存され、その前でそれまでと同じ芳香性の木が燃やされるのである。コルテスは語っている。「彼らのもっとも大切な、そして深い信仰を抱いている偶像を、私は安置所から取り出させ、階段上から投げ棄てさせ、それらが置かれていた祭壇をきれいに掃除させた。それが生贄の血で一杯だったからだ。そうしてから、そこに聖母像や他の聖人を祀った」(《第二報告書翰》)。ベルナール・ディアスの証言。「今後、この地にある薫香でもって聖母像および聖十字架に香を捧げるようにとの命令が下されたのはその頃のことであった」(『ヌエバ・エスパーニャ征服実録』、52)。「悪魔の崇拝に役立っていたものが神に奉仕する神殿に変わることは正義にかなっている」と修道士ロレンソ・デ・ビエンベニダは彼流に記す。キリスト教司祭および修道士たちは、インディオの宗教礼拝にたずさわった神官を追い払った後、空白になったその地位をまさにそのまま占めようとするのである。ところでスペイン人はインディオの神官を、パパという多元的な意味で使われている名で呼んでいた(神官を意味するインディオ語〔パパ〕と《教皇〔パパ〕》との混成)。コルテスは継続性を口にしたのかもしれない。「彼ら〔インディオ〕が修道士にたいして尊敬と歓迎の態度で接するのは、デル・バーリェ侯爵エルナン・コルテス閣下の命令の結果である。というのも、同侯爵は最初からインディオにたいして、ちょうどかつて彼らが自分たちの偶像の祭司をふだん畏れ崇めていたように、〔キリスト教の〕司祭を尊び敬うようにと命じたのである」(モトリニーア『ヌエバ・エスパーニャ布教史』、III、3)。

　征服第一期におけるモクテスマの逡巡と第二期のメキシコ陣営の内部分裂に加えて、スペイン側の武器の優秀性もまた、第三の要因としてしばしば取り上げられる。アステカ人は金属加工を知らないから、彼らの剣は甲冑同様、効果の点では劣っている。(毒を塗っていない)弓矢は、スペイン人の火縄銃や大砲に太刀打ちできるものではない。移動の際も、スペイン側の方がはるかに迅速である。アステカ人がつねに徒歩であるのにたいし、陸上で馬を駆使するのはスペイン人である。水上ではベルガンティン船を建造する技術をもち、インディオのカヌーにたいするその船の優位はメヒコ攻略の終局において決定的役割をはたすのである。最後に、スペインからもち込んだ天然痘が、スペイン側はそれと知らずに、はじめての細菌戦をおこなっている。つまりスペインからもち込んだ天然痘が、敵軍に猛烈な伝染被害を生じさせたのである。しかしながら、それ自体議論の余地がないこうした優位性も、もし両陣営における兵士の数字上の対比をも同時に考慮するなら、すべてを十分に説明しきれるものではない。しかも、実際は火縄銃の数はそう多くなく、大砲にいたってはなおさら少ない。その破壊力も現代の爆弾がもっているようなものではない。その上、火薬はしばしば湿ってしまう。火器や騎馬の効果は、戦死者数でじかに測れるものではないのである。

私がしようとしていることは、これらの要因のもつ重要性を否定することではなく、むしろこれらの要因の共通項を見つけることである。そうすれば、それが各要因を連結し、理解させると同時に、あまりよく知られていないような別の要因をさらにつけ加えることを可能にする。このようにすることによって、私は征服‐敗北の理由についての一つの解答を文字どおり否応なく手に入れることになろう。この解答は原住民の記録中に見つけられるのだが、おそらく純粋な詩的表現とみなされて、西洋では今日にいたるまで無視されてきたのである。すなわち、インディオの物語によるその解答とは、説明というよりも描写なのだが、一切はマヤ人とアステカ人がコミュニケーションを支配する力を喪失したために起こったということである。神々の言葉は理解不可能と化したのだ。そうでなければ、神々は黙り込んでしまったのである。「理解することができなくなって、知恵が見失われた」（『チラム・バラム』、22）。「彼らが到来し、君主が変わったとき、もはや偉大なる支配者も、大雄弁家も、至高なる神官もいなかった」（同書、5）。『チラム・バラム』というこのマヤの書物には、もはや神の言葉を受信することが不可能となっていたために倦むことなく発せられる胸の疼くような質問がはっきりとのべられている。「予言者とはだれであろうか？

この書物の言葉の真の意味を教えてくれる神官とはだれであろうか？」（同書、24）。アステカ人の方は、彼ら自身の破滅への第一歩を沈黙の訪れとして描いている。神々は彼らに語りかけることをもう止めてしまったのである。「彼らは神々の恩寵を求め、スペイン人その他の敵を征覇し、勝利をあたえてくれるよう神々に祈った。だが手遅れだったのであろう。彼らの神託所にはもはや言葉が返ってこなかった。そこで彼らは神々が唖になったか死んだものとみなしたのである」（ドウラン、III、77）。

スペイン人がインディオを征服したのは、記号《シーニュ》という手段によったからであろうか。

（原注） より正確には、〈アステカ人〉というよりもメシーカ人であり、〈皇帝〉の名前も〔モクテスマ Moctezuma ではなく〕モテクソーマ Motecuhzoma と書くべきであろう。だがここでは一般的慣用にしたがった。

## 2　モクテスマと記号

インディオとスペイン人は異なったコミュニケーションの方法をとっている。だが差異について述べるのは難しいことである。すでにコロンについて論じたときに見たように、差異の原理は優越感を、平等の原理は無＝差異〔無関心〕を容易に生みだす。しかも、この出会いが勝利者をはっきり示す結果に終わる以上、人はいつもこの二重の動きにひきずられてしまうのである。つまり、スペイン人はただたんに相違しているだけでなく、優秀なのではなかろうか、というわけである。だが真実は、あるいはそれにかわるものは、それほど単純なわけではない。

はっきりいえば、言語あるいは象徴の次元においては、インディオの側にいかなる〈もって生まれた〉劣性も存在しないことは明らかである。たとえばすでに見たように、コロンの時代には他者の言語を覚えたのはインディオの方であったし、初期のメキシコ遠征のときに通訳を担当するのも、スペイン人がフリエン、メルチオールと呼んでいた二名のインディオなのだ。

だが、もちろんそれだけではない。当時の文献のおかげで、インディオが彼らの時間と能力の大部分をお告げの解釈につい《ヽ》やしており、またこの解釈が、驚くほど入念な、諸種の占いの形式をとっていることを私たちは知っている。これらの占いのうちの第一のものは周期占い（たとえば西洋の占星術）である。アステカ人は、ひと月二〇日で一三カ月からなる宗教暦を用いている。一年の一日一日は、吉日とか、凶

図4　占い師と書物による運命鑑定

日とか特別な性格をもっており、その特性はその日におこなわれた行為どころか、その日に生まれた人にも影響をあたえる。だれかの誕生日を知ることは、その人の運命を知ることである。それで子供が生まれるとすぐに、共同体の祭司でもある解釈を職業とする者に伺いをたてるのである（図4参照）。

「男子あるいは女子が生まれるとただちに、その赤子の父親かあるいは両親がそろって、その当時たくさんいた占星術師、魔術師、占い師を訪ね、生まれたばかりの男子あるいは女子の運命を明らかにするよう頼むのであった。（中略）占星術師や占い魔術師は、暦と一緒に、さまざまな運命が書き込まれた書物を取りだした。いったんその日の性格が分かると、彼らが崇拝しているすべての神々の絵がそれぞれの枠のなかに描かれている一枚の紙を見ながら、予言をおこない、いろいろな運勢を引き出し、子供の運命の善し悪しを明らかにした。（中略）子供が金持ちになるか貧乏になるか、勇敢かしんが強いかそれとも臆病か、祭司になるのか妻帯者になるのか、泥棒か酔っぱらいか、身持がいいかふしだらかを知ることができた――このようなことすべては、それらの絵のなかに見つけ出すことができるのであった」（ドゥラン、II、2）。

あらかじめ定められたこの系統的解釈は、暦の日づけごとに絶対的に決定されている性格に根拠をもっているが、これに、前兆によって運勢を占うという形を取る第二の局限された占いの形式がつけ加えられる。日常的なことから少しでもはみ出していたり、確立された秩序から逸脱しているような出来事はすべて、将来の別の出来事、たいていは不吉な出来事の予告として解釈されるのである（これは、この世ではなにごとも偶然には起こらないということを意味している）。たとえば、四人が悲しそうにしているのは凶兆である。というのも、アステカ人にとってそんなことは考えられないことだからである。小鳥がある特別な時間に鳴いたとか、鼠が神殿を横切ったとか、話の途中についうっかりといい間違えをしたとか、ある夢を見たとかもそうである。ときには、これらの前兆は、たんに珍しいというだけではなくはっきりとした超自然的な出来事であることもある。「アステカの女たちが売りにきたこれらの品物でご馳走を準備していたとき、恐るべき異常な事態が発生し、ソチミルコの全住民を恐怖に陥れた。全員が食事のために自分の席に着いていたとき、目の前の料理が人間の手足、腕、頭、心臓、肝臓、腸に変わったのである。見たことも聞いたこともないこんなぞっとするような事態を前にして、ソチミルコの住民は占い師たちを呼び、この事態の説明を求めた。占い師たちは、これは大変な凶兆である、というのはこの前兆は町の破壊と、多くの人々の死を意味しているからだ、と彼らに告げたのである」（ドウラン、III, 12）。つまり、日常生活においてであれ例外的な事態においてであれ、「彼らはさまざまな予感と前兆を信じていたのである」（モトリニーア、II, 8）。多元的決定の世界は必然的に、多元的解釈の世界でもあるのだ。

その上、徴《しるし》〔記号〕があらわれるのに手間取るときには、それを促すこともやぶさかではない。そのためにもまた、人は職業的な占い師を訪れる。占い師は水、トウモロコシの粒、木綿糸など常套手段を駆使して答えを出す。この未来にたいする予測によって、行方不明のだれそれは生きているのか死んでいるのか、これこれの病人はなおるのかなおらないのか、浮気な夫はもとの鞘に収まるのかどうかを知ることができるのだが、こうした予測は文字どおりの予言にまで手をひろげ、そのために、重大な作戦をおこなう前になると、アステカの大首長が決まって占い師のもとを訪れる姿が見られるのである。それだけにとどまらず、いろいろな人が頼まれもしないのに神々のお告げをえたと称して、将来を予言したりする。アステカ人の記録に物語られている歴史はそのすべてが、前もって予言されていたことが実現したものである。それはまるで、あらかじめ予告されていなければ、生まれ故郷からの出立とか、新たな居住地の選択とか、戦争で勝ったり負けたりとかの出来事も起こらなかったかのようなのだ。ここでは、前もって言葉であったものだけが行為となりうるのである。

アステカ人はこうした将来にたいする予想はすべて実現すると確信している。したがって、自分にいいわたされた運命に抵抗しようとすることは例外的なことにすぎない。マヤでは、同じ単語が〈予言〉と〈掟〉とを意味している。「人はこれから起こるはずのことを避けて通ることができない」（ドウラン、Ⅲ, 67）。「それらは実現されるであろう。何人であれそれを押しとどめることはできないのだ」（『チラム・バラム』、22）。そして、事実そのとおりになるが、それは人々がそうなるように最善をつくすからである。場合によっては、実際には事件が起こってから、過去にさかのぼって予言が作られるので、予言はますます正確になる。いずれにせよ、こうした予兆や予見はこの上ない威信をもっているので、人々はその代償が非常に危険なものであることを承知の上で、必要とあらば死をもかえりみずこれを手にいれようとする。予言の力をもつものは神々のお気にいりなのだから、前兆の解釈に優れたものはもうそれだけで統率者である。

世界は一気に多元的決定を受けたものとして設定される。人々は自分の社会生活をこと細かに規制することによって、この状況に対応する。すべては予見可能である、ゆえに、すべては予見される。そして中《メ》央《ソ》アメリカの社会を開く鍵となる言葉とは、秩序なのだ。たとえば、マヤの書物『チラム・バラム』につぎの文を読むことができる。「彼らは日々の秩序に通暁していた。月は満ち、年は満ちていた。日は満ち、夜は満ちていた。とおりすぎる生命の息吹も申し分なく、彼らが寝床、敷物、玉座に居を占めるとき、血は満ちていた。秩序正しく、彼らはよき祈りを唱和し、吉兆の星が君臨するのを見届けるまで、一つ一つ順序だてて、吉日を探しつづけた。そして、彼らが観察を続けていたそのとき、幸運の星が君臨を開始したのであった。それで、万事、めでたしめでたしであった」（『チラム・バラム』、5）。アステカ社会の最良の観察者の一人であるドウランはつぎのような逸話を物語っている。「ある日、私は一人の老人にたいして、この時期にはふつう氷が張るというのに、どうして、こんなに暮れも押しつまってからいんげん豆を播くのかと訊ねた。彼が答えるには、何ごとであれ、それなりの考えと理由と、それにあった特別の日というものがあるとのことであった」（ドゥラン、II、2）。このような規制は、個人の自由裁量に任せられていたと思われるような、生活のごく些細なところまでおよんでいる。いわゆる典礼とは、すみずみまで儀礼化された社会においてもっとも目立つ突出部にほかならない。ところが、宗教的儀式はそれだけでも大変な数にのぼり、非常に複雑なものであるために、おびただしい数の祭式執行者を必要とする。「儀式の数が非常に多いために、祭司一人ですべてをさばくことはできなかった」（ドゥラン、I、19）。

したがって、社会こそが――祭司、とはいっても社会的知の保管人にすぎないが、この祭司のカーストを介して――個人の運命を決定するのである。そしてその個人も、この言葉で私たちがふつう理解しているような意味のものではない。かつてのインディオ社会では、個人がそれだけで社会の総体性を代表するといったことはなく、あの別の総体性、つまり集団の構成要素にすぎないのだ。ドゥランもまた、郷愁のにじむ彼の感動ぶりが感じられる一節でつぎのように語っている。彼自身の社会では、彼が切望しているような諸価値はもはや見出せないのだ。「ほんのちょっとした問題でも、この国は大勢の役人を使った。すべてはきちんと記録されていたので、どんな細かいことでも帳簿への記載もれということはなかった。何にでも役人がついており、清掃係の小役人さえいた。秩序はかくも整然たるものであった。そのため、だれも他人の仕事に横槍をいれたり、くちばしをはさんだりはしなかった。そんなことをしてもただちに断られたであろうから」（ドゥラン、III、41）。

アステカ人がもっとも大切にしているのが、個人的見解とか個別的発意ではないことはたしかである。この個人にたいする社会の優位性を示す補足的な証拠として、たとえば家族の果たす役割をあげることができる。すなわち、両親はしたわれ、子供は深く愛され、親子が相互におこなう配慮は社会的エネルギーの大部分を使い果たす。そのかわり、両親は息子が犯す悪事に責任を取らされる。タラスコ族の場合には、連帯責任は召使にまでおよんでいる。「その〔悪事を犯した〕息子を育てた教師や乳母もまた、召使ともども処刑された。なぜなら、彼らがその息子にそうした悪習を教えたからである」（『ミチョアカン報告』、Ⅲ、8 またⅢ、12を参照）。

だが、家族の連帯は最高の価値ではない。超個人的であるとはいえ、家族の単位はまだ社会ではないからである。実際には家族の絆は、集団の義務を前にして背後に追いやられる。個人的な特質はいかなるものであれ、社会の掟にたいしては無力である。子供が掟を破って刑罰をあたえられるとき、両親はすすんでそれを受け入れる。「子供を深く愛している両親は、刑罰で痛めつけられている息子を見てたとえ深く悲しんでいたとしても、不平をいうどころか、罰することは当然のよきことであると感謝したのであった」（ドウラン、Ⅰ、21）。その他にも、知恵者で知られたテスココ王ネサワルピルリが、若者が話しかけても拒まなかったという理由で彼自身の娘を死刑に処したという物語が伝えられている。彼の娘のためを思って取りなそうとする人たちに向かって、彼は「だれのためであっても法をまげるべきではなく、もしそうするなら他の首長にも悪い見本を示すことになり、不名誉なことだ」（ソリタ、9）と答えている。

つまり、死が決定的破局となるのは狭い個人的な視野に立つ場合にすぎず、社会的な視点からいえば、集団の掟への服従からえられる利益の方が一個の人間を失うことより重大なのである。生贄となる者が、喜んでとはいえなくても、ともかく絶望的にならないで自己の運命を甘受する姿を見ることができるのもこうした理由によっている。戦場における兵士も同様である。彼らが流す血は社会の生命を維持するのに貢献するのである。もっと正確にいえば、アステカ人民といえどもみながそうした事態をいやがらずに受け入れるとはかぎらないのだから、これは彼らがもちたいと思っている自分自身のイマージュなのだ。それで、捕虜が生贄にされる前日に悲しみに沈むこと（前述したように凶兆である）のないように麻薬をあたえ、モクテスマは仲間の死に悲嘆の涙に暮れる兵士たちに掟のことを思い出させる必要に迫られる。「このためにこそわれわれは生を受けたのだ。このためにこそわれわれは戦場に赴くのだ。われわれの祖先がほめたたえたのは、この祝福された死なのだ」（ドウラン、Ⅲ，9）。

この多元的に構造化された社会においては、一個人が他者と同等なものとして存在することはありえず、階級的区別が第一級の重要事となる。つぎのような事例はかなり興味深い。一五世紀の半ば、幾多の戦闘に勝利したあとで、モクテスマ一世は自らの社会の掟を成文法化することに決め、十四ヵ条の規則を設けている。そのうちの最後の二条だけが現代の法律らしきものであって（姦通罪と窃盗罪）、他の十ヵ条（残りの二条についてはあとで取り上げる）は、紋章、衣類、装飾品を身に着ける資格の有無とか、住民の各階層にふさわしい家屋の型とか、私たちの目にはエチケットにすぎないようなものを規定しているのである。いつも階級社会に郷愁を抱き、スペイン人の間にはっきり台頭しつつある平等主義にうんざりしていたドウランはつぎのように書いている。「王宮や神殿には、身分のちがうものが同席したり、貴族が下層階級のものと同じ扱いを受けたりしないようにと、身分によってちがった控えの間や拝謁の広間があった。（中略）秩序がしっかりしている国家や共同体においては、だれが騎士で馬曳きやら、だれが城主で船乗りやらほとんど見分けのつかない当今のスペインのように無秩序がまかりとおっている国々とはちがって、このような事柄に多大の注意を払っていた。（中略）だから、混乱と変化を避け、各人が自分の地位をわきまえるようにと、インディオは大切な掟や政令や条例をもっていたのであった」（ドウラン、Ⅰ，11）。

こうした強い統合の結果、個人の生は、自己の自由意志で造形する、なにものにも限定されない開かれた場ではまったくなく、（自分自身の運命を変える可能性が完全に排除されているわけではないが）つねにすでに存在している秩序を現実化する場となるのである。個人の将来は共同体の過去によって規制されている。個人が自己の未来を築き上げるのではない。未来がおのずと姿をあらわすのである。ここに、暦、前兆、縁起の役割が生まれる。この世界に特徴的な問いかけとは、スペインの征服者やロシアの革命家に見られる〈なにをなすべきか〉という実践論的なものではなく、〈いかにして知るか〉という認識論的な問いである。そして出来事の解釈は、そこにふくまれている具体的、個別的、一度きりのものとの関連においてではなく、あらかじめ確立されており、かつ再確立しなければならない秩序、つまり宇宙の調和との関連においておこなわれるのである。

以上のことから、コミュニケーションには二つの大きな形式——一つは人間対人間のコミュニケーション、他は人間対世界のコミュニケーションという二つの形式があるということ、しかもその場合インディオはとくに人間対世界のコミュニケーションに努め、スペイン人は人間対人間のコミュニケーションに努めていると認めることは、〈コミュニケーション〉という言葉の意味をゆがめることになるであろうか。私たちはコミュニケーションというと人間の間だけのことだと考えることになれてしまっている。なぜなら、〈世界〉は主体ではないので、(対話があるとしても) 世界との対話はひどく不釣合いなものとなるからである。だがおそらくそれは事物にたいする偏狭な見方であって、結局のところ、この偏狭な見方が、こうした問題について私たちが感じている優越感の原因なのだ。もし、個人から個人への相互作用に加えて、個人と社会集団、個人と自然界、個人と宗教的宇宙の間に位置する相互作用をふくむようにコミュニケーションの概念が拡大されるならば、それはよりいっそう生産的なものとなるであろう。そしてアステカ人の生活にあって支配的な役割を演じているのが、この第二の型のコミュニケーションなのである。彼らは徴候や前兆をとおし、また祭司兼占い師であるその道の専門家の助けを借りて、神、自然、社会を解きあかしているのである。

こうした予兆解釈の優位は、事実に対する認識、もっと厳密にいえば情報収集といったものを排除すると考えるべきではない。まさにその反対である。ここで未発達の状態にとどまっているのは、記号を介しての他者への働きかけなのだ。その代りに、事物——それが生きているものであろうと——の状態について分からないことはなにもない。つまり、ここでは人間は言説の受け手としてよりもむしろ言説の対象として重要なのだ。『ミチョアカン報告』によれば、戦争の前にはかならずスパイが派遣される。スパイは綿密な偵察をおこなって、その報告に戻ってくる。「川や村の出入口、さらには危険な場所がどこにあるのかをスパイは知っている。野営地が設営されると、彼らは地面に正確な地図を描く。隊長はその地図を見てあらゆる事実をくみとり、つぎにそれを部下に見せるのである」（同書、Ⅲ，4）。スペイン人の侵入の際にも、モクテスマはこれまでどおり敵陣営にスパイを送り込み、事態を完全に掌握する。したがってモクテスマは最初の遠征隊が上陸したことを知っているのにたいし、スペイン人側は彼の存在など皆目知らないのだ。モクテスマは地方の首長たちに指令を送っている。「彼は彼らに命令を発した。（中略）〈各々方には、海岸のいたるところを（中略）、異国人が上陸しそうなすべての場所を見張らせるようにしていただきたい〉」（『フィレンツェの絵文書』*Codex Florentin*, 以後CFと略記、XII，3）。同じく少しあとで、コルテスが首都メヒコに滞在しているとき、モクテスマはナルバーエス上陸の報をいちはやく入手するが、客であるコルテスはそのことを知らないのである。「彼らは口伝えとか絵とか記憶保存具などによって、事態の推移にはつねに精通していた。そのために彼らはとくに足の速い者たちを使っていたが、この者たちが飛脚として往き来していたのである。彼らはけわしい急斜面を疲れずに走って登れるように、子供のときから息切れせずに走る訓練を受けていた」（アコスタ、VI，10）。ミチョアカンのタラスコ族とちがって、アステカ人は紙の上に地図やメッセージを図案化し、それで遠隔地にそれらを伝えることができたのである。

　ところで、こうした情報収集における日頃の多大な成果は人間相互のコミュニケーションにも効力を発揮するように想像されるが、ここではそうはならない。モクテスマがたえずくり返した侵略者との交渉拒否には彼を象徴するようなものがある。征服の第一期、スペイン人がまだ海岸の近くにいるころ、モクテスマが発した主たるメッセージとは、自分はメッセージの交換を望まないということなのだ。彼はさまざまな情報を受け取っているが、それは彼を喜ばせるどころか、その逆であった。アステカ人の物語はつぎのようにモクテスマを描いている。「モクテスマはうなだれ、まるで死者か唖でもあるかのように、口に手をあてたまま、声もなく、長いあいだじっとしていた。彼には話すことも答えることもできなかったのである」（ドウラン、Ⅲ、69）。「その知らせを聞いたとき、モクテスマはただ頭を傾けただけであった。彼はじっとうなだれたままであった。（中略）そのとき彼は言葉もなく、まるで魂が抜けたかのように、長いこと悲嘆に暮れていた（原注）」（CF、Ⅻ、13）。モクテスマはただたんに話の内容を恐れているのではない。このテクストに〈死者〉と〈唖〉とが意味ありげに並べておかれていることからも分かるように、彼は文字通りコミュニケーションが不可能なことを示しているのだ。この機能停止はたんに情報収集を弱体化させるばかりではない。アステカの君主とはなによりもまず——すぐれて社会的な行為である——言葉の支配者であり、したがってその言語活動の放棄は挫折の告白である以上、それはすでに敗北を象徴しているのである。

　モクテスマのなかでは、受け取った情報にたいするこのような恐れと、他人から情報を求められることにたいする恐れ——とくに他人から求められる情報が彼自身にかんするとき——とがまったく表裏一体になっている。「毎日多数の使者が往来し、起こった出来事を逐一モクテスマ王に報告しては、スペイン人が王の容姿、立居振舞い、家族など、王についていかに多くの質問をしたかをのべたてた。王はそのことでおいに苦しみ、逃亡すべきか、それとも身を隠すべきか、はたまた待ち構えるべきか、つぎに取るべき道に逡巡した。というのも彼は、彼と彼の王国全体にかつてない大きな禍と破壊が襲いかかってくることを恐れていたのである」（トバール、p. 75)。「そして相手が彼のことを本気で調べていること、彼に会いたがっていること、神々も彼がただちに彼らの面前に姿をあらわすことを望んでおられることを知ると、モクテスマの胸は苦悩と不安で締めつけられた」（CF XII, 13)。ドウランによれば、モクテスマの最初の反応は深い洞窟の奥に身を隠したいということであった。征服者側の説では、モクテスマは最初のメッセージで、王国内にあるものならなんでも提供する用意があるが、ただし彼に会いにくることは止めるという条件があると断言したとなっている。

モクテスマのこの拒絶は個人的な行為ではない。彼の先祖であるモクテスマ一世が発した第一番目の掟とは、「王たる者は、きわめて重大な場合をのぞいて、決して公衆の面前に姿を見せてはならない」（ドウラン、III, 26)ということであり、モクテスマ二世はなおその上に、彼が公衆の前に姿をあらわさなければならないときには、彼を見ることを臣民に禁ずるという細心の注意をはらってこの掟を実践している。「もし庶民のだれかが不謹慎にも頭を上げ、モクテスマを見たりすれば、モクテスマはその者に死刑を宣告したのであった。」このことを報告しているドウランは、彼が歴史家として仕事をする上で、この掟があるために苦労するとこぼしている。「私は一度あるインディオに、モクテスマはどんな顔をしているか、その背丈、全体を見た感じはどうかと訊ねた。そのとき私のえた答えはつぎのとおりであった。〈神父さま、あなたに嘘は申せませんし、知らないことをいうわけにも参りません。私は一度もそのお顔を拝見したことがないのです〉」（ドウラン、III, 53)。こうした掟が階級的区分にかかわる諸規則の筆頭にあることは驚くにあたらない。これら二つの事例で排除されたものとは、社会の規則を前にした個人の関与性《ペルティナンス》なのである。王の身体は個人のものである。だが王の機能は身体の機能よりも全面的に純然たる社会的な産物である。それゆえ、王の身体は視線から隠されなければならない。モクテスマが視線にさらされれば、彼が語ることを止めて王の価値を否定するのとまったく同様の事態が発生するであろう。なぜなら彼は社会的交換という彼の活動領域から離れ、弱い一個人と化すからである。

つぎのこともきわめて示唆的であると思われる。すなわちモクテスマは情報を受け取りはするが、その情報をもってきた者を処罰し、結果的には人間関係の面で挫折するのが見られる点である。たとえば、ある男が海岸からやってきて、自分が目撃したことを王に話したところ、王はその男に礼はいうが、衛兵には彼を投獄し厳重に監視するように命じている。魔術師たちは予言的な夢を見て、超自然的な前兆を解釈しようと努めていた。「モクテスマは夢が自分にとって不利なものであり、前々から凶兆を魔術師たちが確認したにすぎないことを知って、悪魔のように怒り狂い、男や女の老魔術師を永久に牢獄につないでおけと命じた。彼らが餓死するまで、ほんのわずかな食糧しかあたえてはならなかった。神殿の神官たちの間では（中略）モクテスマにはもうこれ以上なにもいうまいということで意見が一致した。ほかの老人たちの運命の二の舞になることを恐れたのである」（ドウラン、III, 68）。ところがそれから少したって牢屋のなかをのぞいてみると、彼らの姿は影も形もないのだ。そこでモクテスマは見せしめになるような仕方で彼らを罰することにする。「彼は牢番たちに、あの呪術師たちの出身地にでかけていき、彼らの家を徹底的に破壊し、彼らの妻や子供を殺し、地下水が噴き出すまで屋敷跡を掘り返すように命じた。牢番たちはその上、彼らの財産をめちゃくちゃにしたり掠奪したりしなければならなかった。そして、いつの日かこれら呪術師のだれかがどこかの神殿で見つけられたら、彼は石を投げつけられて殺され、その死体は野獣に投げあたえられることになった」（同書）。こんなことでは、スペイン人の動静を探ったり、その意味を解釈しようとする人がかえって少なくなってしまうのは当然のことである。

情報がモクテスマまで届くことがあっても、それにたいする彼の解釈は、世界とのコミュニケーションの枠内でおこなわれるだけであって、対人間のコミュニケーションの枠内ではない。こうした純粋に人間どうしの問題においても、彼が自分の取るべき態度について助言を求めるのは神々にたいしてなのである(アステカ族固有の歴史によって知られているように、ずっと以前からそうすることになっていたのである)。「モクテスマは彼の偶像たるテスカトリポカとウィツィロポチトリ(前者は地獄の神、後者は戦いの神であった)を深く崇めていたので、この問題ではどのように行動すべきかという神託を受けるために、この神々に毎日少年たちを生贄として捧げたといわれている」(ベルナール・ディアス、41)。「モクテスマはその事件を知ると怒りかつ悲しんだ。彼は何人かのインディオを、彼が戦いの神と崇めるウィツィロポチトリに生贄として捧げ、われわれスペイン人のメヒコへの遠征にともなっていかなる事態が発生するかの啓示をえて、スペイン人の都への入城を許可すべきかどうかを決めようとした」(同書、83)。

したがって、地方の支配者たちもまた現在を理解しようとするときに、人間をよく知っている人のところにではなく、神々との交換をおこなう者たち、つまり解釈の大家のもとを訪ねるのもけだし当然である。かくしてトラスカーラでは、「きわめて悪いお告げを聞いたあとで、彼らは占い師、神官、タカルナグワいと呼ばれる呪術師の一種である易者をすべて招集することで話がまとまった。彼らはその予言、妖術、神々への祈願によって、われわれが何者であり、昼夜の戦闘によってわれわれを打ち破ることができるかどうかを明らかにするよう強く求められた」(ベルナール・ディアス、66)。だがまったく同じ反応がメヒコでも見られるのだ。「ただちに王はすべての廷臣を会議に招集し、その悲しむべき知らせを披露して、自分たちを破滅させようとやってきたこの呪われた神々をこの国から追い払うにはどうしたらいいのかを訊ねた。長時間この問題で議論を重ねたあげく、事態が事態なので、すべての呪術師と、デーモンと契約を結んでいる降霊術師を呼び寄せようということで結論を見た。その術で恐ろしい幻を出現させて最初の急襲をかけ、恐怖のあまりこの者たちに帰国を余儀なくさせるためであった」(トバール、p. 75)。

モクテスマは自分の敵がトラスカーラ人、タラスコ人、ウァステーカ人であったときには、敵の情報をうるにはどうしたらいいかを知っていた。だがそれは完全に制度化された情報交換だった。スペイン人のアイデンティティはあまりにも異なっており、その行動もなかなか予測できないために、コミュニケーションの体系全体がぐらつきだし、アステカ人が以前には得意としていた領域、すなわち情報収集すら、もはやうまくできなくなっているのだ。ベルナール・ディアスがくり返し書いているように、もしインディオがそのとき私たちがいかに数少なく、弱体で、疲れ果てていたかを知っていたなら……。あたかも正規の戦争を戦っているのはインディオであり、スペイン人はゲリラ戦術で彼らを攪乱しているかのように、スペイン人のすべての行動がインディオを面食らわせるのである。

スペイン人を前にしたインディオのこのような態度はすべて、征服についての原住民側の物語の構成そのもののなかに追認することができる。彼らの物語はいずれも、スペイン人の渡来を告げる前兆の列挙からはじまっている。お告げは雨あられとモクテスマに降り注いだらしいが、それだけでなくすべてが新参者の勝利を予告しているのである。「そのころ、チョルーラ族の神であるケツァルコアトル神より、不思議な人間がやってきて王国を占領する、とのお告げがあった。同じく、悪魔と契約を結んでいたテスココ王(ネサワルピルリ)はある日、ときならぬときにモクテスマ王のもとを訪れ、神々のお告げによれば、おおいなる試練と苦難が王と王国全体に襲いかかってくると断言した。多くの呪術師、妖術師もおなじことをのべたてた」(トバール、p. 69)。似たようなお告げは、中央メキシコのアステカ族だけでなく、コロンによって〈発見された〉カリブ諸島のタイノ族、ミチョアカンのタラスコ族、ユカタンやグァテマラのマヤ族、ペルーのインカ族、等々にもすでに下されていた。マヤの予言者、アウ・シュパン・ナウアトはユカタン半島への侵略が一五二七年にはじまることを、すでに一一世紀に予見していたらしい。これらの物語を全体として眺めたとき、それらがたがいに遠くへだたった地域の住民から生まれているにもかかわらず、驚くべき画一性を示している。スペイン人の到来の前にはつねにその前兆があり、スペイン人の勝利はつねに間違いないものとして予告されるのである。そればかりではない。これらの前兆は新大陸の端から端までどこでも奇妙なほど似ているのである。その前兆とはつねに彗星、雷、火事、双頭の人間、神がかりの状態でしゃべる人、等々である。

こうした前兆の現実性をア・プリオリに排除するつもりはないが、それにしてもこれほど多くの一致を前にして警戒するなという方が無理である。どうみても前兆はあとから創作されたと思われるが、しかしなぜなのだろう。もうお分かりのように、事件をこのように体験する仕方は、インディオがおこなっていたようなコミュニケーションの規範と完全に一致している。純然たる人間的出会い——黄金と権力に飢えた人間の到来——としてこの事実を認識するかわりに、このような出会いはたしかに前代未聞のことではあったが、インディオはそれを自然、社会、超自然の関係の網の目に包みこんでしまうのだ、すると、そのなかで事件はただちにその特異性を喪失するのである。事件はいわば既存の信仰秩序に飼いならされ、吸収されてしまうのだ。アステカ人は征服——つまり敗北——を認める。だが同時に、彼らの要請にしたがって着想された歴史〔物語〕のなかにそれを組み入れることによって（このようなことをするのは彼らだけではない）、精神的に乗り越えてしまう。現在は、過去においてすでに予告されていたと見なされるようになったときから、理解可能なものになると同時に、受け入れがたさを減ずる。しかもこれは状況にぴったり合った治療薬であるために、物語を聞くとだれもが、前兆は征服の前にはっきりあらわれていたのだと思い出すことができるような気になってしまうのである。だがさし当たって、これらの予言はそれを知ったインディオから気力を奪い、その分だけ彼らの抵抗を弱める。たとえば、『チラム・バラム』の予言が出たユカタン地方では、〔フランシスコ・デ・〕モンテホが大歓迎を受けたことが知られている。

このような行動はコルテスのそれと好対照をなすが、すべてのスペイン人の行動と対照的であるのではない。私たちはすでに驚くほどよく似たコミュニケーションの概念をもつスペイン人の例に出会っている。すなわちコロンである。モクテスマ同様、コロンはこと細かに事物にかんする情報を収集したが、人間とのコミュニケーションには失敗したのであった。だがそれ以上に注目すべきことは、コロンがあの途方もない大発見から帰還すると、しゃにむに自分の『チラム・バラム』を書きはじめたことである。休む間もなく書きつづけ、ようやくでき上がったのが『予言の書』である。これは聖書からの抜粋（あるいは抜粋したといわれている）文集だが、それというのもコロンによれば聖書は彼自身の冒険、およびその結果を予言していたのである。彼を中世的な知の構想に結びつけるこのような精神構造によって、コロンは彼の仲間のだれにたいするよりも、彼が発見した人々の方に近いのだ。このことを知ったら、どれほどコロンは傷ついたことだろう。だが彼だけではない。きたるべき世界を理論的に考察したマキャヴェリは、それより少しあとに『ローマ史論』のなかでつぎのように書いている。「古今の例が等しく認めるように、大事件がどこかの都市や国で起こるときには、かならず前兆、啓示、超自然的な出来事、あるいはその他の天啓によって予告されている」（I, 56）。ラス・カサスはその『インディアス史』の一章全体をつぎのような主題にあてている。「そこに人々は、世界の至福あるいは懲罰にとって重大な出来事が起こる前にはかならず、聖人あるいはその他の人々、ときには異教徒あるいは悪人、場合によっては悪魔によっても予告され、予言されるという神の摂理を見る」（『インディアス史』、I，10）。たとえ悪魔による予言であろうと、予言がまったくないよりましだというのだ。その世紀〔一六世紀〕の末、イエズス会士ホセ・デ・アコスタはもっと慎重ではあるが、それでも同じ精神構造を示している。「〔新大陸発見のような〕重大な事件については、聖書のなかになんらかの言及があるはずだと考えることは、きわめて理にかなっていると思われる」（I，15）。

スペイン人との接触がおこなわれはじめたころ、インディオがスペイン人について抱いた歪曲されたイマージュ、とりわけ彼らは神々であるという考えを生み出した責任は、（人間相互間の次元を切り捨て、世界との接触を特権化する）こうした特殊なコミュニケーションの方法にある。スペイン人を神々であるとする考え方もまた、インディオを無力化する結果をもたらす。このような事実は征服と植民地化の歴史上でもきわめてまれなことのように思われる（同じような例はメラネシアにも見られるが、クック船長の悲愴な最期の原因もここにある）。それは、他者もまた人間であるというアイデンティティを認めることが不可能なこと、つまり他者を自分と対等であると同時に異なるものであると認めることが不可能であるということによってはじめて説明できるのである。

異邦人にたいする最初のすなおな反応は、私たちと異なっているから劣っていると想像することである。これは人間ではない。人間だとしても、下等な野蛮人だ。彼が私たちの言葉を話さないのは、コロンもそう考えていたように、彼がどんな言葉も話さないからだし、そもそも話すことができないからだ。かくしてヨーロッパのスラブ人は隣国ドイツ人をメネック〔唖〕と呼び、ユカタン半島のマヤ人はトルテカ人侵略者をヌノハブ〔唖の人〕と呼ぶ。カクチケルのマヤ人はマンのマヤ人を〈吃り〉とか〈唖〉と見なしている。アステカ人自身、ベラクルスの南側の住民を唖者《ノノワルカ》と呼び、ナワトル語を話せないものを野蛮人《テニメ》あるいは未開人《ポポロカ》と呼ぶ。あらゆる国民がもつ隣国人にたいする軽蔑の念をアステカ人もまたもっており、文化的あるいは地理的にもっとも遠く離れた者たちは生贄にはならず、食用にも適さないと見なしている（生贄にされる者は異邦人であると同時に尊敬される者、すなわち実際には近隣の部族民でなければならない）。「われらの神はこれら野蛮人の肉を好まない。神にとって、野蛮人の肉は硬く、味気なく、粗悪なパンだ。なぜなら彼らは見知らぬ言葉を話す野蛮人だからだ」（ドゥラン、III, 28）。

モクテスマの目から見れば、アステカ族、トラスカーラ族、チチメカ族の間に、差異はとうぜん存在している。だがこの差異はアステカ世界内部の階級制度のなかにただちに吸収されてしまう。他者とは、支配下に置き、そのなかから神々に捧げる生贄を徴収する――あるいは徴収しない――人々のことなのである。しかし、もっとも極端な場合ですら、絶対的な違和感は存在しない。たとえば、アステカ人はトトナコ族のことを、彼らは野蛮な言葉を話すといっているが、同時に、文化的な生活を送っている（CF, X, 29）とも語っている。つまり、アステカ人はトトナコ族の生活を文化的と見ることもできるのである。

ところで、スペイン人の異質性ははるかに根本的である。彼らの到来を最初に目撃した者が急いでモクテスマにその印象を報告にやってくる。「私たちが見たものを王に申し上げなければなりません。恐ろしいことでした。あんなものはかつて一度も見たことがありません」（CF, XII, 6）。トトナコ族――彼らのアステカ人にたいする他者性はすこしも根本的なものではない――の枠にスペイン人を組み込むことに失敗したアステカ族は、スペイン人を前にして人間的なレベルの他者性の体系を断念し、接近しやすい別の唯一の装置に助けを求めざるをえなくなる。それが神々との交換である。こうした点でも彼らをコロンに比較できるが、両者の本質的な差異もまた明らかになる。すなわちコロンはアステカ人と同じく、他者を人間であるが同時に異なったものとして見ることがうまくできないのだが、その結果としてインディオを動物あつかいするのである。そもそもインディオ側の思いちがいは長く続いたわけではない。とはいうものの、その間に決定的な敗北を被り、新大陸はヨーロッパの支配下に置かれてしまった。ちょうど『チラム・バラム』のある箇所でのべられているように、「滅びるであろう、〔言葉が〕分からないものは。分かるものは生きながらえるであろう」（同書、9）。

つぎに、言説や象徴の受信ではなく、征服期のインディオの社会でおこなわれていたような言説、象徴の産出《プロデュクシオン》について見てみよう。言語使用に非常に高い価値があたえられていることを知るには、『ポポル・ヴフ』という聖典にまでさかのぼる必要はない。アステカ人がこのような活動に無関心であると考えるとすれば、これ以上の誤解はないであろう。他の多くの国民も同じであるが、アステカ族も自分たちの名は他の部族にたいする言語的優位性にもとづくと解釈している。「ヌエバ・エスパーニャのインディオは、彼らの歴史の一般的記述にしたがえば、異なる二種類の人々からなっている。最初の人々にはナワトラカという名前があたえられている。これは〈はっきり説明し、話をする人〉という意味である。二番目の人たちはこれとちがって、非常に未開で野蛮であり、狩猟しかおこなわないために、〈狩をする人々〉を意味するチチメックという名前をあたえられた。彼らは狩猟のような原始的で荒っぽい仕事をして暮らしている」（トバール、p. 9）。

上手な話し方を教えることは家庭教育の役割である。それは両親の念頭にある第一のことでもある。「親たちは彼〔息子〕が他人と適切な会話ができるか、その会話が礼儀にかなっているかに細心の注意をはらっていた」（CF Ⅶ, 20, p. 71)。親から子供にあたえられる古い戒律には、「悪い手本を示してはならない。無遠慮にしゃべってはならない。他人の話を妨げてはならない。よしんばだれかの話し方が下手だったり、分かりにくかったりしても、お前はそのようにしないように気をつけよ。話すのがお前の役目でなければ、黙っていること」（オルモス、ソリタ所収、9）とある。父親が息子に向かってかならずいう言葉とは、「ゆっくり、落ち着いて話しなさい。せっかちに、息をはずませ、すっ頓狂な声を出して話してはならない。さもないと、愚痴っぽいとか、不平屋だとか、おしゃべりだとか思われてしまうだろう。また、どなり立てることもいけない。そんなことをすると、愚かもので、厚かましく、田舎者、それも正真正銘の田舎者とあつかわれることだろう。（中略）だから、自分の言葉づかいや声に気をつけ、乱暴にならないよう心がけなさい」（CF, Ⅵ, 22)。

ラテン修辞学で *actio* または *pronuntiatio*〔演述〕と呼ばれているものにこのような注意がはらわれているということは、言葉の他の諸相にたいしても無関心ではないと推測してもよいだろう。それに、この言語教育は親だけにまかされているのではなく、専門的な学校でもおこなわれていることが知られている。事実、アステカ王国には二種類の学校が存在している。一方の学校では戦士を養成し、もう一方の学校からは神官、裁判官、王国の高官が輩出している。言葉がとくに重要視されたのは、後者のカルメカクと呼ばれた学校である。「上手な話し方ができるよう、少年たちは細心の教育を受けた。上手に話せないもの、立派な挨拶ができないものは、マゲエ〔竜舌蘭の一種〕のトゲで刺された。（中略）歌の指導もおこなわれたが、その歌は神の歌と呼ばれ、本になっていた。さらに、暦の日数計算、夢占い、年月の書を教えられた」（CF, Ⅲ, 捕遺、8)。カルメカクはまさしく解釈と言葉、修辞学と解釈学の学校なのだ。それゆえ、生徒が立派な話し手やすぐれた解釈者になるよう、あらゆる配慮がなされているのである。

ということは、他の記録者(『テスココ報告』のなかでフワン・バウティスタ・ポマール)もいっているように、彼らは〈上手な話し方と上手な統治の仕方〉を同時に学んでいたということである。アステカ文明においては——他の多くの文明と同じく——王国の高官の大多数は雄弁の能力に応じて選出されている。サアグンは「メシーカ人の間では、博学で、高潔で、有能な雄弁家は非常な尊敬を受けていた」(『ヌエバ・エスパーニャ諸事物概史』VI,《プロローグ》、2)と報告し、ときには「王はつねに自らの傍らに、必要な場合には話をさせたり、答えさせたりするために、有能な雄弁家を置いていた。王として選ばれたその日から、彼らはこのようにして雄弁家を用いていたのである」(同書、VI, 12, 8)とのべている。古代アステカの場合はもっと極端である。未来の首長はなぞなぞのテストのようなやり方で選ばれるのである。未来の首長は、〈ツユワ言葉〉と呼ばれるある種の比喩的表現の解釈を心得ていなければならない。権力は英知を要求し、その英知は解釈能力によって証明される。「かくのごときが、村長となるために、王侯君主の前に出頭したときに理解しなければならないことである。またかくのごときがその言葉である。もし村長がその言葉を理解していなければ、夜をかざる星は不吉の星である」(『チラム・バラム』、9)。受験者はこのテストに失敗すると、きびしく罰せられる。「[未来の]村長たちは投獄されるであろう。なぜなら、彼らには理解する力がなかったからである。(中略)彼らは首を吊られ、舌先を切り取られ、目をえぐり出されるであろう」(同書)。スフィンクスの犠牲者さながら、未来の首長たちは解釈か死かというジレンマに立たされる(だが『千夜一夜物語』の登場人物とはちがっている。そこでの掟とはむしろ〈物語るか死か〉である。おそらく、物語の文明と解釈の文明が存在するのである)。そしていったん選ばれると、首長の身体、つまり喉、足、手の上には絵文字の印が描き込まれるのである。

アステカ族にあっては、権力と言語支配の結びつきはひじょうにはっきりしている。国家の首長はトラトアニと呼ばれているが、これは文字どおりに訳せば〈言葉をもつ者〉を意味している（フランス語の〈独裁者《ディクタトゥル》〉（口述筆記させる者の意）に少し似ている）。また、賢者を意味する遠回しな表現は〈赤と黒のインクをもつ者〉、つまり絵文書の手稿の記述や解釈ができる者、である。インディオの年代記には、モクテスマは「生まれながらの修辞家でかつ雄弁家であった。彼が話をすると、その洗練された表現で人を惹きつけ、推論の読みの深さによって魅了した。聞く者はすべて、彼のおだやかな語り口に心みたされ、満足した」（ドゥラン、III、54）とある。ユカタンでは、予言者兼解釈者が最高の尊敬と特権をわがものとしている。「神官たちの職務は、自分たちの学問を論じ、教えること、災害を指摘し、その打開策を講じること、祭日に説教すること、生贄の儀式を執りおこない、秘跡を授けることであった。チラム〔予言者〕の務めは、町や村のすべての人たちに悪魔のお告げを伝えることであった。彼らの受けた尊敬は大変なもので、外出するときにはかならず駕籠に乗せられるほどであった」（ランダ、『ユカタン事物記』、27）。

征服のあとでさえ、スペイン人はインディオの雄弁に感嘆せざるをえない。アステカ王国滅亡の一四年後に、バスコ・デ・キロガはつぎのように語っている。「今度は、一人一人が私たちに礼をのべたが、そのあまりの雄弁さは、生まれ落ちてこの方、雄弁術を学んでいればこそと思われるほどであった」（p. 316）。バスコ・デ・キロガがその一員であった、第二高等行政司法院《アウディエンシア》（裁判所だが、法律上の全権力が集中するところでもある）の裁判長、セバスティアン・ラミレス・デ・フエンレアルは、インディオの話を聞いていると、その訴えの内容の不愉快さを忘れてしまうほどの喜びを感じる。「一〇日前のことですが、ミチョアカンの首長たちとカソンシ〔地方の王〕の息子たちが、陛下にたいし告訴を申し立てにやって参りました。彼らがおこなった演説は、ひじょうに理路整然としておりましたので、通訳がしてくれる翻訳を聞くのに喜びを覚えたほどでした。」

当時のスペイン人もまた言葉に夢中になっている。だが、スペイン人とインディオのいずれにおいても言葉の産出に関心が向けられていたというだけでは、両者において言葉の同じ相《アスペクト》に大きな価値があたえられていたということにはならない。アステカ人にとって特権的な言葉とは、儀礼的な言葉、つまり規則にのっとった形式や機能をもち、記憶されているゆえにつねに引用される言葉である。儀礼的な言葉のもっとも際立った形式は、ウェウェトラトルリという、長さに長短のある暗唱される言説である。この言説は広範囲の種々のテーマにまたがっているが、一連の社会的な催しごと、すなわち祈り、宮廷儀式、個人の生活のさまざまな通過儀礼（誕生、成人、結婚、死）、別れ、出会い、等々に完全に対応している。これらはつねに洗練された表現でいいあらわされ、しかもはるか昔から伝えられたと考えられているために、文体的には古風な表現となっている。こうした言説の役割とは、文字をもたない社会における言葉《パロール》の役割そのものである。すなわち、社会的な記憶、つまり集団のアイデンティティを支えるために世代から世代へと伝えなければならない掟、規範、価値観を具象化するのである。このことはまた、公共教育がとくに重視されていたことを説明する。書物の社会はそうではない。ここでは個人の力で獲得できる英知が、集団の制度によって伝えられる諸価値に均衡をもたらすのである。

文字の不在は状況を成立させる重要な要素、もしかしたらもっとも重要な要素であるかもしれない。アステカ人の間で用いられていた様式化された模様、つまり絵文字は文字の前段階ではない。それは経験を書きとめるのであって、記号体系としての言語ではない。ヨーロッパの文字は、インディオにとってあまりに無縁のものであるために、文学的伝統がとびついて利用したがるようなおもしろい反応を生み出している。果物とその果物をもたせたというメッセージを託されたインディオの話がよく引き合いに出される。途中で果物を食べてしまったインディオは、手紙を受け取った人にやり込められて啞然とするのである。

「ともかく、スペイン人の書いた記号で紙が話をするという噂が島中に広まった結果、島民にものをあずけるとそれをこわごわあつかう始末だ」（ピエトロ・マルティレ、『新世界八〇年史』、III、8）。絵文書の文様は歴史の大まかな目印をとどめているにすぎず、この目印もそのままでは理解できない。それについている儀礼的言説をとおしてはじめて理解できるのである。このことは今日ではよく知られている。かつての注釈がまったく失われてしまったために、いくつかの絵文字の意味は解明できないままでいるからである。

文字の不在は一般的な象徴的行動と同時に他者を認知する能力がいかなるものであるかを明らかにする。ある事実がこのことを例示しているように思われる。スペイン人が出会った新大陸のインディオの三大文明における文字の進化は完全に同じレベルにあったのではない。インカ族は文字をまったくもっていない（もっとも、彼らは結縄という高度に洗練された記憶手段を用いている）。アステカ族は絵文字をもっている。マヤ族には初歩的な表音文字が見られる。ところで、このような文字の進化の程度に反比例して、スペイン人は神であると信じる度合いが後退するのである。インカ族はスペイン人の神性をかたく信じる。アステカ族が信じるのははじめのうちだけである。マヤ族は自問するが、答えは否である。マヤ族はスペイン人のことを〈神々〉ではなく、〈よそ者〉、あるいはマヤ人が食べものとしてあつかわない果実を食べる者として〈バンレイシ食い〉、あるいは〈髭面〉、やむをえなければ〈権力者〉と呼んでいるが、決して〈神々〉とはいわなかった。マヤ族でも（『カクチケル年代記』に見られるように、ということはユカタンではなくグアテマラで）この問題で躊躇した時期があったと報告されているが、そんな躊躇はたちまちにして否定され、スペイン人の姿は根本的に人間としてとどまっていることも分かっている。マヤ文字を伝授されていたのは少数の神官、貴族であったことを考えると、こうした事態はますます驚くべきことであるが、重要なのは文字の実際的使用つまり道具としての文字ではなく、精神構造の変遷の指標としての文字なのだ。しかし、別の説明の仕方（同じことにならなければだが）もあわせて考えておかなければならない。マヤ族はこの三つのグループのうちで過去において外部からの侵略（メシーカ〔アステカ〕人による侵略）をこうむった唯一の部族でもある。彼らは外部のそしてすぐれた文明とはなにかを知っている。だからマヤ族の年代記はしばしば、トルテカ族の侵略者について書かれていた項目のなかにスペイン人を組み込むだけでこと足れりとしているのである。

ここで重要なのは、文字が欠如していて記憶を支える役割を果たせないために、その役割が音声言語《パロル》に課せられるということである。これがウェウェトラトルリがあのような重要性をもつ理由であり、またたとえばサアグンへの情報提供者の話を読んでも、ウェウェトラトルリのような決まりきった分野の外でさえ、彼らの答えが個人的なちがいのない、丸暗記によって覚えている一つの知を表出する理由なのだ。たとえこれら情報提供者が、おそらくは老人であるために、にわか仕立ての言葉を犠牲にして儀礼的言説の役割を誇張しているにしても、このような言説の数の多さと長さ、つまり共同体の言語生活のなかで儀礼が占める部分の大きさに驚かざるをえない。

したがって、こうした言説の本質的特徴とは、その起源が過去にあるという点である。彼らの解釈とまったく同様に、彼らの〔言説の〕産出を支配しているのは、現在ではなく過去である。ウェウェトラトルリという語自体が〈古老の言葉〉を意味している。ある老人がいっているように、これらの言葉は「昔の男たち、女たちからお前たちに委ねられ、託されたのであり、お前たちの内臓や喉のなかに注意深く包み込まれ、たくわえられたのだ」（CF, VI, 35)。このことは他の記録者によっても確かめられている。「演説家や詩人が朗読したスピーチを一字一句たがわずに残しておくために、彼らの後継者となるべき貴族の子弟の通う学校では、毎日スピーチの訓練がおこなわれ、絶え間ないくり返しによって、一語たりとも変えることなく記憶に刻みこもうとしておりました」(《アコスタへの手紙》)とトバールは書いている。

もっと一般的にいって、過去を基準とすることは当時のアステカ人の思考様式にとって本質的なことであった。これにかんする感動的な例証を、ある例外的な資料のなかに見出すことができる。この資料は『キリスト教教義問答集』と題され、一五二四年、すなわち征服のわずか三年後に書かれている。一二人の最初のフランシスコ会修道士がメキシコに到着し、改宗の仕事に取りかかった。だがある日のこと、メキシコ市で、一人のインディオが立ち上がってつぎのように抗議した。なるほど自分にはキリスト教の神学論議に答えられるわけはないが、メキシコ人にも神々の問題についての専門家がいるのだから、この専門家ならフランシスコ会修道士のいいなりにはならず、なぜアステカ人の神々がスペイン人の神に劣るものではないかを説明できるだろう、と。フランシスコ会修道士はこの挑戦を受け、コルテス自身に対決の場を設けるよう命じている。おそらくこの種の論争は、征服戦後の最初の数年の間に他でもおこなわれていたことだろう。今日見ることができるのは、サアグンが収集したアステカの物語である。これは一五二四年におこなわれたこの対決の事後報告として読むことができる。だが実際には、この物語はこの種の論争の一般化された文学的表現にちがいない。論争全体はキリスト教イデオロギーの枠内に位置づけられている。だが、証言としての価値は大きい。

さて、アステカの宗教家の最初の論法はいかなるものであろうか。われわれの宗教は昔からのものだ、と彼らはいう。われわれの先祖がすでにこの宗教に同意していたのだから、それを放棄すべきいかなる理由もない。「あなた方の語る言葉は、新しい言葉だ。そのため、われわれは不安になり、苛立ちを覚える。なぜならわれわれのご先祖たち、かつてこの地上にあり、死んだ者たちは、そのような仕方で話す習慣をまったくもっていなかったからだ」(『キリスト教教義問答集』、7, 950-6)。「人が生きていられるのは神々のおかげである。これらの神々こそわれわれにふさわしい。これがご先祖がわれわれに残した教えである」(同書、7, 970-2)。「だから、われわれがいま昔からの生き方を放棄するはずがあろうか」(同書、7, 1016-8)。フランシスコ会の神父たちは、こうした論法に説得されはしなかった。私たちが引用している この物語自体が、キリスト教の言説の方がもっと説得的であることをそれなりの仕方ではっきり示している。つまり、この対話はひどく不釣合なのだ。というのは、福音伝道者の言葉の方がこの対話のなかでたんに大きな場を占めているだけでなく、ますます大きな場を占めていくことになるからである。メキシコの神官の声は、過去への執着を主張しつつ、次第にフランシスコ会修道士の大量の言説によって抑圧されていくような印象をあたえるのである。

こうした例はこれだけではない。ほとんど同じ例を、このような即席の討論について書いているコルテスの報告のなかに見ることができる。「私は機会をとらえて、彼らの宗教がいかに馬鹿気た、当てにならないものであるかを指摘してやった。というのは、彼らの宗教は財産を守ることができず、いとも容易に奪われてしまったのに、その宗教が自分たちに財産をあたえてくれると彼らはまだ信じていたからである。それにたいする彼らの答えは、それは先祖代々の宗教なのだからということであった」(《第五報告書翰》)。それから四、五〇年経ってからでさえ、ドゥランは同じ答えを耳にする。「何人かの老人に、人間の運命について彼らの知識はどこからえたものかを訊ねた。彼らが答えるには、その知識は先祖が自分たちに伝え、教えたのであり、それが彼らの知るすべてであるということであった。(中略) 自分たちが特別な努力をして手に入れたものはなに一つないとほのめかすのである」(II, 2)。

現在の私たちの観点からすれば、キリスト教の立場はそれ自体では、アステカ人の立場より〈よりよい〉、あるいは〈真理〉により近いわけではない。宗教とは、その内容のいかんにかかわらず、まさしく伝統によって伝えられる言説であり、文化的アイデンティティを保証するものとして重要なのだ。キリスト教はそれ自体としてインディオの〈異教〉より合理的なのではない。だからといって、アステカの神官のなかに宗教人類学者を見ようとしてもむだであろう。宗教とは伝統的な言説に他ならないと知っているからといって、アステカの神官が宗教にたいして距離を置いて見るということには全然ならないし、それどころかまさにこの理由で、彼らは宗教を問題にして取り上げることができない。前述したように、このような脈絡のなかでは個人の意見は無に等しいのであり、だからまた個人が自分自身の努力で到達できたかもしれない知を求めることもないのである。スペイン人は自分たちがキリスト教を選択したことを合理化しようと努めている。この努力（あるいはむしろその失敗）から、この時代においてすら、信仰と理性の分離、さらには宗教について非宗教的な言説を展開する可能性が生まれているのである。

現在が過去に支配されるということは、したがって当時のインディオの社会ではいぜんとして有意義な特徴であって、宗教以外の多くの領域でもその痕跡を見ることができる（いいかえれば、私たちがふつう、宗教に当てはめている枠組みをはるかに超えた宗教の姿がまだここにはある）。最近の注釈者はしばしば、国家が子供の教育にこれほどまでに関心を示していることにたいして感嘆の念を禁じえないでいる。神学校であれ士官学校であれ、貧富の差を問わず子供たちは〈就学させられ〉たからである。だがもちろんこれは、それだけを取り出して感嘆できるような一特徴ではない。公教育は、過去が現在の上に重くのしかかっているような社会、あるいは同じことになるが、集団が個人の上に立つ社会ではどこでも不可欠なのである。モクテスマ一世が立てた一四の掟の一つは、旧の新にたいする、老いの若きにたいするこのような優位性を定めている。「教師と老人は青年を叱り、正し、罰すること。また、日々の訓練のなかで彼らを監視し、導き、無為に時間をつぶさせないようにすること」（ドウラン、III, 26）。マヤの首長が受けるなぞなぞテストでも、発揮できるのはかぎられた解釈能力である。大切なのは、創意に富んだ答えではなく、正しい答え、つまり伝統的な答えを出すことである。答えを知っていることは、それが父から子へと伝えられるものである以上、よい家柄の者であることを意味するからである。ナワトル語で真理を意味するネルテリストリという語は、語源的に〈根〉、〈土台〉、〈基礎〉に結びついている。真理は安定した状態と固く結ばれているのだ。あるウェウェトラトルリにはつぎのような二つの問いが対比されている。「人間は真理を所有するのだろうか、永続性のある不変の事物は存在するのだろうか」（『メキシコ歌物語集』、10, 15）。

過去の方に顔を向け、伝統に支配されたこの世界に突然、この新大陸征服という事件が勃発する。絶対的に予期されえない、驚くべき、空前の出来事である（もっとも事件後に集められた前兆はこのことについていろいろと語っているが）。征服はアステカ人やマヤ人の時間の観念と相対立するもう一つ別の時間の考え方をもたらしている。インディオの暦にはアステカとマヤの時間の考え方がとくにはっきり示されているが、ここで問題となるのはこの暦の二つの特徴である。第一は、一日一日はそれぞれ西洋暦の場合より多くの周期に属しているということである。一年は宗教暦では二六〇日、天文暦では三六五日であり、何年かが集まって西洋暦の世紀のような周期を形成するが、その仕方はもっと重層的である。二〇年、五二年等々で周期を構成しているのである。つぎに、この暦は時間はくり返すという深い確信の上に成り立っている。私たちの年代学は周期的次元と直線的次元という二つの次元をもっている。たとえば、私が〈二月二五日水曜日〉といえば、三つの周期（週、月、年）の内部でその日の位置を示したことにしかならない。だがそれに〈一九八一年〉をつけ加えれば、周期は直線的展開にしたがうことになる。年数の計算はマイナスの無限からプラスの無限へと反復のない継起を追うからである。マヤ族とアステカ族の場合は、反対に周期の方が直線性よりも支配的である。月や年あるいは年の〈束〉〔一三年を一束とし、四つの束つまり五二年で一周期となる」の内部には継起性がある。だが年の〈束〉は、直線的年代学のなかに位置づけられているのではなく、たがいに正確に反復しあうのである。周期の各単位の内部には多くの相違はあっても、それぞれの単位はたがいに同一であり、いかなる単位も絶対的時間のなかに位置づけられてはいないのだ（インディオの年代を私たちの年代に翻訳する際の困難はここにある）。アステカ族とマヤ族における時間の心的なイマージュを図像化すると車輪になるのはあながち偶然とはいえない（私たちにとって時間のイマージュとはむしろ矢である）。『チラム・バラム』の（後年つけ加えられた）ある記述が、「二〇年が一三回、そのつぎにはそれが、いつも、新たにくり返されるであろう」（同書、22）といっているように。

このような時間の観念は、マヤとアステカの古代の書物がふくむものによって、またその書物の使い方によってはっきり示されている。各地方の占い師兼予言者の手ににぎられていたこれらの書物とは（とりわけ）年代記、歴史書である。だが同時にこれらの書物は将来を予見することを可能にするのである。つまり時間がくり返すことによって、過去を知ることは未来を知ることに通じるというか、むしろ過去と未来とは同じものなのである。かくしてマヤの『チラム・バラム』では、事件を時間の体系のしかるべき場所に位置づけることがつねに重要であり（それは何番目の二〇年周期の、なんという月の、なんという日である）、新大陸征服後に起こったさまざまの事件についても直線的な時間の進行にそれを照合することは一切おこなわれていない。したがって、ある出来事があったのは何曜日かは私たちにもはっきり知ることができるが、それが何番目の二〇年周期に当たるのかについてはつい躊躇してしまうのだ。出来事の性質そのものもこの周期の原理に支配されている。というのも、各単位は同じ出来事をふくんでいるために、異なった単位において同じ位置をしめる出来事は混同される傾向にあるからである。そういうわけで、これらの書物では、トルテカ族の侵略はスペイン人の征服そのものに特有の諸特徴をもっているのである。だが逆もまた真なりで、その結果、問題になっているのが侵略であることは分かるが、二つの侵略の間に何世紀ものへだたりがあるにもかかわらず、はたしてそれがどちらの侵略かとなると保証のかぎりではない。

たがいに似ているのは過去の周期単位ばかりではない。未来の単位どうしもまた似ているのだ。それゆえ出来事は年代記のように過去形で語られたり、予言の形で未来形で語られたりする。もう一度いうが、これは同じことなのだ。予言は過去に根ざしている。時間はくり返すからである。きたるべき日の、月の、年の、世紀の性格の吉凶は、過去における対応する時期の共通点を直観的に探り出すことによって明らかにされるのである。逆に私たちは今日、保存されえた唯一のものである予言からこれらの民族の過去にかんする情報を引き出している。ドウランは、アステカ族の場合、一年一年は東西南北の基本方位にしたがって配置されているために、「もっとも恐れられている年は北の年と西の年であった。この徴《シーニュ》の下で起こった大きな災いを彼らが経験していたからである」(II, 1)と伝えている。過去と未来が分かちがたく入り混じっているマヤ族にたいするスペイン人の侵略物語は、過去を探索することによって進行する。「これらの言葉は、宝石を大切にするように大切にしなければならない。それは、将来のキリスト教の渡来に関係している」(『チラム・バラム』、24)。「かくして、われらの父なる神は、彼が到来する時代に向けて記号を送り出す。なぜなら意見の一致がみられないからだ。かつての支配者の末裔ははずかしめを受け、悲惨な境遇へと追いやられた。われわれはキリスト教徒となった。それなのに、彼らはわれわれを動物なみにあつかう」(同書)。後世のある写本家はつぎのような意味深長なノートを付している。「一七六六年八月一八日の今日、突如として大暴風が起こった。このことをここに記しておく。つぎの大暴風が起こるまで、何年経過したかを知ることができるように」(同書)。いったん一つの系列の項が設定され、二つの暴風雨の間の間隔が分かると、これから起こるすべての暴風雨を予知できるだろうというわけである。予言とは記憶なのだ。

同種の書物はアステカ族にも存在する(だが保存状態はマヤ族の場合ほどよくない)。その書物には、領土の境界線とか税の総額のほかに、過去の出来事も記録されている。そしてここでも、将来を知ろうとするときに調べるのはこれらの書物である。過去と未来は同一書物に属しており、同一の専門家の管轄に属しているのである。また、モクテスマが異邦人たちがなにをするのか知ろうとしてふり返るのもこの書物なのだ。たとえば、彼はまず彼の使者たちが海辺で目撃したことを、絵でもって正確に描くよう命令する。メヒコでもっともたくみな絵師がその任に当たる。絵が仕上がると、モクテスマはその絵師に質問する。「ところで、おまえに訊ねたいのだが、本当のところを答えてほしい。もしかしておまえは、ここに描いたことでなにか知っていることはないだろうか。おまえの先祖は、この国にやってくる、あるいは導かれてくるあの者たちについて、絵か言葉をおまえに残してはいないだろうか」(ドゥラン、III, 70)。つまりモクテスマは、まったく新しい事件が起こりうることを、もともと先祖たちが知らないようなことが突如として起こることを、認めたくないのである。絵師の答えは否である。だがそこで引き下がるモクテスマではない。彼は王国中のすべての絵師に意見を求める。だが答えはいつも否である。とうとうキラストリという名の老人が彼に推薦される。彼は「伝統と絵文書にかんするあらゆる事柄に精通している専門家」である。キラストリはスペイン人がきたことは聞いていなかったが、それでもきたるべき異邦人についてすべてを知っており、王に向かってつぎのようにいっている。「私が申し上げることが本当のことだと信じて下さるために、この絵をとくとご覧下さい。この絵はご先祖様から私に伝えられたものなのです。」——そういって、彼はひじょうに古い絵を取り出し、船と〔新しい絵に〕描かれたままの衣裳を着た人間たちを王にさし示した。王はそこに、ある者は馬にまたがり、ある者は空飛ぶ鷲に乗り、全員が色とりどりの衣裳をまとい、頭には帽子をかぶり、腰に剣をさした人々を見たのであった」（同書）。

物語は明らかにきわめて文学的な潤色を受けている。だがそれが時間と出来事にたいするアステカ人の考え方を示していることにかわりはない。もちろんモクテスマの考え方よりもむしろ、話者と聴衆の考え方ではあるが。スペイン人の到来以前に、スペイン人の船や剣、服や帽子、髭面や肌の色を描いた絵があったなどとは、私たちには信じることはできない（それに空飛ぶ鷲に乗った人間のことは、いったいどう考えればいいのか）。これもまた、あとになってでっち上げられた予言、過去への探索である。だがこのような歴史をねつ造する必要を感じているということはそれなりの意味をもっている。つまり、なにからなにまで新しい事件はありえないのである。反復は差異にまさるのだ。

順序の変えられない連続として固定され、反復する周期的時間のなかでは、一切はつねに前もって予告され、個別的な出来事はつねにすでに現前している前兆が具体化したものにほかならないが、こうした体系によって支配された時間にかわって、一つの方向性しかもたない時間が支配しはじめる。当時のキリスト教徒が生きていたような、聖化《アポテオーズ》と完成へと向かう時間である。しかも、イデオロギーとそのイデオロギーに着想をえた活動がこのときに当たって手を組もうとする。すなわち、スペイン人は容易に征服できたという事実のなかに、キリスト教の卓越性を見る（これは神学論争で使用された決定的な論法である。キリスト教の神の優越性はアステカ族にたいするスペイン人の勝利によって証明されるのである）。しかも彼らが征服を企てたのは、この卓越性の名においてなのだ。一方が他方を正当化し、逆もまた真なりである。そして、たえざる回帰ではなく、キリスト教精神の最終的勝利に向かう無限の進行というキリスト教的な時間の観念を確固たるものにするのもまた征服である（この考え方を継承したのが、のちのコミュニスムである。

しきたりと化した世界と一度きりの事件とのこの衝突の結果、モクテスマは有効適切なメッセージを作り出すことができなくなってしまう。儀礼的な言葉の練達者であるためにかえって、インディオたちは見とおしのきかないその場かぎりの状況に対応できないのだ。ところでまさにこれが彼らの獲得した状況なのである。彼らの言語教育は連辞《サンタグム》を犠牲にして範列《パラディクム》を、文脈を犠牲にしてコードを、瞬間の効果より秩序を、現在よりも過去を優遇するのだ。ところで、スペイン人の侵略は根本的に新しい、なにからなにまで前代未聞の状況を作り出す。このような状況では、刹那的な生き方の方が儀礼に縛られた生き方より重要なのだ。こうした脈絡《コンテクスト》のなかで眺めたとき、コルテスがその場に応じた即興的な方をたえず実行しているだけでなく、それをはっきり意識し、自分の行動原理そのものとして主張していることは十分に注目するに値する。「私は必要だと思われることはいつも書き加えようと思っております。といいますのも、日々発見を新たにするこの国々は、かくも広大で雑多ですし、この発見によって明らかになる秘密もあまりに多いものですから、新たな情勢によって、考え方を新たにし決定を新たにすることを余儀なくされるのです。ですから、私がこのようにして申しておりますこと、あるいはこれから申し上げようといたしておりますことと、すでに申し上げたこととの間に食いちがいがございましても、陛下におかれましては、新たな事実が私に新たな考え方をもつにいたらしめるのだと、思し召されんことをお願い申し上げる次第であります」(《第四報告書翰》)。一貫性への心づかいは、いまや個々の特殊な行為がもつ部分的な妥当性への心づかいに歩をゆずったのである。

実際、スペイン人に向けられた〔アステカ側の〕コミュニケーションのほとんどが、驚くほどの無効性を露呈している。モクテスマはスペイン人に国から去るよう説得するために、そのつど黄金を送り届けている。だがスペイン人にとどまるよう決心させるのにこれ以上のものがあろうか。他の首長は同じ目的で女をさし出す。ところでこの女たちは、補足的に征服を正当化するとともに、後に見るように、スペイン人の手のなかで、防衛用としても攻撃用としても危険きわまりない武器の一つとなるのである。侵入者にやる気を失わせるために、アステカの戦士たちはスペイン人をみな生贄にし、自分たちが食べるか、野獣に食べさせてしまうと宣告する。事実、一度捕虜を何人かとらえたとき、彼らはコルテスの兵士の眼前で捕虜を生贄にする手はずを整える。フィナーレはまさしく予告していたとおりである。「肉はチルモレ〔コショウとトマトのソース〕とともに料理され、食卓に供された。われわれの不幸な仲間はこのようにして生贄にされた。彼らは腕と足を食べ、心臓と血は神々の偶像に捧げた。胴体と内臓は、檻のなかに飼われているライオン、虎、蛇に投げあたえられた」（ベルナール・ディアス、152）。だが仲間のこのようなあまりぞっとしない運命が、スペイン人にもたらすことができる効果とはただ一つでしかない。すなわち、これまで以上に断固として戦うことである。なぜなら、いまや彼らはただ一つの選択しか取りようがないからである。勝つか、はたまた鍋のなかで死ぬか。

あるいはまた、ベルナール・ディアスが伝えるいじらしくなるようなもう一つのエピソード。モクテスマが派遣した第一回目の使者たちは、王に見せるためにコルテスの肖像画を描いているが、これはどうやらひじょうによく似ていたらしい。というのは、つぎの代表団を率いてきたのは「メキシコのある大酋長《カシケ》であったが、顔つき、目鼻立ち、姿形がコルテスそっくりであった。（中略）コルテスにまるでそっくりなので、われわれの兵営内では彼のことをコルテスの名で呼んでいた。こっちのコルテス、あっちのコルテス、と」（ベルナール・ディアス、39）。しかし、類似の魔術（アステカ人がこのようにして彼らの神々を〈擬人化する〉ことが知られている）によってコルテスになんらかの打撃をあたえようとするこの試みは、もちろんなんの効果ももたない。

　スペイン人に向かって（あるいは反発して）発するメッセージがなんの効果ももたらさないという新たな状況のなかで、アステカ人は他のインディオとのコミュニケーションすら、もはや支配できなくなってしまう。以前の平和な時代、スペイン人の到来以前には、モクテスマのメッセージは、ある種の効果をうるためには足枷ともなる儀式的な性格を特徴としていた。「彼が返答することはめったになかった。というのも、彼の返答は、常時彼の側に控えていて、要するに秘書のようなことをしている側近をとおして伝えられたからである」（Ⅲ、7）とモトリニーアは書いている。征服によってもたらされた即興的な状態のなかに新たな困難が出現する。モクテスマの贈り物はスペイン人にたいして彼が期待していたのとは逆の効果をもたらしたが、同時に自国民にたいして王としての自己の権威をいちじるしく傷つけるのである。なぜならそれは彼の弱さを暗に示す結果となるからであり、こうして首長たちが別の陣営にくらがえする引き金となるのである。「彼らはあっけにとられた。そして、モクテスマがわれわれ〔スペイン人〕を恐れ、黄金を贈り物として届けたりしているほどだから、きっとわれわれはチュール〔神々の末裔〕にちがいないといいあった。そういうわけで、そのときのわれわれの評判はもっぱら勇敢な人間ということであったが、その後はさらにいっそうの評価をうることとなった」（ベルナール・ディアス、48）。

　意図的ではあるがその意図が伝わらないメッセージとならんで、意図的であるとは思われないが、まったく同じような不幸な結果に終わるメッセージがある。ここで問題にしたいのは、アステカ人がある場合には真実を隠すことができないという事実である。戦いながら鬨《とき》の声を上げるインディオの習慣は、敵を威嚇することを目的としてはいるが、実際には自分たちがいることを知らせ、スペイン人がうまく立ち回る指針をあたえる。モクテスマ自身、牢番にたいしていくつかの貴重な情報をもらしているし、クワウテモクも王家の紋章をつけ豪華に飾り立てた船で逃げようとして捕まるのである。知ってのとおり、これは偶然でもなんでもない。『フィレンツェの絵文書』の一章全体が「戦時に王族が使用した装飾品」(VIII, 12)にあてられているが、どんなに控え目にいっても、これら装飾品はとりわけ目立たないものなどはないのだ。「彼らは、黄金で飾り立てた、ヘラサギの赤い羽根で作られた豪華な頭飾りをかぶっていた。それには、翼を広げるとき落ちるケツァル鳥の羽毛もたくさんついていた。その他に、黄金で飾り立てた革太鼓を、木枠に取りつけて背負っていた。それに彼らは黄金飾りのフリント製短刀で飾られ、ヘラサギの赤い羽根で作られた赤いシャツを身にまとった。サポジラ〔チューインガムの木〕の葉でできたスカートはケツァルの羽根ですっかりおおわれていた。楯は金箔で縁取りがしてあり、その吊り紐は見事な羽毛製であった」云々。征服について書かれたこの書物には、戦士ツィラカツィンの武勲も語られている。ツィラカツィンはスペイン人の目をくらますためにさまざまな仕方で変装する。だが、テクストによれば「自分がオトミ族の戦士であることを示すために、頭には何の覆いもつけていなかった」(CF, XII, 32)。そういうわけだから、まさにアステカ族のこの隠し立てのなさのおかげで、コルテスがノーチェ・トウリステ〔悲しき夜〕にメヒコから逃亡し、ほどなくして、決定的な戦闘で勝利を獲得しても驚くに当たらない。「コルテスは、インディオをかき分け突進し、雑兵には目もくれず、黄金製の楯をもっているためにそれと見分けがつく首長たちにねらいを定めるや、見事討ち取ることに成功した。それゆえ、彼はインディオの隊長を槍の一突きで殺すことができたのである。(中略)コルテスが隊長を殺すや否や、インディオは退却をはじめ、われわれに道をゆずった」(F・デ・アギラール)。

アステカ人にとって、あたかも記号は他者を操るための武器ではなく、それが指示する世界から記号が自動的に、必然的に流れ出すかのようにすべては展開する。インディオのコミュニケーションのこうした特色は、インディオに好意的な筆者たちの間に、インディオは嘘をつかない民族だという伝説を生み出す。モトリニーアによれば、初期の修道士は「インディオはひじょうに誠実な人々であること、またたとえ他人のものが何日間も路上に放置してあっても、それに手を出すことはない」（Ⅲ，5）という二点をとくにインディオの特徴として指摘した。ラス・カサスはインディオにおける〈偽善〉の完全な欠如を指摘するにとどまらず、それとスペイン人の態度とを対比させている。「インディオにかんしては、スペイン人はインディアスで一度も約束を守ったこともなければ、神の真理を尊重したこともない」（『インディアスの破壊についての簡潔な報告』《ペルー》〔以下『報告』と略記〕。そして、そのため〈嘘つき〉と〈キリスト教徒〉とは同義語になってしまったと彼は主張する。「スペイン人がインディオに向かってお前たちはキリスト教徒かと訊ねたところ（こうしたことは一度ならずしばしばくり返された）、インディオは答えた。〈ええ、そのとおりです。私はもうすでに幾分かはキリスト教徒です。なぜなら、少しは嘘もつけるようになりましたから。そのうちにもっとたくさん嘘をつけるようになったら、いっそうキリスト教徒になることでしょう〉」（『インディアス史』，Ⅲ，145）。インディオ自身もつぎのような記述に異議を唱えることはおそらくないであろう。これはトバールからの引用である。「隊長（コルテス）の和平を目的とした演説が終わるか終わらないうちに、兵士たちは財宝のありそうな王宮や王国高官の住居の掠奪に取りかかった。このようにしてインディオはスペイン人の態度はまったく信用できないと思いはじめたのである」（トバール、p. 80）。

事実はもちろんインディオに肩入れする人たちの興奮した記述の手前にある。隠喩《メタファ》をもちいない言葉が存在しないように、嘘の可能性をもたない言語活動は考えられないからである。だが社会というものは、事物を忠実に記述するより、とくにそれがおよぼす効果を重視するあまり、真理の次元をなおざりにする言葉を優遇したり、あるいは逆に拒んだりすることがある。アルバラード・テソソモクによれば、「モクテスマは法律を発布し、それにより、どんな些細な嘘であれ嘘をついた者はだれでも、テポチカルコ学院の少年たちによって、最後の息を引き取るまで通りをひきずり回されることになった」（テソソモク、103）。ソリタはまた、このような特徴の起源を社会の慣習と教育に求めている。「誓いの神々の罰に当たってひどい片輪になることを恐れていたので、だれも誓いを破ろうとはしなかった。（中略）父親は息子が嘘をつかないようきびしく監視した。ある父親は、この罪を犯した息子の唇を罰として竜舌蘭のトゲで刺したりした。その結果、少年たちは成長するにつれ、真実をいう習慣を身につけていった。いまインディオの老人に、このごろなぜインディオは嘘をつくのかと訊ねれば、嘘をついても罰せられないからだと答える。（中略）インディオは、このような態度はスペイン人から学んだといっている」（ソリタ、9）。

コルテスの部隊がはじめてインディオと接触したとき、スペイン人はインディオにたいして、自分たちが求めるのは戦争ではなく平和と愛だと（偽善的にも）宣言している。「彼らは言葉でもって答えようとはせずに、雨あられと矢を射かけて答えにかえた」（コルテス、《第一報告書翰》）。インディオには、言葉が矢と同じくらい危険な武器になりうるなどとは思いもよらない。メヒコ陥落の数日前にも、同じ場面がくり返される。事実上すでに勝利者であるコルテスの和平提案にたいして、アステカ族はあくまで答えをゆずらない。「いまさら和平を口にするとは何事だ。女たちには言葉もよかろうが、男に必要なのは武器だけだ」（ベルナール・ディアス、154）。

このような役割分担は偶然ではない。いってみれば、戦士／女性の対立はアステカ社会という想像界全体を構造化する役割を果たしているのだ。たとえ職業（兵士、神官、商人）を求める青年の前にさまざまな位階が開かれていようと、戦士の道がなににもまして信望が厚いことに疑いはない。言葉にたいする敬意とはいっても、言説の専門家を戦士の指揮官の上に置くまでにはいたっていない（国家元首はこの二つの特権的地位を兼任している。彼は戦士であるとともに神官だからである)。兵士は男のなかの男である。なぜなら兵士は死をあたえることができるからである。生殖をつかさどる女性は、この理想を求めることができない。かといって、女性の仕事と態度がアステカの価値体系のなかで第二の極を構成するわけでもない。女性が弱いことは驚くまでもないが、この弱さが賞讃の的になることは決してないのだ。しかもこの社会では、だれも自己の役割を知らないでいることがないように工夫されている。新生児の揺り籠には、男児ならば小さな剣と楯、女児ならば裁縫道具が置かれる。

したがって、男にたいする最大の侮辱はその男を女あつかいすることである。場合によっては、仕掛けられた挑戦に応じず、戦わなかったからといって、敵方の戦士をむりやり女装させる。また、女性がこのような(男性が作ったと思われる)イマージュを内面化し、戦場で勲功を立てたことのない若い者を非難することによって、自らこの対立を維持することに力を貸すようなこともある。「まったく、髪を編んで長くした男がそんなことをいうんですから。あなたは本当のことをいっているんですか。(中略)いやな匂いのする臭い前髪をしているなんて、あなた、私みたいな女じゃないの。」サアグンへの情報提供者はさらにつけ加えて、「実際、女たちはこのようにびしびしときめつけることによって、若者を戦争へと駆り立てることができたのであった。このようにして女たちは若者を動かし、挑発した。若者を戦場へと駆り立てたのは、このようにしてであった」(CF, II, 23)。新大陸征服のころのトバールの報告のなかには、これにかんして示唆的な場面がある。戦士的価値の化身たるクワウテモクがモクテスマの実際の優柔不断ぶりを、女々しい奴だといって攻撃するのである。モクテスマはスペイン人の捕虜となって宮殿に閉じこめられていたが、そのバルコニーから人民に向かって語りかける。「彼の話が終わるか終わらぬうちに、年のころは一八歳、勇敢な大将で、すでに王として選出されることを望まれていたクワウテモクという名の男が、大音声を張り上げた。〈なにをいうか、腰抜けのモクテスマ、スペイン人の女めが。女こそあいつの名にふさわしい。あいつは恐怖のあまり、女のようにスペイン人に身をまかせ、その上われわれの手足を縛ってあいつらに好き勝手をさせ、この惨状を招いたのだ〉」(トバール、p. 81-82)。

女には言葉、男には武器……。アステカの戦士には、〈女たち〉が比喩的な意味でこの戦争に勝利しようとしていたことが分からなかった。比喩的な意味でだけならたしかにそのとおりだが、本来の意味では、女性はすべての戦争において敗者であったし、いまなお敗者である。とはいえ、同化というのはおそらく必ずしも偶然によるものではない。ルネッサンスからはじまって広まった文化のモデルは、たとえ男性によって生み出され、担われたのだとしても、文化の女性的な面というべきものを賞讃している。つまり型にはまった儀礼よりも即興性を、弓矢よりも言葉を賞讃するのである。たしかに言葉ならなんでもよいのではない。それは世界をさし示す言葉でも、伝統を伝える言葉でもなく、他者にたいする働きかけをその存在理由とする言葉である。

そもそも戦争とは、平和な時代に観察することができたコミュニケーションの原理を、そのまま別の領域で適用したものにすぎない。したがって、戦場でもさまざまな場合におこなわなければならない選択を前にして、同じような行動が見られるのである。少なくともはじめのうちは、アステカ人は儀礼と儀式を建前とする戦争をおこなっている。時、場所、手段はあらかじめ決定されている。だがそのために、戦争はより調和の取れたものにはなるが、効果はより少ないものとなっている。「どの町でもどの地方でも、合戦の場として、それぞれの領地のはずれの広い土地を畑にせず、空き地として取っておくのが一般的な習慣であった」(モトリニーア、『ヌエバ・エスパーニャ布教史』、III, 18)。戦いは一定の時間にはじまり、一定の時間に終わる。戦闘の目的は殺すことよりも、捕虜を捕らえることにある(このことは明らかにスペイン人に幸いする)。最初の矢を放つことで戦闘は開始する。「その最初の矢がだれにも当たらず、血を流す者も出なければ、戦いが自軍に不利になることの確実な前兆とされていたので、彼らは一目散に退却したのであった」(モトリニーア、同書、《巻頭書翰》)。

メヒコ陥落の直前に、このような儀礼的な態度を示す別の際立った例がある。すべての手段を使いつくしたクワウテモクは、至高の武器に訴える決心をする。それはなにか。父が彼にさずけた、羽毛で飾られた衣裳である。それを見ただけで敵が逃げ出すといわれていた神秘的な力をもつ衣裳だ。一人の勇士がそれを身につけ、スペイン軍に立ち向かう。だがケツァル鳥の羽根はアステカ軍に勝利をもたらしはしなかった(CF, XII, 38参照)。

二つのコミュニケーションの形式があるのと同じように、戦争にも二つの形式(あるいはそれぞれの陣営がその価値を評価する二つの側面)がある。アステカ人には、スペイン人がいまおこなっているのがなんたるかも理解できない。勝負に勝つ前に、スペイン人はすでに決定的な勝利を収めていた。(メキシコの伝統にとってまったく新しい)同化のための総力戦であることは思いもよらぬし、そのなんたるかも理解できない。アステカ人にとって戦争は、敗者から勝利者へ支払われる貢物の額を定めた取り決めをもって終結すべきものである。勝負に勝つ前に、スペイン人はすでに決定的な勝利を収めていた。この場合勝利とは自分たちの型の戦争で戦うことである。そうなれば、スペイン人の優位はもはや疑いの余地がない。儀式の役割が完全になくなったわけではないにしても、今日の私たちにとって戦争が有効性以外の原理によって支配されうるなどとは想像だにできない。細菌兵器、化学兵器、核兵器の禁止条約は宣戦布告の日に忘れ去られてしまう。しかしながらモクテスマはまさにそのようなものとして事態を理解していたのである。

ここまで私はインディオの象徴的行動を、体系的、総合的な方式で記述してきた。この章を終えるに当たって、これまでのべてきたことすべてを傍証するとともに、〈理論〉が物語に先立つことがないように、私のまだ手をつけていない風変わりな物語を跡づけてみたい。ミチョアカン（メヒコの西に位置する地方）征服の物語である。この報告はタラスコ族の一貴族がフランシスコ会修道士マルティン・デ・ヘスス・デ・ラ・コルーニャにおこなったもので、彼はこれを一五四〇年ごろ作成した『ミチョアカン報告』に掲載した。

物語は前兆ではじまる。「これらの人々が語るところによれば、スペイン人がこの地に到来する四年前、彼らの神殿が軒なみ全焼した。神殿は閉鎖されたが、ふたたび出火し、石壁は崩壊した（神殿は石作りだったのである）。これらの事件の原因は分からなかったが、なにかの前兆であろうと彼らは思った。それに符丁を合わせるようにして、二つの大きな彗星が空にあらわれた」（『ミチョアカン報告』、III, 19）。

「ある神官は、スペイン人がくる以前に、奇妙な動物を連れた人々がこようとしている夢を見たことがあったが、彼が見たこともないその動物は、馬というものであることが後になって分かったといった。（中略）その神官によればまた、クエラヴァペリの母親に仕える神官たちはシナペクアロという村に住んでいたが、故カソンシの父親〔つまり先々代の王〕のもとに参内し、神々の神殿の破壊を予言する夢と啓示を続けざまにえたと報告したが、そのような事件が実際にウカレオで起こった。（中略）もはや神殿もなく、竈《かまど》もなく、立ち上る煙を見ることもないであろう。一切は無人の地となるであろう。新たな人間がこの地上にやってくるからである」（同書）。

「テール・ショード〔暑い地方〕の人々の話である。ある漁師が船で釣りをしていた。ひじょうに大きな魚が針にかかったが、その漁師は川から引き上げることができなかった。一匹の鰐がどこからともなくあらわれ、船にいる漁師に噛みつくや、彼をのみ込み、水底深くもぐって行った。漁師はその鰐との戦いに勝ち、自分の立派な家に連れてきた。家に着くなり、彼は鰐の前に平伏した。すると鰐はいった、〈私が神であることはもうお分かりであろう。ミチョアカンの町へ行き、われわれすべてを支配するスアングアという名の王を訪ね、伝えよ。徴はあたえられた、いまや新たな人間があらわれた、この地のすべての場所で生まれた者はすべて死に絶えるであろう、と。そのように王に申し伝えよ〉」（同書）。

「つぎのような前兆もあったと彼はいう。すべての桜の木は、どんな小さな若木も残らずおびただしい実を結んだ。竜舌蘭の子株には新芽が吹いた。まだ子供なのに少女たちは妊娠した」（同書、III, 21）。

新たな事件は前兆という形で過去に投影され、出会いの物語に組み入れられなければならない。なぜなら現在を支配しているのは過去だからである。「すでに確定したことにたいして、われわれはどのようにして反対できるのか」（同書、III, 19）。事件が予告されていなかったら、その事件の存在自体が認められもしなかっただろう。「われわれはよその人々がやってくることは、ご先祖さまたちから一度も聞いたことがない。（中略）過去にもこのような伝えは一切なかった。長老たちもあのような人たちがくるであろうとはいわなかった。それでわれわれは前兆に頼らざるをえないのだ」（同書、III, 21）。このように語るのは、タラスコ族の王カソンシである。彼は現実の新たな知覚よりも昔の物語にいっそうの信頼を置いており、したがって前兆を考案することによって妥協的解決を見出すのだ。

しかしながら、直接的な生のままの情報がなかったわけではない。モクテスマは救援を求めて、ミチョアカンのカソンシのもとに一〇人の使者を派遣する。彼らが語ったのはまさしく以下のとおりである。

「メヒコの盟主モクテスマは、われらの同胞カソンシにたいしわれわれ他数名の貴族を派遣し、突然われわれを襲いにきたあの見知らぬ者たちにかんし細大もらさずご報告申し上げるようご命令になりました。われわれは戦場であの者たちに敢然と立ち向かい、鹿に乗ってきた者、徒歩の者、それぞれおよそ二百名を殺しました。鹿は鎖かたびらで護られ、なにかを背負っておりますが、そのものは雷雲のごとくとどろき、雷のごとき音を発し、道々出会った者を一人残らず殺します。彼らはわれわれの隊型をずたずたに寸断し、われらの少なからずが倒れました。彼らにはトラスカーラの者どもが随行しておりますが、この者どもはわれわれの陣営から寝返ったからであります」(同書、III、20)。カソンシはこの情報を鵜のみにせず、確認することに決める。数名のオトミ族の者を捕らえ、彼らに問いただす。彼らはこの話の正しさを裏づける。それだけでは満足できないカソンシは、包囲されているメヒコに代表団を自ら派遣する。代表団が戻ってきて最初と同じ情報をくり返し、アステカ族からの軍事同盟の提案をくわしく伝える。アステカ族はタラスコへの軍事介入がありうることをつぶさに予測したのである。

老カソンシ王はこのとき死んでいる。長男がその後継者となる。アステカ族(モクテスマというよりクワウテモク)はしびれを切らし、彼らの提案を再度くり返すため新たな代表団を派遣する。新カソンシ王の反応は暗示的である。使者たちの主張の信憑性や利用価値を疑いはしないが、彼らを生贄にすることに決めるのである。「彼らにわが父を追って地獄に行かせ、そこで彼らの請願書を提出させることにしよう。彼らに準備するように伝えよ、それがしきたりだ。――この決定がメシーカ人[の使者]たちに伝えられた。メシーカ人は、主君がそのように命じた以上そのとおりにすべきと答えた。そして、自分たちはどこにも行くことができない、自分たちは喜んで死んで行くためにきたのだといいながら、生贄がすみやかにおこなわれることを要求した。人々は故カソンシ王に彼らのメッセージをもっていくように厳命したあとで、いつもの仕方で素早くメシーカ人の支度を整えてやり、クリカベリとクサラタンガの神殿で彼らを生贄に捧げた」(同書、III、22)。

タラスコ族の唯一の積極的な行為とは、情報をもってきた者を死に追いやることなのであろう。カソンシはメシーカ人の要求にたいして、その後なんら積極的な行動に出ていないのである。第一、彼はメシーカ人が好きではない。メシーカ人は代々の敵なのであり、だから実際には、メヒコに降りかかった災難にそれほど不満ではないのだ。「われわれがメシーカ人に近づくたびに戦いがあり、彼らとわれわれの間には古くからの遺恨があるのだから、メヒコに人間を送ったところでいったい私になんの利益があろうか」(同書、III、20)。「メヒコに行っても、それがわれわれになんの役に立つだろう。われわれ一人一人がそこで死ぬことができるだけだろうし、そのあとで彼らがわれわれについてなにをいうか知れたものではない。おそらく彼らはわれわれをあの者たちに売り渡すだろう。そしてわれわれに死を招くことになるだろう。メシーカ人自身にあの征服をやらせておこう。それがいやだったら、隊長たちともどもわれわれの陣営に加わればいい。異国人がメシーカ人を殺すのは仕方ない……」(同書、III、22)。

スペイン人に対抗することを拒否するもう一つの理由は、彼らがスペイン人を神々とみなしているということである。「神々でなければ、彼らはどこからやってきたというのだろう」(同書、III、21)。「理由もなく異国人がくるはずがあろうか。神があの者たちをつかわしたのだ。これが彼らが到来した理由だ」(同書、III、22)。「カソンシ王はこの者たちは天からきた神々だといって、スペイン人一人一人に黄金製の丸い楯と毛布をあたえた」(同書、III、23)。驚くべき事実を説明しようとして神々という仮説をもちだすのである。つまり超自然は決定論の産物であって、これを信じると抵抗への一切の試みが麻痺してしまう。「彼らが神々であると信じて首長たちは、この神々は自らのものをもっていくのだから、くれぐれも間違いを起こさないようにと女たちにいった」(同書、III、26)。

したがって最初の反応は人間的次元での介在を拒否し、一切を神々の領域に関係づけることである。「しばらく様子を見よう。彼らがやって来て、われわれを捕えようとするならそうさせよう。最善を尽してもう少し長くもたせ、その間に神殿のために枝木を探そう」(祭式用の火のことである。同書、III、21)。スペイン人の到来が避けがたいことが分かったとき、同じ考えからカソンシ王は側近と召使を呼び集め、全員が一緒に湖に身投げするよう命じている。

最終的にはそうすることを諦めるが、その後の彼の反抗の試みも相変わらず人間とのコミュニケーションの次元ではなく、彼にとって身近な、世界とのコミュニケーションの次元にとどまっている。カソンシも側近の者も征服者の偽善を見破ることができない。スペイン人のそばで私たちを待ち受けている運命はおそらくそれほどひどいものではないだろう、とタラスコ族の首長の一人は考える。「私は彼らとともにやってきたメヒコの貴族たちを見たことがある。彼らが奴隷ならば、なぜ首にはトルコ石の首飾りをつけ、豪華な毛布や緑色の羽根飾りをいつものように身につけていられるのだろう」(同書、III、25)。スペイン人の行動は彼らにはつねに不可解である。「なぜ彼らはこの黄金をすべてほしがるのであろうか。この神神はそれを食べるにちがいない、そう考えてはじめて彼らがあんなにほしがる理由も分かろうというものだ」(同書、III、26)。(コルテスはつぎのような説明を吹聴したらしい。すなわち、スペイン人が黄金を必要とするのは、それを使って病気をなおすためである……。黄金をどちらかといえば糞便になぞらえているインディオには素直に受け入れられる話ではない)。すべてのものに適用できる等価物としての貨幣はタラスコ族には存在しない。スペインの権力構造そのものが彼らの理解を超えているのだ。象徴の産出も解釈と同じ憂き目にあう。最初のスペイン人は、理由は神のみぞ知るだが、カソンシのもとに一〇頭の豚と一匹の犬をもってくる。王は感謝の言葉をのべてこれを受け取るが、実際は恐れていた。「彼はそれを前兆だと考え、その豚と犬を殺すよう命じた。人々はそれらを運んで行き空き地に投げすてた」(同書、Ⅲ、23)。もっとはなはだしいのは、スペインの武器が運び込まれたときにも、カソンシが同じ反応を見せていることである。「タラスコ族がスペイン人から火器を奪い取るごとに、それらの武器は神殿の神々に捧げられた」(同書、Ⅲ、22)。いまやなぜスペイン人が戦う必要すらないのかが理解できる。彼らが選んだ手段とは、ある地方に到着したらその土地の指導者たちを呼び集め、空に向けて大砲をくり返しぶっ放すことである。インディオが激しい恐怖に陥るからである。武器の象徴的使用が十分な効力を発揮するのである。

ミチョアカン征服でのスペイン人の勝利は迅速かつ完璧である。戦闘もなく、征服者の側には死傷者もない。スペインの指揮官たち――クリストーバル・デ・オリード、コルテス自身、つぎにニーニョ・デ・グスマン――は約束し、脅し、目にする黄金を手当たり次第に強奪する。カソンシはいつもこれが最後であることを期待しながらあたえる。さらにしたい放題をしようと、スペイン人は王を捕虜にする。満足できなくなると、ためらわずに王とその側近を拷問にかける。彼らを疑っているのである。煮えたぎる油で彼らの足を焼く。細い棒で性器を痛めつける。ニーニョ・デ・グスマンはカソンシにはもう何の利用価値もないと思うや、彼に三重死の〈刑を宣告する〉。まず「スペイン人が乗る馬の後ろにわら布団をくくりつけ、その上に彼を縛りつけた」(同書、Ⅲ、29)。このようにして彼は町の通りという通りをひきずり回されたあげく、窒息するほどきつく縛り上げられる。最後に彼の身体は薪の山に投げ込まれ、焼き殺されるのである。その灰は川にまき散らされたという。

スペイン人は戦争に勝つ。彼らが対人間のコミュニケーションではインディオよりすぐれていることに異論の余地はない。だが彼らは本当に勝ったのであろうか。というのは、コミュニケーションは一つの形式だけではないし、象徴的活動も一つの次元だけではないからである。いかなる行為も儀礼的な部分と即興的な部分をもっており、いかなるコミュニケーションであれ、それは必然的に範列《パラディグム》と連辞《サンタグム》、コードと文脈《コンテクスト》である。人間は人間とのコミュニケーションだけでなく世界とのコミュニケーションを必要としている。モクテスマとコルテス、インディオとスペイン人との出会いは、まずは人間の出会いである。だから人間のコミュニケーションを得意とするものが勝利を占めることはあたりまえのことである。だが、ヨーロッパ人であれ、新大陸の住民であれ、今日の私たちは誰もがこの勝利の落し子なのだが、同時にこの勝利は、私たちと世界との調和を感じ取る能力、既存の秩序に身をゆだねる私たちの能力に深刻な打撃をもたらしている。それは結果として世界と人間のコミュニケーションを深く抑圧し、一切のコミュニケーションは人間の間のコミュニケーションであるという幻想を作り出した。神々の沈黙はインディオの陣営だけでなく、ヨーロッパ人の陣営にも重くのしかかっている。ヨーロッパ人は一方を得ることによって、他方を失ったのである。その得意とするものによってこの地上全体を支配しているうちに、ヨーロッパ人は世界と一体化する自らの能力を心のうちで踏みつぶしてしまった。その後何世紀もの間、ヨーロッパ人は善良な未開人の夢を追いつづけるであろう。だが未開人は死ぬか、同化されてしまっていた。だからこの夢は不毛のままである他なかったのである。勝利はすでに敗北に満ちていたのだ。だがコルテスはこのことを知るよしもなかった。

(原注) ここでナワトル語テクストの文体的特徴を指摘しておきたい。それは、しばしばある一つの表現のあとに、一つあるいは数個の同じ意味をあらわす表現が続くということである。このような対句法はきわめて平凡な手法だが、この場合には、言語の表現力に興味を抱いたサアグンが、情報提供者にたいしてその都度、同じ一つのことをいうのに可能なすべての表現を挙げるよう求めたからである。

## 3　コルテスと記号

スペイン人のコミュニケーションが、インディオのおこなっているコミュニケーションと正反対であると考えてはならない。民族とは抽象概念ではないから、両民族の間には類似と差異が同時に存在する。すでに見たように、類型的にいえばコロンはしばしばアステカ人と同列に置くべきであった。エルナンデス・デ・コルドバとフワン・デ・グリハルバによるメヒコへの第一次遠征の場合も大差はない。彼らはインディオとはなにかを知ろうとはせずに、もっとも短い期間で可能なかぎり多くの黄金を掻き集めることに熱中しているといえば、この二人のスペイン人の行動を語りつくしたことになるだろう。彼らの二度目の遠征時の記録者フワン・ディアスはつぎのように語っている。「岸には大勢のインディオがいて、二本の旗を上げ下げし、われわれが彼らの方に会いにくるよう合図していた。総督は同意しなかった。」「それらのボートの一隻からわれわれが望んでいるのはなにかを訊ねてきた。通訳はわれわれは黄金を探しているのだと答えた。」「われらの総督は欲しいのは黄金だけだと彼らにいった。」その機会が目の前にあるのに、スペイン人はそれを避けてしまう。「彼〔通訳〕はわれわれに他の地方のことも話した。そして彼は総督にたいしわれわれと同行したいと申し出たが、総督が断ったので、われわれはみな残念に思った。」

すでにのべたように最初の通訳はインディオである。ところでスペイン人はこの通訳に全幅の信頼を置いていず、いったことがうまく伝えられたかどうかに疑問をもっている。「われわれは通訳が騙していると思った。というのも彼はこの島、この村の土着民なのである。」コルテスの最初の通訳〈メルチオール〉にたいしてゴマラは「しかしながら彼は不作法な男だった。漁師だったからである。だから、話し方も答え方も心得ていないように思われた」(11)といっている。ヨーロッパ人にとって新大陸への異国趣味の象徴であり、遠くにある本物の象徴であるユカタンという地方名も、実際には当時支配的であった誤解の象徴的産物である。この半島に上陸した最初のスペイン人の呼び声にたいして、マヤ人は答えている。マ・クバ・タン(Ma C'ubah Than)すなわち、私たちにはあなた方の言葉は理解できない、と。コロンのやり方を忠実に継承しているスペイン人には〈ユカタン〉と聞こえ、それをこの地方の名前にすることに決めるのである。このような初期の接触の段階では、スペイン人は自分たちの振舞いが相手にどのような印象を残すかを毫も意に介していない。脅されればためらいなく逃げ出し、このようにして自分たちの弱さをさらけ出している。

コルテスが登場してからの変わりようは目を見張るばかりである。彼は征服者《コンキスタドール》の典型というよりむしろ例外的な征服者ではないのだろうか。ところがそうではない。その証拠に、彼と肩を並べる者がまったくいなかったにもかかわらず、彼は手本として瞬く間に、だれからも模倣されることになるのである。それまでばらばらだったさまざまな要素を行動の唯一の典型に結晶させるためには、とび抜けた才能をもつ人間を必要とした。いったんそうした手本があたえられるや、それはあっという間に認められる。コルテスと彼の先行者との差異はおそらく、コルテスが自らの行為を政治的に意識し、さらに歴史的に意識さえした最初のスペイン人であったという点にある。キューバ島出発の前日には、おそらく彼は財宝に目のくらんだ他の征服者となんら変わるところはなかった。しかし、事態は遠征のまったくの第一歩から変わってしまう。コルテスが自らの行動の原理とするあの適応の精神がすでに認められるのである。コスメル島で、ある人がコルテスに向かって、黄金を探すために武装したもの数名を島の内陸に派遣してはどうかと申し出る。「コルテスは笑いながら、自分はそんなけちくさいことのためにきたのではなく、神と国王に仕えるためにきたのだと答えた」(ベルナール・ディアス、30)。モクテスマ王国の存在を知るや否や、彼は財宝の掠奪だけでは満足せず、王国そのものを支配下に置こうと決意する。この戦術は、手で触れることのできる直接的な利益を期待しているコルテス隊の兵士たちにしばしば不満をいだかせる。しかし彼は頑としてゆずらない。このようにして、一方で征服戦争の戦略を、他方で平和裡の植民地政策を案出したのはコルテスなのである。

　コルテスが最初に望んだことは、奪う《プランドル》ことではなく、理解する《コンプランドル》ことである。彼の興味を引きつける第一のものは記号であって、その記号の指示対象ではない。彼の遠征は情報収集からはじまるのであって、黄金の追求ではない。彼がおこなう最初の重要な活動は通訳を探しだすことである――この行為のもつ意義はどんなに誇張してもしすぎることはない。彼はスペイン語をあやつるインディオの噂を耳にする。このことからコルテスは、おそらく以前の航海で難破したスペイン人が原住民に混じって暮らしているのだろうと推測する。彼は調査する。推測の正しさが立証される。そこで彼は、まだ会ってもいない通訳にメッセージを送ったあとで、彼の艦隊のうちの二隻に一週間ほど待機するよう命令する。紆余曲折を経て、ついに彼らの一人、ヘロニモ・デ・アギラールがコルテス隊に合流する。コルテス隊の兵士は彼がスペイン人であることになかなか気づかない。「彼らは彼のことをインディオだと思っていた。なぜなら生まれつき色が黒い上に、奴隷のインディオのように坊主頭にしていたからだった。肩にはオールをかついでいたし、片足に古いサンダルをはき、サンダルの一方を腰紐にくくりつけ、ぼろぼろのマントとそれ以上にひどい腰布で裸体をおおっていた」(ベルナール・ディアス、29)。このアギラールがコルテスの正式の通訳となり、はかり知れない貢献をすることになる。

だがアギラールが話せるのはマヤ語だけで、アステカ語ではない。こうした情報征服のための二番目に重要な人物は一人の女性である。彼女はインディオにはマリンツィン、スペイン人にはドニャ・マリーナという名で呼ばれているが、どちらが変形であるかは分からない。もっとも多く使われている形はラ・マリンチェという名である。彼女は初期の接触の段階で贈り物としてスペイン人にさし出されている。彼女の母国語はナワトル語、つまりアステカ語である。だが奴隷としてマヤ族に売られたので、マヤ語も話せた。したがって、はじめのころはかなり長い鎖の環を並べることになった。コルテスがアギラールに話をし、アギラールはその話をラ・マリンチェに翻訳し、つぎにラ・マリンチェがアステカの交渉相手に話すのである。彼女の語学の才能は疑いのないところで、ほどなくしてスペイン語を習得し、そのため彼女の利用価値はますます大きくなる。彼女には自分の祖国の人々、あるいはその主だった人のだれかに恨みをいだいているふしがある。いずれにせよ彼女は断固として征服者の陣営を選ぶ。実際、彼女はたんなる通訳としてとどまることをいさぎよしとせず、スペイン人の価値観を取り入れ、彼らの目標実現のために身命を投げうっていることは明らかなのだ。彼女はコルテスのために言葉の通訳をするだけでなく、行動の解釈をおこなって一種の文化的な変換《コンヴェルシオン》をおこなう一方、他方では、必要なときには自ら主導権をにぎり、(とくにモクテスマ逮捕の場面では)コルテスがまだ発言しないうちに適切な言葉をモクテスマにいうすべを心得ているのである。

ラ・マリンチェの役割の重要性は万人の一致して認めるところである。コルテスは彼女を必要欠くべからざる盟友と見なしているが、このことはコルテスが二人の肉体関係を大切にしていることからもうかがわれる。彼は彼女を〈受け取る〉とすぐに部下の中尉に〈贈り物としてあたえ〉、メヒコ明渡し後は他の部下《コンキスタドール》と結婚させたが、メヒコへの進軍からアステカの首都陥落にいたるまでの重要な局面では、ラ・マリンチェは彼の情婦でありつづける。男性が女性の運命を決定するやり方についてあれこれいうつもりはないが、結論的にはこの関係は感情的というより戦略的、軍事的に説明がつく。こうした関係だからこそ、ラ・マリンチェは重要な役割を果たすことができるのである。メヒコ陥落後も彼女は相変わらず同じように重用されている。「コルテスは彼女なしではインディオといかなる取引交渉もできなかった」(ベルナール・ディアス、180)。インディオも彼女を通訳をはるかに超えたものとして見ている。どんな物語でもしばしば彼女のことに触れ、またすべての絵のなかに彼女の姿がある。これについては、『フィレンツェの絵文書』でコルテスとモクテスマの最初の出会いを描いている絵がよくその特徴を示している。二人の総司令官はその絵の両側の余白に配され、ひときわ大きく描かれている中央の人物がラ・マリンチェなのである(図5、および表紙参照)。ベルナール・ディアスもまた「ドニャ・マリーナはひじょうにすぐれた女性であった。彼女はヌエバ・エスパーニャの全住民にたいして大きな影響力をもっていた」(ベルナール・ディアス、37)とのべている。アステカ人がコルテスにつけたあだ名もその意味で象徴的である。彼らは彼のことを呼んでいる……マリンチェ、と(これは例外的なことである。ふつうは女性が男性の名を名乗る)。

独立後のメキシコ人は一般に、土着の価値観への裏切りと、ヨーロッパの文化と権力への隷属の化身となったラ・マリンチェを軽蔑し、非難した。メキシコ征服は彼女(あるいは彼女と同じ役割を果たすほかのだれか)がいなければ不可能であったろうし、したがって、おこなわれたことにたいして彼女に責任があることは確かである。だが私はまったく別の見地から彼女を見ている。すなわち、彼女はまず異文化交配の最初の例であり、その意味でその象徴である。そのことによって彼女はメキシコの近代国家を、いやそれ以上に私たちすべての現状を予告しているのである。というのも私たちの文化は二言語併用にとどま

図5　コルテスとインディオにかこまれたラ・マリンチェ

らず、不可避的に二重あるいは三重になっているからである。ラ・マリンチェは(アステカあるいはスペインの)純粋性を犠牲にして雑種に、さらには媒介者の役割に栄誉をあたえる。彼女はただたんに他者に服従したのではなく(不幸にもそうしたケースのほうがはるかに一般的であった。〈贈り物として〉であろうとなかろうと、スペイン人に捕らえられたすべてのインディオの娘のことを考えてみるとよい)、他者のイデオロギーを取り入れ、彼女の行動の有効性そのものが証明しているように、そのイデオロギーを自分自身の文化のよりいっそうの理解のために利用するのである(ここでは〈理解する〉ことが〈破壊する〉ことになるとしても)。

その後多くのスペイン人がナワトル語を覚えるが、コルテスはそれをいつも自分の利益のために使う。たとえば、彼はナワトル語を話す小姓を捕虜の身のモクテスマにあたえる。そのことで情報は両方に流れることになるが、直接的なメリットという点ではまるで釣り合いが取れていない。「この場面のあとで、王は自分の身の回りの世話をさせるために、すでにアステカ語を知っているスペイン人小姓をコルテスに要求した。小姓はオルテギーリャという名であった。このことがモクテスマにとっても、われわれにとっても好都合だったことは確かである。なぜならモクテスマはこの小姓からわれわれの祖国カスティーリャについてさまざまのことを聞きだし、学んだからであり、われわれの方も、モクテスマの武将たちがどんなことを話しているかを知ったからである」(ベルナール・ディアス、95)。

このように言葉を理解することに自信をもったコルテスは、新たな情報を集めるあらゆる機会を虎視眈眈とねらう。「われわれが食事を済ませるとすぐに、コルテスは通訳を介して、彼らの主人モクテスマについてさまざまなことを訊ねた」(ベルナール・ディアス、61)。「コルテスは領主たちをわきに呼んで、メヒコについて細々としたことを訊ねた」(同書、78)。彼の質問は戦争の指揮に直結する。最初の戦いのあとで、彼はただちに負けた方の〔メヒコの〕隊長たちに質問する。「あんな大軍なのに、なぜこんな少数の部隊を前にして逃げ出すようなことになったのか」（ゴマラ、22）。ひとたび情報がえられると、彼はその情報をもたらした者に気前よく褒美をあたえることを欠かさない。彼はいつでも助言には耳を傾ける。もっとも、かならずしもその助言のとおりにするわけではない――情報は解釈される必要があるからである。

この完璧に整備された情報システムのおかげで、コルテスはインディオ間に存在する内紛をいち早くかつ詳細に知ることができる――このことはすでに見たように、最終的勝利にとって決定的な役割を果たすのである。遠征の当初から彼はこの種の情報には細心の注意をはらっている。ところで、内紛は実際のところいろいろあった。ベルナール・ディアスはいっている。「郡部や村落はそれぞれ相対立し、たえず内乱状態にあった」（208）。モトリニーアもまたそのことに触れている。「スペイン人がきたとき、すべての領主、すべての郡部がたがいに強く反目しあい、それぞれを相手にたえず戦闘状態にあった」（『ヌエバ・エスパーニャ布教史』、III、1）。トラスカーラに着いてからは、コルテスはこのことにかんしてはとくに神経質になっている。「それぞれの間に不和と敵意があることを知って、私は少なからず満足しました。その方が私がしようとしていることにとって大変好都合ですし、彼らをもっと早く制圧する手段を見出すこともできると思ったからです。というのは、諺に〈彼らはちりぢりになって落ちて行った〉云々とありますが、私はすべて分かれ争う国は滅びるという福音書の言葉を思い出したのです」（《第二報告書翰》）。コルテスがキリスト教徒の聖典のなかにこのようなシーザーの原理を読み取ろうとしているのは面白い。いずれにせよ、インディオは彼ら自身の紛争にコルテスの介入を願うまでになる。ピエトロ・マルティレが書いているように、「彼らはこのような英雄たちに庇護されれば、近隣の諸部族と戦う際に援助と後ろ盾をえられるだろうと期待していた。それというのも、彼らもまた人類がいわば生まれつきもっている、決して根絶やしになったことのない病気にさいなまれているからである。すなわち彼らも他の人間同様、支配への激しい情熱をもっているのだ」(『新世界八〇年史』Ⅳ, 7)。アステカ帝国の最終的崩壊をもたらすのも情報の効果的な征服である。クワウテモクは自分の逃亡を可能にするはずの船に、うかつにも王家の紋章を掲げるが、コルテスの武将たちの方は彼にかんするすべての情報をただちに集め、しかも生け捕りに役立つものまで集めている。「サンドーバルは、クワウテモクが身分の高い家臣とともに逃げ出したという知らせをいち早く入手した。ただちに彼はベルガンティン船隊に、家の破壊を中止し、逃げるカヌーを追跡するよう命じた」(ベルナール・ディアス、156)。「ベルガンティン船の船長ガルシア・デ・オルギンは捕虜にしていたメキシコ人から、彼が追跡しているカヌーには王が乗っていると知らされると、猛烈に追いかけ、ついに追いついた」(イシュトリルショチトル、Ⅷ, 173)。情報の征服が王国の征服をもたらすのだ。

コルテスのメヒコへの進軍中のあるエピソードは意味深長である。チョルーラを離れてまもなくである。首都アステカに行くには山脈を横断しなければならない。モクテスマの使者が彼に抜け道を教える。コルテスは待ちぶせがあるかもしれないと思いながらも、しぶしぶ使者のあとについて行く。理屈の上からは防備の問題に全神経を集中しなければならないこのとき、彼は活動している火山の頂上を近くに見る。認識への渇きがさし迫った危険を忘れさせることになる。

「チョルーラの町から八レーグアほどのところにひじょうに高い不思議な二つの山脈があります。といいますのも、八月の終わりだというのに山頂にはたくさんの雪があり、他にはなにも見えないほどなのです。そうした山頂の一つ、もっとも高い頂からは、夜となく昼となく日に何度も、大きな家ほどもある巨大な噴煙が、山頂から雲まで矢のようにまっすぐ立ち上っています。ですから、あのような高さのところではいつも吹いているひじょうに強い風も、その噴煙の方向を曲げることができないのかもしれません。

殿下にはこの国のすべての事物について最大もらさずご報告いたしたいとつねづね念願して参りましたゆえ、私はこの不可思議な山の秘密を知ろうと思い、この種の仕事に適任の一〇名の部下、ならびに道案内のためこの地方の原住民数名を派遣しました。かならずこの山の頂上に達し、この煙がどこからどのように出ているのか、その秘密を調べるよう厳命いたしました」（コルテス、《第二報告書翰》）。

探険隊は頂上まで行かず、数個の氷塊をもち帰るだけである。だが下山の途中、メヒコへの別ルートを見つける。そちらの方が危険が少ないように思われる。コルテスがたどるのはこの道であり、実際悪いことはなにも起こらないですむ。最大の用心深さを要求する困難な局面においてさえ、〈秘密を知る〉ことへのコルテスの情熱は冷めることはなかった。そして象徴的な形で彼の好奇心は報われるのである。

この火山への登攀の例と『カクチケル年代記』のなかで報告されているマヤ族がおこなった別の登山の例を比較してみると面白い。この登山もまた進軍中におこなわれている。行軍は火山の前にさしかかる。「山の内部から噴き出す火は心胆を寒からしめた」。戦士たちはできるなら降りて行って火をもち帰りたいと思うが、そんな勇気をもつ者はいない。そこで彼らは隊長ガガヴィッツ（この名は火山を意味する）の方を振り向いていう。「おお、われらが兄弟よ、参られましたか。あなたこそわれらの希望です。あの火を取ってくる者、われらが運を試さんとする者はだれでありましょう。おお、わが兄弟よ。」ガガヴィッツは一人の勇敢な戦士を引き連れ自分でやることにする。彼は火口に降りて行き、火をもって出てくる。戦士たちは歓声を上げる。「彼の魔術的な力、偉大さ、王者の威厳はまことに恐るべきものだ。彼は火を滅ぼし、火を虜にした。」ガガヴィッツは答える。「山の精霊は、わが奴隷、わが虜囚と化した。おお、わが兄弟たちよ。山の精霊を征服することで、われわれは火の石、ザコグという名の石（火打石）を解き放ったのだ」（『カクチケル年代記』、1）。

いずれの側にも、好奇心、勇気はある。だが事実の知覚の仕方は異なっている。コルテスが問題にしているのは不可思議な自然現象、自然の驚異である。彼の好奇心は好奇心以外の目的をもたない。実践的な結果（最善の道の発見）は明らかに偶然のたまものである。ガガヴィッツの場合は、魔術的な現象と腕くらべをし、山の精霊と戦わなければならない。実践的な結果とは火の馴致である。いいかえれば、おそらくは歴史的な根拠をもつこの物語は、衝突して火花の出る石は噴火している火山からガガヴィッツによってもちきたらされたらしいという形で、火の起源神話に姿を変えるのである。コルテスは純粋に人間的次元から出ることはない。ガガヴィッツの物語の方では自然と超自然との照応の網がたちどころに揺れだすのである。

　アステカ族のコミュニケーションはなによりもまず世界とのコミュニケーションであり、そこにおいては宗教的表出が本質的な役割を果たしている。スペイン側にも宗教は明らかに欠けていない。コロンの場合などむしろ決定的ですらあった。だが重大な二つの差異が即座に明らかになる。第一の差異は、新大陸の異教徒の宗教に比較した場合のキリスト教の特殊性に起因する。すなわちここで重要なのは、キリスト教が根本的に普遍主義的《ユニヴェルサリスト》であり平等主義的であることである。〔キリスト教の〕〈神〉は固有名詞ではなく、普通名詞なのだ。つまりこの語はどのような言語にでも翻訳できるのである。なぜならこの語はウィツィロポチトリとかテスカトリポカのような――すでに神として抽象化されてはいるが――ある一つの神を意味しているのではなく、神というものを意味しているからである。キリスト教は普遍的であろうとするがゆえに不寛容である。宗教的な衝突が起こったとき（実際には他のことが問題だった）モクテスマは私たちの目には精神の宿命的な闊達さとでもいうべきものを示している。コルテスがモクテスマの神殿を攻撃するとき、モクテスマは妥協的解決に策を見出そうとするのである。「そこでモクテスマはわれわれの聖像を一方に置き、他方には彼の神々を残しておくことを提案した。だが侯爵〔コルテス〕は拒絶した」（アンドレス・デ・タピア）。征服のあとでさえ、インディオはキリスト教の「神」を他の神々のうちの一つの神として、彼ら自身の万神殿《パンテオン》に統合しようとし続けるのである。

このことは一神論的な考え方がアステカ文化にまったく無縁なのだという意味ではない。彼らのおびただしい神々は不可視、不可触の神の異名にしかすぎない。だが神がこれほど多くの名前と姿をもっているのは、その神のあらわれの一つ一つ、自然界との関係の一つ一つが擬人化され、そのさまざまな機能がそれと同じ数の異なった人物に配分されるからである。だからこそアステカ人の宗教感情は新たな神々を追加することにうまく折り合って行けるのだ。知られるように、ちょうどモクテスマの治世に《他の》すべての神々を迎え入れるための神殿が建てられる。「モクテスマ王はこの国で信じられている神々すべてを祭るための神殿が必要であると考えた。宗教的情熱にかられて、王はそのような神殿を建てるように命じた。（中略）この神殿は、さまざまな種族、さまざまな地方で信じられている神々が多様であるところから、コアテオカルリすなわち〈諸神の神殿〉と呼ばれている」（ドウラン、III、58）。計画は実現する。そしてこの驚くべき神殿は征服される前の数年間にその機能を果たす。キリスト教徒の場合にはそうはいかない。コルテスの拒絶はキリスト教の精神そのものに由来する。キリスト教の神は他の神々につけ加えることができるような化身とはちがって、排他的、不寛容な仕方で唯一の神であり、他の神々と共存できない。ドウランがいっているように、「われわれのカトリック信仰は一つであり、その信仰にもとづいて、真実の唯一の神を対象とする唯一の教会が存在する。カトリック信仰は、他の神々にたいするいかなる崇拝、いかなる信仰も共存することを許さない」（I、《序論》）。こうした事実はスペイン人の勝利に少なからず貢献する。非妥協性はつねに寛大さを屈服させたからである。

キリスト教の平等主義はその普遍主義とつながっている。神が万人のためにある以上、万人は神のためにあるからである。この観点からすれば諸民族、諸個人の間に差異は存在しない。聖パウロの言葉を引用すれば、「かくしてギリシア人とユダヤ人、割礼と無割礼、あるいは野蛮人、スチキア人、奴隷、自由人の別ある事なし、それキリストは万の物なり、万のものの中にあり」（「コロサイ人への書」）。「今はユダヤ人もギリシア人もなく、奴隷も自由人もなく、男も女もなし、汝らは皆キリスト・イエスに在りて一体なり」（「ガラテア人への書」、Ⅲ，28）。これらのテクストは初期キリスト教徒の平等主義がいかなる意味で理解されるべきかをはっきり示している。すなわちキリスト教は不平等にたいして戦うのではなく（あたかも主人と奴隷の差異は男女と同じく生来のものであるかのように、主人は主人で、奴隷は奴隷であり続ける）、キリストにおいてすべての人間が一つであるという事実を前にして、その不平等にたいして非関与的であると宣言するのである。この問題は征服後におこなわれる道徳論争としてふたたび浮上する。

第二の差異はこの時代のスペイン人の宗教感情のあり方からきている（だがおそらくこれもまたキリスト教の教義からの帰結である。平等主義的宗教が階級制度を拒否することによって、どの程度まで宗教そのものから離脱しないでいられるものか考えてみたらよいだろう）。すなわちスペイン人の神は主であるよりむしろ補助する者であり、（神学者流のいい方をすれば）所有されるよりむしろ使われる存在なのだ。理論的には、コロンが望んでいたように（コルテスさえもそうなのだが、これはコルテスのもっとも〈古風な〉精神構造を示す特徴である）征服の目的はキリスト教の普及にあるが、実際上は、宗教的言説は征服の成功を補強する手段の一つである。目的と手段の位置が逆転したのだ。

多くの記録者の話が証明しているように、スペイン人は、情報提供者の提案とか彼ら自身の利益とかに一致したときにしか、神の忠告に耳をかさない。「われわれはその他にもひじょうにはっきりした徴候《シーニュ》を認めたが、それらの徴候《シーニュ》によって、神がキリスト教のためにこの国を植民地化することを望んでおられることを知ったのである」と、グリハルバの遠征に参加したフワン・ディアスははやくもいい、ベルナール・ディアスは「それゆえわれわれはセンポアラの人々の意見にしたがうことにした。なぜなら神様がわれわれのためになにもかも用意して下さったからだ」(61)といっている。火山登攀のエピソードについてはすでにのべたが、コルテスもまたその際の最善のルートの発見を神のおかげだとした。「殿下ご幼少のころから神はつねに殿下のお仕事をお導きになっておられますが、私も私の仲間も殿下への奉仕をいたしておりますゆえに、神は私たちのためにもう一つの道をお示しになりました。それはやや険しい道でしたが、彼らが案内しようとしていた道ほど危険ではありませんでした」(《第二報告書翰》)。スペイン人が戦場で〈サンチャーゴ！〉と叫びながら突撃するのは、彼らの守護聖人の加護を求めるためというよりも、自らの勇気をふるいたたせ、敵を威嚇するためである。コルテス隊付司祭も軍指揮官に一歩もひけをとらない。「われわれの部隊の意気は、バルトロメー・デ・オルメード神父の激励に勢いをえ、天を突くばかりに達した。神父は部隊を前にし、神に仕え神への信仰を広めるという目的を守りぬくようはげまし、彼の聖職がかならず救済すると約束し、戦いに勝つかさもなくば死すべしと叫んだのである」(ベルナール・ディアス、164)。コルテスの軍旗そのものにこの関係がはっきり示されている。「コルテスが掲げた旗の色は白と青で、中央に十字架があり、その周囲をラテン語の銘がかこんでいたが、それは翻訳すれば〈友よ、十字架にしたがおう。われわれの征服は、この象徴への信仰によっておこなわれなければならない〉というほどの意味であった」(ゴマラ、23)。

つぎの意味深長なエピソードはトラスカーラ族との戦いの最中に起こった。敵に奇襲をかけるために、コルテスは部下の騎兵とともに夜間の出撃をおこなう。最初の馬がつまずいて倒れる。コルテスはその馬を陣営に返す。ほどなくして二頭目の馬が倒れる。「何人かがコルテスにいった。〈司令官殿、これはわれわれにとって悪い前兆であると思われます。引き返しましょう。〉だが彼は答えた。〈私にとっては良い前兆だ。前進せよ〉」(フランシスコ・デ・アギラール、またアンドレ・デ・タピアを参照)。アステカ人にとってスペイン人の到来は一連の悪い前兆を実現するばかりであった(それだけに彼らの戦闘意欲をそぐことになった)。それにたいし、同じような状況のなかでコルテスは(彼自身の仲間の何人かとはちがい)そこに神の干渉を見ることを拒否する――あるいは、たとえ徴候《シーニュ》がその反対のことをいっているように見えても、神の干渉は彼の味方でしかありえないのだ。驚くべきことに、彼の凋落の時期、とくにホンジュラス侵攻のころになると、コルテスもまた前兆を信じはじめる。そして成功はもはや彼の友ではなくなるのだ。

　神とのやりとりのこのような従属的な役割、つまり限定的な役割によって、他者がはっきり(敬愛されるのではないにしても)認知される人間的コミュニケーションの余地があらわれる。インディオとの出会いはこうした認知の可能性を最初に作り出すのではなく、それを際立たせるにすぎないが、他者を認知する可能性が存在するにはヨーロッパそれ自体の歴史に固有のいくつかの理由がある。インディオがどんなものか描くために、征服者は比較の対象を(ギリシア＝ローマの)異教徒としての自己自身の過去とか、あるいはイスラム教徒のような地理的にもっと近く、すでに身近な存在となっている他者のなかにただちに求めるのである。スペイン人たちははじめて神殿を見たころ、それをすべて〈モスク〉と呼び、ベルナール・ディアスの語るところでは、エルナンデス・デ・コルドバが遠征中に見た最初の町を〈大カイロ〉と名づけたという。メキシコ人を見た感じを正確に伝えようとしてフランシスコ・デ・アギラールの念頭にまず浮かんだのは、次のような想い出だ。「子供時代から青年時代にかけて、私はペルシア人、ギリシア人、ローマ人にかんするさまざまな歴史や見聞録を読みはじめた。それにまたポルトガル領インディアスにおいておこなわれている祭儀についても、読書を通じて知っていた。」当時のヨーロッパ人が身をもって示している、征服をなしとげるのに必要な精神の柔軟性そのものが、彼らを一方ではギリシア・ローマ文化、他方ではユダヤ・キリスト教文化という二つの文化の継承者にしているこの特異な状況に起因すると考えてみてはどうだろうか（しかし実際には、この文化の継承はずっと以前から準備されている。というのは旧約聖書が新約に吸収されたように、同化はユダヤの伝統とキリスト教の伝統との間にすでにおこなわれているのである）。ルネッサンス文化におけるこれら二つの要素間の葛藤は、いずれ検討する機会があるだろう。意識するにせよしないにせよルネッサンス文化の代表者は、場合によってはひじょうにむずかしい一連の調整、読みかえ、妥協をおこなわざるをえないのであり、このことがひいては征服においてあれほど決定的な役割を演ずることになる適応と即興の精神をはぐくむことを可能にしたのである。

当時のヨーロッパ文明は、自己中心的というより〈他者中心的《アロサントリック》〉である。ヨーロッパ文明の最大の聖地であり、その象徴的中心であるイェルサレムは、たんにヨーロッパの地域外に存在するだけでなく、対抗する文明（イスラム教徒）の支配下に置かれているのである。ルネッサンスになって、この空間的なズレに別の、時間的なズレが加わる。理想とする時代とは現在でもなく未来でもなく過去であり、しかもその過去はキリスト教徒の過去ではなく、ギリシア人、ローマ人の過去なのである。中心はよそにある。このことが、いつの日か他者が中心となる可能性を開くのである。

メヒコに入城した征服者たちの想像力をもっとも刺激したものの一つは、モクテスマの動物園とでもいうべきものである。アステカ族の支配下にあった地方の住民は貢物として動植物の標本を献上していた。アステカ人は、このようにして贈られる植物、鳥、蛇、野獣のコレクションを見ることができる施設を作っていた。これらのコレクションはおそらく（この動物はこの神に対応するというように）たんなる宗教的な対象物として説明しつくされるものではなく、珍種や変種、あるいは標本の美しさによっても珍重されていた。このこともまたコロンの行動を連想させる。彼はアマチュアの博物学者として、目にしたものはなんでも見本として欲しがったのである。

スペイン人も目を見張ったこの制度は（動物園は当時ヨーロッパにはなかったものだ）、ほとんど同時代に成立したもう一つの制度と比較、対照することができる。それは初期の博物館である。人間はいつも自然や文化の珍しいものを集めてきた。だが、教皇が古代の遺物を他文化の痕跡として収集し展示しだすのは、一五世紀になってからにすぎない。それはまた遠く離れた土地の人々の〈生活と風習〉について最初の書物が出された時代でもある。このような風潮はコルテスにも伝わった。というのは、遠征の初期の段階では偶像をひっくり返し、神殿を破壊しようとばかりしていたにもかかわらず、征服後まもなくすると、彼はそれをアステカ文化を物語るものとして保存することに強い関心を示すようになっているからである。数年後彼にたいして提起された訴訟の原告側証人はつぎのように主張している。「彼〔コルテス〕はひじょうに矛盾した態度を示しました。なぜならこれら偶像の神殿を記念建造物として残そうとしたからです」（『任地概要』、I, p. 232）。

アステカ族においてもっとも博物館に似ているのはコアテオカルリ、すなわち諸神の神殿であった。とはいえその違いはすぐ分かることである。国内各地から集められた偶像は鑑賞という美学的態度を生み出すこともなければ、ましてや諸地域の住民間の差異についての相対論的な意識を生み出すこともないのである。ひとたびメヒコに入ってしまうとこれらの神々はメヒコの神々となり、そのあり方は、出自が異なっていようと、メヒコの神々のように純粋に宗教的であり続ける。動物園も諸神の神殿も、ヨーロッパに生まれつつあった博物館のような仕方で文化の差異を認知してはいないのである。

スペイン人の精神的宇宙のなかに他者のための席があるということは、彼らがつねに示しているコミュニケーションをもちたいという欲望によって象徴されている。モクテスマのためらいとは好対照である。コルテスの最初のメッセージとは、「われわれがはるかな海原を乗りこえ、かくも遠い国からやってきたのは、ただひたすら王にお会いし、自らお話し申し上げるためなのだから、もしわれわれがこのまま引き返したりすれば、われらが主君にして偉大なる王はわれわれの行動にご賛同下さることはできますまい」（ベルナール・ディアス、39）。「司令官は、私たちに同行している通訳をとおして、この国の秘密を知って、両陛下にそのことにかんする真実の報告が書けるようになるまでは、いかなることがあってもこの国から出て行くことはありえないと彼らに伝えた」（コルテス、《第一報告書翰》）。異国の王の存在は、火山と同様コルテスの認識への欲望をいやが上にも燃え上がらせ、あたかも彼の唯一の目的とは一つの物語を作り上げることであるかのように行動する。

　相互作用の過程でこのように能動的な役割を引き受けること自体が、スペイン人の圧倒的優位を保証しているといえるかもしれない。この状況のなかで作用するのはスペインだけである。アステカ人は現状《スタチュクオ》を維持しようとするだけであり、〔作用にたいし〕反作用することにとどまっている。大海を渡ってインディオに会いにきたのがスペイン人で、その逆ではないことがすでにこの出会いの結果を予告しているのだ。〔中央アメリカに位置する〕アステカ族は北アメリカや南アメリカに、自己の領土をそれ以上に拡張することはなかった。中央アメリカにかぎった場合でも、驚くべきことは、アステカ族だけがコミュニケーションをもとうとも生活を変えようともしていないのである（この二つはしばしば混同される）。このことは彼らの過去と伝統にたいし価値を付加する心情と切っても切れない関係にある。それにたいし、支配下あるいは従属下に置かれた種族ははるかに積極的に相互作用に参加し、葛藤のなかで自分たちの優位を確立している。たとえばトラスカーラ族はスペイン人と同盟関係を結び、多くの点で、征服後のつぎの世紀にはこの国の事実上の支配者となるのである。

つぎに言説と象徴の産出の方に目を向けてみよう。コルテスはまず第一に、自分の身振りを他者――インディオ――がどのように解釈するかにつねに関心を示している。彼は自分の部隊から出た掠奪者をきびしく罰するが、それはその者たちが取ってはならないものを取るだけでなく、彼ら自身の好ましからざる印象をあたえるからである。「港から住民が姿を消してしまったことや、アルバラードが隣の村まで行ってどのようにして鶏、偶像の一部であった装飾品その他つまらぬもの、なかば銅まじりの黄金などを手に入れたかを知ると、彼は烈火のごとく怒り、ペドロ・デ・アルバラードをきびしく叱責し、そのようにして彼らの財産を奪ったりすれば、征服地に平和をもたらすことなどできるものではないといった。（中略）彼は金や装飾品、その他残りをすべて返させた。鶏については、すでに食べてしまったので、かわりにガラス玉と小さな鈴、それに一人一人にカスティーリャのシャツを贈るよう命じた」（ベルナール・ディアス、25）。あるいはもっとあとになってから、「シウダド・ロドリゴ出身のモラという名の兵士がこの村のインディオの家から二羽の鶏を盗んだ。そのことを知ったコルテスは、彼の目の前でしかも同盟国においてあえてなされたこの行為に烈火のごとく怒り、即座にその者を絞首刑に処した」（ベルナール・ディアス、51）。この見せしめ的な行為の理由とはまさしく、インディオが受け取る情報をコルテスが操作しようとしていることにある。「自分たちの貪欲さがあらわれることを避け、また自分たちがここにきた唯一の理由が黄金探しであるという考えを追い払うために、だれもが金《きん》とはなにかを知らないふりをしなければならなかった」（ゴマラ、25）。さらに村々では、「コルテスは、何人といえども食糧以外のものには一切手を触れてはならない、違反者は死刑をもって処す旨を触れ回り役人を通じて知らせた――これはインディオにたいして彼の評判を高め、善意を印象づけるためであった」（ゴマラ、29）。〈あらわれ〉、〈評判〉といった見せかけを意味する語彙がその役割を演じはじめていることに気づかれよう。

コルテスがインディオに発するメッセージはどうかというと、これもまた完璧に首尾一貫した戦術にしたがっている。コルテスがまず欲したのは、インディオが受け取る情報は彼が相手に送った情報そのものであることなのだ。それゆえ彼はきわめて慎重に自分の言葉で真実を練り上げる。そのこともあって、スパイにたいしては情け容赦もない。彼に捕らえられたスパイは両手を切断される。はじめインディオはスペイン人の馬が死ぬものなのかどうかはっきり分からなかった。彼らをいつまでもこのような状態にしておこうとして、コルテスは死んだ馬の屍骸は戦闘があったその夜ひそかに埋めさせることにしている。彼はその他にも、彼の本当の情報源を隠し、彼のもっている情報が人間との交換からではなく、超自然との交換からえたのだと信じさせるためにさまざまの戦術を駆使している。密告について彼はつぎのように語っている。「彼らは私がだれから彼らの陰謀のことを聞いたのか知りませんでしたので、私が魔法のようなものをつかって知ったのだと思い込んでいました。彼らは私の目から逃れうるものはなにもないと考えています。とくにカゴアテスパンへの航路を見つけたときなど、航路を確認するために海図と羅針盤を私が取り出すのを彼らは何度も目にしていましたので、私が彼らの秘密を知ることができたのはこのようにしてなのだ、と何人ものスペイン人をつかまえては説明していました。彼らのうちの数人が私に彼らの善意を分かってもらいたくて、わざわざ私のところにきて、自分たちに敵意がないことを確認するために虫眼鏡と地図を見てくれと頼みました。それ以外のこともすべてそれを使えば分かるというわけです。彼らが羅針盤と海図を使ってどんなことでも知ることができると信じているのを、私はあえて訂正もいたしませんでした」（コルテス、《第五報告書翰》）。

モクテスマは矛盾した行動を取ったが（スペイン人を喜んで迎えるべきか否か）、それはこのアステカ皇帝が陥った決定不能の状態のあらわれであった。そのために敵に乗ぜられることになった。コルテスの行動もまたうわべはしばしば矛盾している。だがこの矛盾は計算ずくであり、彼のメッセージを混乱させ、対話者を煙にまくことを目的として（そして結果として）いる。コルテスがメヒコに向かう途中に起こったある出来事がこのことを端的に示している。彼はセンポアラにいる。アステカの軛を脱するためスペインの司令官の援助を期待している〈太った領主〉に迎えられたのだ。折しも、モクテスマの五名の使者が徴税のため到着する。彼らはスペイン人が手厚いもてなしを受けている様子を見て激怒する。太った領主はコルテスのところに戻ってきて、どうしたらいいかを訊ねる。コルテスは収税吏を逮捕しろという。ことはそのとおりに運ぶ。ところがセンポアラの人々が捕虜を生贄にしようといい出したとき、コルテスは反対し、さらに自分の部下の兵士を牢番に加える。夜になると彼は部下に、できるなら一番頭のよさそうな捕虜を二名だけこっそり連れてくるように命ずる。捕虜がくると、自分はなにも知らなかったような顔をして、彼らが牢につながれていることに驚き、逃してやるという。逃亡を助けるため、彼は自分の船でセンポアラの領土外まで彼らを連れて行きさえしている。自由の身になると、二人はモクテスマのもとに行き、コルテスの世話になったことを報告する。翌朝、センポアラの人々はその逃亡を発見し、せめて残った三名の捕虜だけでも生贄にしようとする。そこでコルテスは反対する。彼はセンポアラ人の牢番の怠慢に怒り、その三名を彼自身の船に保護するといい出す。太った領主とその仲間は同意する。だが彼らはこの反逆がすでにモクテスマに知らされたであろうと思い、コルテスへの忠誠を誓い、コルテスがアステカ皇帝と戦う際には力を貸すことを約束する。「書記ディエゴ・ゴドイの前で、センポアラの人々が陛下にたいする忠誠を誓ったのはそのときであった。そしてこの地方のほぼすべての村々にこの出来事を知らしめた。第一、もう貢物を納める必要もなく、収税吏の姿を見ることもなくなったので、暴政をまぬがれたと考え、喜びを禁じえなかったのだ」(ベルナール・ディアス、47)。

コルテスの策謀はセンポアラ人とモクテスマの二つに向けられている。前者との関係は比較的簡単である。コルテスはあと戻りできないような形で彼らを自分の味方につけるのである。スペイン王が純粋に抽象的存在であり、さし当たって税金など要求していないのにたいし、アステカの収税吏は身近にいて、年貢もかなり重い。これはセンポアラ人が決断するのに十分な理由なのである。モクテスマの場合はもっと錯綜した状況となっている。モクテスマは、一方でスペイン人がいたおかげで自分の使者がひどい目に遭わされたが、他方ではその同じスペイン人のおかげで無事だったことを知っている。コルテスは敵であると同時に味方としてあらわれる。このことがコルテスに敵対するモクテスマのあらゆる行動を不可能にするか、あるいはいずれにせよ理由の立たないものにしてしまう。こうしたやり口で、モクテスマが自分を罰することができないようにしておいて、コルテスはモクテスマの権力と並んで自分の権力を押しつけるのである。モクテスマがこの話の前半しか知らなかったときには、「彼の最強軍団ともっとも勇敢な隊長たちを引き連れて、われわれを攻撃する準備を整えていた。」後半を知ると「彼の怒りは萎え、われわれについてなにか情報をつかんで、こちらの意図を探ろうという考えに変わった」(ベルナール・ディアス、48)。コルテスの多義的なメッセージの結果、モクテスマはもはやどのように考えればよいのか分からなくなり、情報収集をはじめなければならなくなる。

コルテスが第一に配慮したことは、自分の方が弱体であるときには、相手に自分が強大であると思わせ、真相をひた隠しにすることである。この配慮は絶えずなされている。「私たちはそこをとおって進むと宣言していたてまえ、しり込みしたりすると私に勇気がないと思われかねませんので、ぜひともそのとおりにした方がよいと考えました」(《第二報告書翰》)。「私としては、原住民、とくに私たちの味方の者たちにあまり勇気がないところを見せると、やすやすと私たちから離反してしまうと思いました。そして、運命の女神はいつも勇気ある者に微笑むことを思い出しました」(同書)。「それは私たちの進路ではありませんでしたが、彼らをひどい目に遭わせずにとおり過ぎたりするのは臆病千万であると思われました。それに、私たちの味方になっている者たちが、私たちが怖がってそうできないのだと思っても困りますから」云々(《第三報告書翰》)。

概して、コルテスは見掛けに敏感な人である。彼が遠征隊長に任命されたとき、彼が最初におこなった出費は威厳ある衣服を買うことである。「彼はいままでになく身なりに気を配り、おしゃれをしはじめた。帽子に羽根飾りをつけ、金《きん》のロケットを身につけたが、それはたいそう彼に似合っていた」(ベルナール・ディアス、20)。だがアステカの隊長たちとちがって、戦場ではすべての勲章を身につけることはなかったと思われる。彼はまたモクテスマの使者たちと会談をおこなう際は、仰々しい式典をかならず催している。これは熱帯のジャングルのなかではかなり滑稽であったにちがいないが、それなりの効果は上げた。

コルテスは弁舌さわやかだという世評をえている。気が向くと詩を書いたりすることが知られているが、実際、カルロス五世にあてた報告書はすばらしい文章の才を証明している。記録者は、部下の兵士たちを相手にしたり、通訳をとおして領主たちに話しかけたりする彼の仕事ぶりをしばしば描いている。「時折、総司令官はわれわれに向かってすばらしい演説をしたが、それを聞いているとわれわれ一人一人が伯爵か公爵となり、貴族になるような気になったものだった。このようにして彼はわれわれを子羊からライオンに変え、そしてわれわれは強大な軍勢にたいして恐怖もためらいもなく立ち向かうことになった」（フランシスコ・デ・アギラール。ライオンと子羊の比較についてはあとで検討することにしよう）。「彼はもともと愛想のよい人だったが、その巧みな話術によって人気を博した」（ベルナール・ディアス、20）。「コルテスは巧みな言葉で領主たちの関心を捉えることができた」（同書、36）。「コルテスは、彼とドニャ・マリーナがひじょうにうまく使いこなせる親しみのこもった言葉で彼らを慰めた」（同書、86）。彼の不倶戴天の敵ラス・カサスでさえ、人間とのコミュニケーションにおける彼の完璧なまでの闊達さを強調している。ラス・カサスはコルテスを「だれにでも話しかけるすべを心得た」、「はつらつとした才気と社交術」を備えた人として描いている（『インディアス史』、III、114および115）。

これとまったく同様に、コルテスは自分の部隊の評判を気にかけて、進んでよい評判を作るために努力している。モクテスマとコルテスが、メヒコの、とある神殿の一一四段の階段の頂上に登ったとき、アステカ皇帝は一息入れるよう彼に促す。「コルテスは連れてきた通訳を介して、われわれのうち自分もふくめてだれ一人として、いかなる理由にせよ疲れたりはしないと答えた」（ベルナール・ディアス、92）。ゴマラは、コルテスが部下にたいしておこなった演説という形でこのような行動の秘密を明らかにしている。「戦果はわれわれの評判に大きく左右される」（114）。彼がはじめてメヒコに入城したときインディオ同盟軍の随行を断っているのも、これが敵意の記号として解釈される可能性があるからである。逆にメヒコ陥落後、遠い地方の首長からの使者を迎えるときには、彼の全権力を見せびらかす。「私たちの強さを見せつけ、彼らの主君に報告させようと、私は全騎兵を広場に集めました。騎兵は彼らの前を馳せ回り、小競り合いを演じて見せました。歩兵隊は戦闘隊列を組み、それとともに火縄銃兵は銃を発射し、同時に私は一つの塔を目がけて大砲を発砲させました」《第三報告書翰》。そして、彼の好んだ戦術とは――弱いときには強いと思わせている以上――まさに強いときには弱いふりをすることでなければならない。アステカの軍隊を待ち伏せ、壊滅的な打撃をあたえようというのである。

遠征の全体を見渡したとき、コルテスの劇的な行動への好みがはっきりあらわれている。こうした行動がもつ象徴的な価値を十分に意識しているのである。たとえば、インディオとの緒戦に勝利すること、祭司たちがはじめて論戦を挑んだときは、彼の不死身を見せつけるために偶像を破壊すること、ベルガンティン船とインディオのカヌーが対決するときは一回の戦いでけりをつけること、彼の申し出がいかに強いものかを示すため首都にある宮殿に火を放つこと、だれもが彼を見ることができるように神殿の上部に登ること、こうしたことが絶対不可欠なのだ。処罰することはまれであったが、罰するときは見せしめになるようなやり方を取るので、それはみなの知るところとなった。パヌーコ地方で起こった反乱を鎮圧した後、彼がおこなった猛烈な弾圧はその一例である。彼の狙いはこの情報が国中に広まることである点に注目すべきである。「コルテスはこれら（六〇人の）領主たち一人一人に後継者を連れてくるよう命じる。命令は実行された。そこで領主たちは全員、うずたかく積み上げられた薪の上で焼き殺される。彼らの後継者たちはこの処刑に立ち会うのである。つぎにコルテスは後継者たちを呼び寄せ、殺人者である彼らの親たちに下された判決がどのように執行されたか分かるかと訊ねる。それから、きびしい態度を取って、見せしめは十分であろう、お前たちは二度と不服従の嫌疑を受けないよう希望するといいそえる」（ピエトロ・マルティレ、VIII，2）。

コルテスにあっては武器の使用自体が実用的効果よりも象徴的効果を狙っている。投石機を作らせてみるが、使いものにならない。だが大したことではない。「たとえそれが彼らを威嚇する役にしか立たなかったとしても、まさしくこの場合がそうでしたが、この威嚇だけでも敵を屈服させることができるとわれわれは考えました。それで十分でした」(コルテス、《第三報告書翰》)。遠征をはじめたばかりのころでさえ、彼は騎馬と大砲を使って本物の〈音と光〉の大仕掛けなショーを催している(この時期には馬と大砲はそれ以外に使いようがなかった)。彼の演出手腕は実に見事である。ある場所に牝馬を隠しておき、その前に招待したインディオと牡馬を連れてくる。牡馬の突然のいななきに、これまで一度も馬を見たことがないこの人たちはびっくり仰天する。落ち着きを取り戻すころ合いを見計らって、コルテスはまたしても間近から大砲を発射させる。コルテスがこの種の計略を思いついたわけではないが、このように筋道だった仕方で実行したのは、おそらく彼がはじめてであろう。他の例をあげれば、まず招待客を硬い地面のところに連れてくる。馬がギャロップではやく走れるようにである。そうしておいてまた空砲を撃たせている。アステカ族の物語によれば、こうした演出はことごとくその目的を達成していた。「この瞬間、密使たちは目を回し、気絶してしまった。彼らはどれもこれもぐったりとし、崩れるように倒れ、すっかり正気を失ってしまったのである」(CF, XII, 5)。このような手品がひじょうに効を奏した結果、数年後ある善良な神父は隠やかな調子でつぎのように書くことができた。「これらの人々は私たちを十分に信頼しております。もう奇跡は必要ありません」(フランチェスコ・デ・ボローニャ)。

こうしたコルテスの態度はほとんど同時代人であるマキャヴェリの教育をいやおうなく思わせる。もちろんこれは直接的な影響が問題なのではなく、むしろマキャヴェリが書物で、コルテスが行為によってあらわした時代精神が問題である。それに、コルテスが自らの模範としたと思われる〈カトリック〉王フェルナンドは、〈新しい君主〉のモデルとしてマキャヴェリが引用しているのである。評判と見せかけとを新たな価値体系の頂点に格上げするマキャヴェリの教訓と、コルテスの戦略との類似性は明白である。

「したがって、君主は上に列挙したすべての資質をそなえている必要はないが、そなえているように見せることは必要である。あえていえば、たとえ君主がそれらの資質をそなえているとして、いつまでも保持しているとすれば、それは害となるのだが、そなえているような振りをすれば、有益である」(『君主論』、18)。もっと一般的にいえば、マキャヴェリとコルテスの世界では、言説は伝統との一致や叙述の対象によって決定されるのではなく、もっぱらそれが到達しようとする目標に応じてのみ編み出されるのである。

コルテスが他者の言葉を理解し話すという点で有能であることを裏づける最大の証拠は、私たちが知っているかぎりでは、彼がケツァルコアトル神の再来神話の仕上げに一枚加わっているところにある。スペインの征服者たちが都合のいいようにインディオの神話を利用したのはこれが最初ではない。ピエトロ・マルティレは現在のバハマ諸島の住民、ルカージョ人追放にまつわる哀れな話を書きとめている。彼らは死後、自分たちの霊は約束の地である楽園に飛んで行き、そこであらゆる喜びをあたえられると信じている。労働力が不足し、働こうとする者も見つけられなかったスペイン人は即座にこの神話に飛びつき、自分たちに有利なようにこの神話を仕上げてしまう。「贖罪の後、魂は北の凍てついた山々を越え南の土地へ行くという島民の素朴な信仰を知ったスペイン人はただちに、生まれ故郷を捨て、キューバ島やエスパニョーラ島という南の島に自分たちと一緒に行かないかと彼らを説得にかかった。そして、スペイン人がいた国では、島民は死別した両親や子供たち、あらゆる親類縁者や友人たちと再会し、愛していた者たちの抱擁のなかで無上のあらゆる喜びを受けることができると、彼らに信じ込ませてしまった。原住民の祭司たちがこの偽りの信仰を島民の心に根づかせていた上に、スペイン人もそれを保証したので、島民は故郷を捨て、この虚しい希望を求めて立ち去った。両親や会いたいと思っていた死んだ人たちに会えるどころか、反対にいままでしたこともない重い労務に服し、過酷な労働をするよう強制され、騙されたと分かったとき彼らは絶望に陥った。ある者は自殺し、またある者は餓死する決心をし、なにか食べるようにどれほど説得しても、強引に食べさせようとしてもいうことを聞かず、衰弱して死んでいった。(中略)かくして不運なルカージョ族は滅亡したのである」(ピエトロ・マルティレ、Ⅶ、4)。

メキシコのケツァルコアトルの再来物語はもっと錯綜していて、その結果ははるかに重大である。要約すれば話はつぎのとおりである。征服以前のインディオの物語によれば、ケツァルコアトルは歴史上の人物(国家元首)であるとともに伝説上の人物(神)である。あるとき彼は王国を離れざるをえなくなり、東の方(大西洋の方)に向かって出発する。彼は姿を消すが、この神話のいくつかの異本によれば、いつの日か帰ってきて、自分のものを取り戻すと約束(あるいは脅迫)する。ここで注意しておきたいのは、救世主の回帰という思想はメキシコの神話のなかで中心的役割を演じているわけではないこと、ケツァルコアトルは他の神々と変わらぬ一つの神にすぎず、特別な位置を占めてはいないということ(とくにメヒコの住民の場合がそうである。彼らはそれをチョルーラ人の神と見なしている)、さらには、いくつかの物語がその回帰を約束しているだけで、それにたいし他の物語は彼が姿を消す描写で終わっていることである。

さて、インディオ側の征服物語、とくにサアグンとドゥランが採集したものによれば、モクテスマはコルテスを王国を取り戻しに帰ってきたケツァルコアトルだと見なした。この同一視が、スペイン軍の進撃を前にしながら彼が抵抗しなかった主たる理由の一つであろう。これらの物語の信憑性には疑問の余地がない。このような物語は、この二人の修道士への情報提供者たちが信じるがままを語っているからである。ケツァルコアトルとコルテスが同一であるという考えは、ケツァルコアトルを祭る祭祀に必要なものの生産が突如再開されたことでも分かるように、征服直後の数年間は確かに存在したのである。ところで、この同じ神話の二つの状態の間には明らかな断絶がある。古い物語ではケツァルコアトルの役割は二次的であり、彼の回帰は定かではない。新しい方では彼の役割は中心的であり、回帰は絶対的に約束されている。ある力が神話の変形を促すために介入したのである。

　この力にはコルテスという一つの名前がついている。彼が多数のデータの総合をおこなったのである。スペイン人とインディオとの根本的な差異、アステカ族の他の文明にたいする相対的な無知が、すでに見たように、スペイン人は神であるという考えを生み出した。だがどのような神か。まさにこの点において、コルテスはケツァルコアトルの回帰という、いささか周辺的ではあるが完全に〈他者の言語〉に属している神話との関係を確立することによって、この失われた環《ミッシング・リング》を提供しなければならなかったのである。サアグンとドウランの作品に見られる物語では、コルテスとケツァルコアトルの同一化はモクテスマ自身の心のなかに生み出されたものとして示されている。だがこの主張が証明できるのは、征服後のインディオにとってそれは真実らしいという程度にすぎない。ところで、インディオ的な神話を作ろうとしたコルテスが、その計算の根拠に置かなければならなかったのがこのことなのである。これについては、もっと直接的な証拠がある。

　それは、この神話の存在の決め手となった最初の重大な資料がコルテス自身の報告書翰だということである。皇帝カルロス五世に宛てたこれら報告書はただ資料的価値だけをもつのではない。すでに見たように、コルテスにとって、言葉は世界の忠実な反映である前に他者を操作する手段であり、しかも皇帝との関係では、実現すべき目標が多すぎて、客観性をいちいち考慮していることができない。にもかかわらず、たとえばモクテスマとの最初の会見について物語る際にこの神話に言及していることは、ひじょうに示唆的である。モクテスマはスペイン人の客と身内の貴族に向かってつぎのように宣言したらしい。「あなたがおられたという地、つまり太陽の昇る地におられたということ、またあなたを当地に派遣なさった大君主、つまり国王についてあなたがおっしゃることを聞いておりますと、その方こそきっと私たちの本来の主君であることを信じて、確信しております。とくに、私たちをかねてより知っておられると承りましたのですから。」それにたいしてコルテスは、「私にとって適切なことであると思われること、とくに、陛下こそ彼らの待ち望んでいるそのお方であると思い込ませる」（コルテス、《第二報告書翰》）ような返事をするのである。

コルテスが自分自身の言説の特徴をいうのに、〈適切な《コンヴナブル》〉という修辞学の根本概念をふたたび見出していることは重要である。つまり、言説はその目的によって決定されるのであって、対象によってではないのだ。だがコルテスには、カルロス五世が本人も知らないケツァルコアトルの再来だなどと説得する気は毛頭ない。この点については彼の報告は本当のことをいわなければならない。ところで、報告されている事実のなかに二度にわたって彼の介入がある。モクテスマが最初から抱いた確信（あるいは推測）がすでにコルテスの言葉の結果であり（《あなたがおっしゃることを聞いておりますと》）、とくにカルロス五世はずっと前からすでに彼らのことを知っているということになってしまう巧妙な論法の結果である（その証拠を作り出すことはコルテスにとって難しくはなかったはずである）。しかもコルテスは返事として二人の人物の同一性をはっきり断定し、モクテスマの不安を解消するとともに、漠然としたいい方をして、他者がそれなりに抱いた確信を裏打ちするにとどめるような態度を取るのである。

したがってコルテスのみが、ケツァルコアトルとスペイン人との同一化の張本人であると断定することはできないが、同一視を促すよう彼が全力を尽していることは間違いない。この伝説はまだいくつかの変形をこうむるが（カルロス五世の名が消えて、直接にコルテスがケツァルコアトルと同一視された）、コルテスの努力はみごとに実を結ぶ。彼の操作がどのレベルでも利益をもたらすからである。まず、コルテスはインディオにたいして正統的な王位継承権を誇ることができる。さらに彼は、インディオが自分たちの歴史を合理化できる手段を彼らに提供している。さもなければ彼の到来は合理性を欠いたものとなり、そうなれば抵抗は熾烈をきわめたものと思われる。たとえモクテスマがコルテスをケツァルコアトルと見なしていなくても（第一、彼はケツァルコアトルをそれほど恐れているわけではない）、物語を作成するインディオ、つまり集団的表象の作者たちはそう信じている。これがはかり知れない結果をもたらすのである。コルテスが古代アステカ帝国の支配を確固たるものにしたのは、まさに彼が人間の記号を思うがままに操作できたからである。

記録者がスペイン人であれインディオであれ、彼らが間違っていたり、嘘をついているとしても、彼らの作品は私たちにたいして多くのことを語り続ける。出来事について語る物語が偽りであることもふくめて、それらの作品の一つ一つがおこなう意思表示《ジェスト》は私たちにたいしその作者のイデオロギーを明らかにするのである。インディオの記号学《セミオティック》的行動が、彼らの間での民主主義の原理にたいする階級支配の原理の優位、個人にたいする社会の支配といかに密接につながっているかはすでに見たが、征服の物語そのものをインディオ側とスペイン側とで比較しても、同じようにいちじるしく異なった二つのイデオロギーのタイプの間の対立が見られる。数あるうちから二つの例を取り上げよう。一つはベルナール・ディアスの記録、もう一つの例はサアグンによって収集された『フィレンツェの絵文書』である。これらは資料的価値の点では大差はない。いずれにも真実と誤謬が入り混じっている。美学的な質のちがいもない。どちらも感動的であり、衝撃的ですらある。だがそれらは同じようには作られていない。『フィレンツェの絵文書』の物語は部族によって語られた部族の歴史である。ベルナール・ディアスの記録は一人の人間によって語られたいく人かの人々の歴史である。

『フィレンツェの絵文書』には個人の識別がないというのではない。主君はいうにおよばず、主君の近親者、多くの勇敢な戦士が名指しで描かれている。個々の戦闘について語っては、それがおこなわれた場所がどこであるかもきわめて正確にのべている。しかしながら、これらの個々人は決して〈登場人物《ペルソナージュ》〉にはならない。というのは、彼らは彼らの行為の責任をとり、彼らをたがいに異なったものとするはずの個人的心理をもたないのである。事件の展開を支配するのは宿命であり、いかなるときにも、事態は別なふうに展開したかもしれないなどと感じることはない。このような個々人がどれほど集まり融合しても、アステカ社会を形成することはない。反対に、最初の所与であり、物語の主人公であるのはアステカ社会である。個人はその下部構造《アンスタンス》の部分的なあらわれでしかない。

ベルナール・ディアスの方はある人々の歴史を物語る。コルテスだけでなく、名前を挙げられている人はみな、肉体的精神的に個人としての特徴をそなえている。彼らはそれぞれ長所と欠点の混合物であり、その行為を予見することは不可能である。つまり、各個人が一般法則では予知できない行動の起点となることができる以上、私たちは必然性の世界から恣意性の世界に移行したのである。この意味で、ベルナール・ディアスの記録はたんに（彼が目にしたこともなかった）インディオの物語に対立するばかりでなく、ゴマラの記録とも対立する。もっとも、ゴマラの記録——それに反論しようという気持があったわけだが——がなければベルナール・ディアスはおそらく書いたりはしなかったであろうし、何度もしていたと思われるように、自分だけの歴史を話して聞かせることで満足していたであろう。ゴマラは何もかもコルテスのイメージに従属させている。その結果コルテスはもはや一個人ではなく、理想的な人物となっている。一方、ベルナール・ディアスは主役たちの複数性と差異は当然のこととして主張する。もし私が画家ならば、と彼はいっている。「戦いに出撃する一人一人の様子を絵で描くこともできるだろうが」(206)。

彼の物語がどれほど〈無用な〉(というより、不可避の運命によって押しつけられていないという意味で必然性を欠いた) 細々としたもので満ちあふれているかはすでに見たとおりである。アギラールが腰紐にサンダルをぶらさげていたなどと、なぜ書かなければならないのか。彼の目にはこの情景の特異性が、この男のアイデンティティを作り上げるからである。実をいえば、『フィレンツェの絵文書』のなかにも同じ種類のいくつかの細々としたことが見出される。スペイン人のみだらな視線を避けるため頬に泥を塗ったインディオの美女たち、死体の匂いをかぐまいと鼻にハンカチを当てなければならないスペイン人、コルテスの前に出頭したときのクワウテモクのほこりまみれの服。だがこれらはすべて、あたかも帝国の崩壊がインディオの文体にたいするヨーロッパ的な語りの様式の勝利をもたらしたかのように、メヒコ陥落後の巻末の章にあらわれているのだ。征服後の世界では、行為も、それについての語り口も混血である。

『フィレンツェの絵文書』では、だれが語っているのか決して分からない。というよりも、そこで問題となっているのは個人の物語ではなく、集団がなにを考えているかであることが分かる。私たちがこれらの物語の著者の名前を知らないのは偶然ではない。これはサアグンの怠慢のせいではなく、情報の非関与《ノンペルティ》性《ナンス》の結果である。物語は同時に起こったいくつかの出来事、あるいはたがいに遠くへだたった場所で起こったいくつかの出来事を報告することができる。だが物語はこれらの情報源を私たちに教えようとは決してしないし、どのようにしてそれを知ったのかを説明することもない。これらの情報は源をもたない。というのは、それはすべての人のものだからであり、まさしくこのことが情報を確実なものにしているのである。もし情報が個人的なところに発しているならば、反対に疑わしく思われることになるだろう。

逆に、ベルナール・ディアスは情報源に個性的な色合いをつけることによって、情報そのものを正当化

図6　アルバラードによるメヒコ神殿での虐殺

する。ここでもゴマラとちがって、彼が書こうとする気を起こしたとしても、それは彼が万人に共通の真理を上手に表現することができる立派な歴史家だと自分を考えているからではない。彼のたどった風変わりで並みはずれた経歴が、記録者としての彼を特徴づけているのだ。他ならぬ彼が現場にいて、彼が事件を目撃した、だからこそいまや彼が書かなければならない。抒情的に高揚したまれな瞬間に、彼は声をはずませる。「もしわれわれが戦っているところにだれも居合わせなかったら、もしこの戦いを見たり理解したりする人がいなかったら、どうしてそれを語ることができよう。いったいだれがそれを口にするだろう。われわれが夢中になって戦っている間に空を飛んでいたあの鳥たちなのだろうか。それとも、われわれの頭上を流れていったあの雲なのだろうか。この仕事はむしろ、事件に巻き込まれたわれわれ隊長や兵士にまかせるべきではなかろうか」(212)。そして、自分が目撃することができなかった事件のさわりについて語るときはそのつど、だれから、どのようにしてその話を知ったのか明記する——なぜなら、この当時、征服者の間で証人の役割を果たしていたのは彼だけではないからである。「われわれはたがいにいつも連絡を取り合っていた」(206) と彼は書いている。

この表出様式の比較を絵画の次元でおこなうこともできる。インディオの絵に描かれた人物は内面的に個別化されていない。特定の人を指示する必要があるときには、その人を識別できる絵文字がその絵のそばにそえられる。直線的遠近法の観念、したがって個人的視点という考え方はまったく存在しない。事物対象はそれらの間にありうべき相互関係もなく、あたかもある人間がそれらを見ているかのようにでもなく、事物それ自体として表現される。平面図と断面図が自由に並置される。たとえばメヒコの神殿を描いている絵(図6参照)では、壁の一つ一つは正面から見られ、壁全体は地面の一部であるかのように描かれている。さらに人物は壁よりも大きい。アステカの彫刻は、土台の部分もふくめて全体に彫刻がほどこされている。たとえそのために重さが何トンになろうとかまいはしない。それは対象の見物人も製作者同様、ほとんど個人的な視点をもっていないからである。表象は本質をあたえるのであって、一人の人間の印象など眼中にない。個人的な唯一の視点に価値を付与しようという配慮から生まれたのではないが、ヨーロッパの直線的遠近法は、表象された対象物の個別性と切り離せなくなることによって、この個人的な視点の象徴となる。遠近法の導入を新大陸発見と征服に結びつけようとするのは無謀と思われるかもしれない。しかし関係はあるのだ。コロンに霊感をあたえたトスカネリが、遠近法の創始者ブルネレスキとアルベルティの友人であったからではない(あるいは遠近法のもう一人の先駆者ピエロ・デルラ・フランチェスカが一四九二年一〇月一二日に死んだからではない)。いずれにせよ、そのようなことがあったという事実が示している意識の変化、さらにそのような事実が引き金になって起こる意識の変化によって関係するのである。

コルテスの記号学的行動は彼の時代と場所に見事に合致している。本来、言語活動は一義的な道具ではない。それは他者を操作するとともに、共同体の内部へ統合する働きをしている。だがモクテスマは後者の機能に特権をあたえ、コルテスは前者を特別あつかいする。このような相違について最後の例をあげよう。それは自国語にあたえられた役割のちがいである。アステカ族あるいはマヤ族はすでに見たように象徴界を支配することに尊敬の念を抱いていたが、共通語の政治的な重要性を理解したようには見えない。その結果、言語の多様性がよそ者とのコミュニケーションをむずかしくしている。「多くの町では二、三の異なった言葉を話している。そしてちがう言葉を話すグループの間には、接触も親密なつき合いもまったくといってよいほどない」(9)とソリタは書いている。言語がなによりもまず、それを話すグループに固有の一貫性を指示したり、表現したりする手段であるところでは、他者にその言語を押しつける必要はない。言語そのものが、他者にたいして働きかけるための具体的な道具として考えられるよりも、人間と神々および世界との交換によって限定された空間のなかに位置づけられたままになっているのだ。

したがって、スペイン語化する以前に、ナワトル語をメキシコ原住民の国語として確立するのはスペイン人である。スペイン語教育だけでなく現地語研究に身を投ずるのは、フランシスコ会とドミニコ会の修道士である。このような行為はそれ自体長い年月をかけて準備されている。そして一四九二年はアラブ人にたいする勝利、ユダヤ人の追放、新大陸の発見という驚くべき一致をすでに経験していたが、近代ヨーロッパ語の最初の文法書が出版される年でもある。アントニオ・デ・ネブリーハのスペイン語文典〔『カスティーリャ語文典』〕である。そこに見られる言語認識、この場合には理論的な認識であるが、それは、もはや言語の実用的な使用価値に対する尊敬ではなくて、それを分析し、自覚するという新しい態度を示している。ネブリーハはその序文につぎのような決定的な言葉を書き残した。「言語はつねに帝国の伴侶であった。」

# Ⅲ 愛

# 1　理解、掠奪、殲滅

コルテスは眼前に突然姿をあらわしたアステカ社会を割合よく理解している。モクテスマがスペインという現実を理解している以上に理解していることは確かである。とはいえ、この高度な理解も征服者のメキシコの文明と社会の破壊にたいする歯止めになるわけではない。それどころか、破壊が可能になるのはまさしくその理解のせいであるような気がするのだ。そこには、知ることが奪い取ることに導き、奪い取ることが絶滅に導く恐るべき連鎖がある。ここではこの連鎖の不可避的性格を問題にしてみたい。理解は共感とともに仲よく歩むはずではなかろうか。それに、掠奪の欲望、他者を犠牲にして富まんとする欲望は、富の潜在的資源として他者の保護に導くはずではなかろうか。

もし他者を理解する人のなかに、同時に他者にたいする完全に否定的な価値判断を見ることができれば、すなわち、もし認識上の目標達成が価値論的な拒否をともなっていれば、〈死をもたらす理解〉という逆説はたちまち逆説であることを止めてしまうだろう。想像できるのは、スペイン人はアステカ族を知りつくすと、彼らをどうしようもなく下らないと思い、彼らも彼らの文明も生きのびるに値しないとはっきり断を下したのだということである。ところが征服者が書いたものを読んでみると、それはまったくの誤解で、アステカ人は少なくともいくつかの面で、スペイン人の感嘆を誘っていることが分かるのである。あのコルテスがメヒコのインディオについて意見をのべるときは、いつも彼らをスペイン人自身に近づけるためである。そこには文章上の配慮とか物語の手段以上のものがある。「陛下には以前に記しました手紙で、この国の原住民は島々の住民よりはるかに知能にすぐれ、彼らの理解力と理性はふつうの市民として生きて行くのに十分通用するように思われたことをご報告いたしました」(《第三報告書翰》)。「この人々の振舞いや交流を見ておりますと、スペイン人の生活様式とほとんど変わるところがありません。スペインと同じように秩序と調和があります。彼らが未開人であり、神をまったく知らず、他の分別ある国民となんの接触もないことを考えますと、彼らがすべてにおいていかに高いレベルに到達しているかを見て感嘆を禁じえません」(《第二報告書翰》)。コルテスにとって、文化の水準の高さは他の文明との交流によって説明されることに注目したい。

メキシコ人の町はスペイン人の町と同じように文明化しているとコルテスは考えているが、それについてつぎのようないっぷう変わった証拠を挙げている。「多くの貧しい者がいます。彼らは街頭、家、市場で、豊かな者に物乞いをしていますが、それはスペインやその他分別ある人たちがいる国で貧しい者たちがしているとおりです」(同書)。事実上これらの比較はメキシコ側に有利におこなわれているが、陛下に贈り物としてさし出す国の美点を吹聴したいコルテスの気持を考慮にいれても、その比較の詳しさには驚かざるをえない。「スペイン人たちは(中略)なかでも砦をめぐらした要塞基地について話してくれましたが、それはブルゴス城よりも大きく、もっと堅固で、はるかにすばらしい造りだったそうです」(同書)。「それはグラナダの絹織物の市場に似ておりますが、当地の方がなにもかもはるかに量が豊富だというちがいがあります」(同書)。「中心の塔はセビーリャの大聖堂の塔より高いほどです」(同書)。「ティノチティトランの市場は周囲に柱廊をめぐらした大きな広場ですが、サラマンカの広場よりはるかに大規模です」(《第三報告書翰》)。他の記録者はつぎのようにいっている。「たとえスペイン人がしたとしても、これほど見事にはできなかっただろう」(ディエゴ・ゴドイ)。要するに、「それについては、スペインには比較できるものがないという以外にいいようがありません」(コルテス、《第二報告書翰》)。このような比較はもちろん既知のものによって未知のものを把握しようとする欲求を示しているが、それにはまた、いくつかの価値を体系的、明示的に配分する作業もふくまれている。

アステカ族の風俗、少なくともその支配者層の風俗はスペイン人よりも洗練されている。コルテスはモクテスマの宮殿の加熱式料理皿について驚きを込めて書いている。「寒いので、料理が冷めないように、どの皿も椀も小さな火鉢に乗せて出されました」(《第二報告書翰》)。ベルナール・ディアスは便所について同じように書いている。「汚物を蓄えるために、すべての道路沿いに葦、わら、草で目隠しとなるものを作り、必要になったときには通行人から見られずにそこに入るのが習慣だった」(92)。

比較をスペイン一国にとどめておくことがどうしてできよう。コルテスは自分が目の当たりにしているものこそ、世界でもっとも驚嘆すべきものであると確信している。「この世で名だたる君主といえども、これほど上等なものをもっている方はいらっしゃいません」(《第二報告書翰》)。「世界中どこを探しても、これほど多彩でさまざまな天然の色で染められた、しかも見事に細工されたこのような衣裳を織ったり、作ったりできるところは見当たらないでしょう」(同書)。「神殿は木造の部分も石造の部分も見事に造営されており、どこへ行ってもこれほどのものは造りえないでしょう」(同書)。「金や銀で作られたものはひじょうに精巧に仕上げられており、これより上手に作れる金銀細工師は世界中どこを探してもおりません」(同書)。「この〔メヒコの〕都は世界でもっとも美しいものでした」(《第三報告書翰》)。また、ベルナール・ディアスの手になる唯一の比較は騎士道物語から引かれている(事実、騎士道物語は征服者の好んだ読み物だった)。「それは『アマディス』〔十四世紀に書かれたスペインの騎士道物語〕の魅惑の街並みに匹敵するとわれわれは口々にいいあった。潟湖の水中には、高い塔、神殿、ありとあらゆるがっしりした建物がそそり立ち、われわれが見ているのは夢ではないかとさえいい出す者がいた」(87)。

なんという有頂天ぶりだ。ところが、このあとにやってきたのはこれまた徹底的な破壊であった。ベルナール・ディアスははじめてメヒコを見たころのことを思い出しながら、憂鬱げに書いている。「いままでも思う、その光景を見たとき、われわれがいるこの国に匹敵しうる国がこの他にも世界のどこかに発見できるなどとはとうてい思えなかった、と。(中略)今日ではこの都のすべてが破壊され、もとの姿をとどめるものはなに一つない」(87)。これでは、なぞは解消するどころか、ますます深まる一方である。スペイン人はアステカ族をかなりよく理解していたばかりでなく、彼らに感嘆の念さえ抱いていたのだ。それなのにアステカ族を全滅させてしまった。なぜなのか。

コルテスが感嘆の念をあらわしている文章をもう一度読み返してみよう。そのなかにひときわ目を引くことがある。つまり、そうした文章はほとんど例外なく、家屋の建築法、商品、織物、宝石など、すべて事物《オブジェ》にかんするものだということである。アフリカやアジアに旅行する現代の旅行者が職人仕事の質のよさに感嘆はするものの、そのような品物を作り出す職人たちの生活に触れてみたいなどという考えは心をかすめもしないように、コルテスもアステカの生産品を前にして恍惚としてしまうほどなのに、それらを製作した人々を彼と同じレベルに置くべき個性的な人間であるとは認めないのだ。征服後のあるエピソードにはこのような彼の態度がよくあらわれている。征服の数年後スペインに帰国したコルテスは、彼の目から見てすばらしいと思われるあらゆる被征服国のものについての実に意味深長な見本市を開く。「彼はカスティーリャにはいない多数の鳥——一見に値する——、二頭の虎、楓《ふう》の大樽数個、固形バルサム、油のような別の液体バルサム、両足で棒をクルクル回す芸の名人のインディオ四名——カスティーリャだけ

図7　コルテスがカルロス5世の宮廷で演じさせたアステカのアクロバット芸人

でなくいかなる国でも見られない演技である——、その他にもまるで空中に浮かんでいるのではないかと思わせる巧みなポーズを取るインディオの踊り手などを集めた。彼は身体が化物のように折れ曲がったせむしで小人のインディオも三人連れてきた」（ベルナール・ディアス、194。図7参照）。これら軽業師や不具者がスペイン宮廷でも、つぎに訪問した教皇クレメンス七世の前でも喝采を博したことが知られている。

　コロンのときと比べて事態は少し変化している。覚えておられると思うが、コロンは一種の博物学者として、そのコレクションの完璧を期すためにインディオを捕まえたのであった。このコレクションのなかでインディオは植物や動物と同列に置かれた。しかも彼は数にしか関心をもたなかった。女六頭、男六頭である。この場合、他者はいうなれば客体《オブジェ》の地位に還元されていた。コルテスの視点はちがっている。だからといってインディオが言葉の完全な意味での主体《シュジェ》、つまり彼らを概念的に捉えている私に匹敵する主体になったのではない。コルテスの理解においてはインディオは中間的な地位を占めている。彼らはまさしく主体である。だが事物の生産者、職人、軽業師の役割に還元された主体であって、その腕前は感嘆の的ではあるが、この感嘆の念それ自体が彼らとコルテスとの間の距離を解消するどころか強調する。事実、彼らは相変わらず〈自然界の珍奇なもの〉の系列に数えられているのだ。コルテスが彼らの腕前をスペイン人のそれと比較するとき、たとえそれが寛大にも彼らに軍配を挙げるためであろうと、彼は自己中心的な視点を捨てたことはないし、まして捨てようなどとは夢にも思わなかった。スペイン皇帝はもっとも偉大であり、キリスト教の神がもっとも強いのは当然ではないか。だが、そのように考えるコルテスがスペイン人でありキリスト教徒であるのは偶然なのだろうか。このような次元においては、すなわち主体が生産する事物《オブジェ》とではなく、主体を主体として成り立たせるものと関係づけられた主体の次元では、インディオの優位性を認めることなど問題にならない。インディオの奴隷化について意見を求められたとき（カルロス五世宛の意見書のなかで彼は意見をのべている)、コルテスは一つの視点からしかこの問題を見ようとしない。すなわち、事業として採算が合うかどうかである。インディオの方がなにを望んでいるかなどということは問題にもならない(主体でない者が意志をもつはずがない)。「陛下の勅令の性格がいかなるものであれ、原住民がそれに服従しなければならないことは疑いありません。」これが彼の論理の出発点である。これを出発点に、つぎに彼は国王に最大の利益をもたらす服従形態を見出そうとする。コルテスがその遺言書のなかで、彼の遺産を受け取るべきすべての人についてどのように考えているかを知るのはかなり興味深い。彼の遺産の受取人は彼の家族、召使、修道院、施療院、学校であるが、インディオはまったく問題になっていないのである。インディオこそ彼の全財産を生みだした唯一の源泉だったのだが……。

コルテスはアステカ文明に興味を示しているが、同時にまったくの局外者であり続ける。彼だけではない。これは当時の教養ある多くの人の態度である。一五二〇年、アルブレヒト・デューラーはコルテスによって宮廷に送られたインディオ職人の作品を見て感嘆している。だがそれを模倣する気は露ほどもない。デューラーが描いたインディオの姿でさえヨーロッパスタイルからまったく出ていない。これらエキゾティックな品々はたちまちコレクションとしてしまい込まれ、ほこりをかぶる。〈インディオ芸術〉は一六世紀のヨーロッパ芸術になんの痕跡もとどめない(二〇世紀の〈黒人芸術〉の場合と対照的である)。このことは別のいい方をすれば、せいぜいのところ、スペインの著作家たちはインディオについて誉めそやしはするが、例外はあるもののインディオにたいして語りかけることは絶対にないということである。ところで、私が他者のうちに、主体である私自身と比較しうる資格をそなえた主体をかろうじて認めることができるのは、私が他者に話しかけることによってである(つまり、命令をあたえることによってではなく、他者と対話を交えることによってである)。したがって、いまや私たちはこの章のタイトルを構成している単語間の関係をつぎのように明確にすることができよう。もし理解することに加えて、主体としての他者を十分に認めることがなければ、その場合にはこの理解は搾取と〈掠奪〉の目的のために利用される恐れがあるということである。知は権力に従属するのである。しかし、まだ不透明な部分が残っている。二番目の関係である。掠奪することがなぜ殲滅することに導くのか。というのもまさしく殲滅の事実があるからだが、この問いに答えようとするには、その主たる要因をもう一度考えてみなければならない。

一六世紀におけるインディオの殲滅について考えるには、この問題の質、量両面にわたる検討が必要である。現代のような統計学がないために、殺されたインディオの数の問題は単純な思弁の対象となり、そのために答えは矛盾だらけであった。当時の著作家たちが数字を出していることは確かだが、一般的には、たとえばベルナール・ディアスやラス・カサスが〈一〇万〉あるいは〈一〇〇万〉といっていても、彼らには計算してみる可能性が本当にあったのかと首をひねってみるべきだし、もしこの数字が結局はなにかを意味しているとすれば、その意味とは〈多数〉という程度のきわめて不正確なものなのだ。だからラス・カサスが『インディアスの破壊についての簡潔な報告』のなかで、死んだインディオの数を計算して〈数百万〉という数字をはじき出してもまじめには受け取られなかった。しかしながら今日の歴史家が、スペイン人のおこなった人口調査をもとに、精緻な方法を駆使して、征服前夜の新大陸の人口をかなりの精度で算定し、五〇年から一〇〇年後の人口と比較できるようになってからは事態は一変してしまった。以来、このようにして出された数字に反対するまじめな議論はすっかり影をひそめてしまった。今日でもなおその数字を否定する議論があるとすれば、それが本当だとすればあまりにショッキングであるからにすぎない。事実、この数字はラス・カサスの正しさを証明している。彼の算定が信用できるからではない。彼の出した数字が、大きさとすれば今日確定されているものと同じレベルにあるからである。

細目にわたることを避け、だいたいの数字を挙げれば（こと人間の生命にかんする場合には、端数を切り捨てることはかならずしも適切ではないが）、西暦一五〇〇年における全世界の人口はおよそ四億、うち八〇〇〇万は新大陸の住人であると考えてもらいたい。一六世紀の半ば、この八〇〇〇万のうち残っているのは一〇〇〇万である。話をメキシコにかぎっても、征服前の人口は約二五〇〇万人、一六〇〇年には一〇〇万人である。

民族大虐殺《ジェノサイド》という語がかつてある事例に正確に適用されたことがあるとするなら、まさにこの場合である。これは新記録である。たんに相対的な意味ではなく（およそ九〇パーセント強の殲滅）、絶対的な意味での新記録である。なぜならここで問題にしているのは推定七〇〇〇万人と見られる人口の減少なのだ。二〇世紀のいかなる大虐殺もこの大殺戮に匹敵しない。この民族大虐殺にたいするスペイン人の責任を明確にし、スペイン人の評判を落としたこの〈黒い伝説〉を打ち消そうとした何人かの著作家の努力がいかに虚しいものであるかは分かろうというものである。たとえ伝説などなくても、暗黒は厳然としてあるのだ。だがスペイン人が他の植民地支配者より悪辣だというのではない。そのとき新大陸を占領していたのがたまたまスペイン人であり、他の植民地支配者は、前にも後にも、あれだけの人数を一度に滅ぼす機会に恵まれなかっただけのことである。同じ時期のイギリス人にしろフランス人にしろ、別のやり方を取っているわけではない。彼らの領土拡大が比較にならないほど小規模であり、したがって彼らがあたえた損害もまたその程度のものだったにすぎない。

だが民族大虐殺の責任を追及したり、あるいはそれについて語ったりすること自体、自然の大災害について語ること以上に意味があることだとはいえないかもしれない。スペイン人はこれら数千万のインディオの殺戮に直接手を下しはしなかったし、またそんなことは不可能だった。人口の減少がどのようにして起こったかを考えてみれば、それが三つの形態を取ったことが分かるが、スペイン人の責任の度合いは、その三つの形態のそれぞれに起因する死者の数に反比例するのである。

一、戦争または戦争以外の直接的殺人によるもの。数は大きいが、相対的には少数。〔スペイン人の〕直接責任あり。

二、虐待の結果によるもの。数はいっそう大きい。直接的責任はずっと少ない（ほとんどない）。

三、病気、〈細菌性ショック〉によるもの。人口の大部分。責任は分散し、間接的である。

最初の問題に戻り、質の面でインディオ絶滅を検討することにしよう。ここではスペイン人がいかなる点で、いかにして第二、第三の死の形態にたいして責任があるかを見ていきたい。

〈虐待〉として私がいいたいのは、とくにスペイン人によって強制された労働条件、なかでも鉱山における労働条件であるが、それだけではない。征服者－植民地支配者はぐずぐずしている暇はない。彼らはすぐに金持ちにならなければならない。だから、労働者の健康、つまり生命の保護などまったくおかまいなしに、耐えがたいほどの労働量《リズム》を要求する。当時の鉱山労働者の平均寿命は二五歳である。鉱山以外でも、むちゃくちゃな税金が同じ結果をもたらしている。初期の植民地支配者はそんなことは気にも止めない。というのは、そのころ征服はつぎつぎと凄いスピードでおこなわれていたので、ある地域の全住民が死んでもさほどの心配はないのだ。新たに征服した土地からいつでもかわりになる者を連れてくることができるからである。モトリニーアは「インディオに課された税金があまりにも重いために、支払いに窮した多くの町や村があった。町や村はそこに住む金貸しに、土地や貧しい人の子供を売った。しかしそれでも税金はつぎからつぎへと課せられるために、全財産を売り払ってさえなお足りず、町によっては住民が完全にいなくなったり、人口が激減したりした」（Ⅲ、4）ことを認めている。インディオの奴隷化も直接、間接に人口の極端な減少をもたらしている。メキシコ市の初代司教フワン・デ・スマラガは、暴君的征服者ニーニョ・デ・グスマンの行状をつぎのように描いている。「彼が統治を開始したとき、この地方には二万五〇〇〇人の帰順した友好的なインディオがいた。彼はそのうち一万人を奴隷として売った。残りの人たちは同じ運命を恐れて自分たちの村を捨てた。」

死亡率が増加する一方、新たな生活条件も出生率の減少をもたらしている。「彼らはもう自分の妻に近づこうとしません。奴隷を生まないためです」と同じスマラガは国王に書いている。またラス・カサスはつぎのように説明する。「このようにして夫と妻は八カ月も一〇カ月も、あるいは一年もの間、一緒になることも顔を合わせることもなかった。とうとうそのときがきて二人が再会しても、飢えと労働で疲労し衰弱し、どちらも負けず劣らず疲れ果てて弱っていたので、夫婦の交わりをもつ気などほとんど起こらなかった。こうして彼らは子供を作ることを止めてしまった。新生児は生まれるとすぐに死んだ。疲れ果て、飢えた母親には、赤子に飲ませる乳が出なかったのである。こうしたわけで、私がキューバにいる間に、三カ月間に七〇〇〇人の子供が死んだ。母親のうちには絶望のあまり自分の赤子を溺死させる者さえ出た。また他の母親は自分が妊娠していることを知ると、ある種の薬草を使って流産した。この薬草を使うと死産児が生まれるのである」(『インディアス史』, II, 13)。ラス・カサスはまた同書(III, 79)で、インディオの大義のためにおこなった彼の回心は、『集会の書』(三四章)のつぎの言葉を読んだことがきっかけとなったと語っている。「貧しき人々のパン、それは彼らの命である。それを奪うものは人殺しである。」これらすべての場合において問題になっているのは、まさに経済的な殺人であり、これについては植民地支配者が全責任を負っているのである。

病気の場合は事態はそれほどはっきりしない。疫病は新大陸で大量の死者を出したが、レベルはちがうが、その時代のヨーロッパ諸都市でも猛威をふるっていた。つまりスペイン人が意識的に病原菌をインディオに感染させたのではないことはもちろん、彼らはこの疫病と戦おうとさえしていた(一部の修道士たちの例に見られるように)。ただ十分に効果的な対策を見出せなかったのである。しかしながら今日はっきりしていることは、メキシコの人口が大きな疫病以外でも、栄養失調、他の流行病、伝統的な社会組織の崩壊の結果として減少していったことである。他方、この殺人的な疫病を純粋な自然現象と見なすことはできないという考え方もある。混血児フワン・バウティスタ・ポマールは、一五八三年ごろ書き上げた『テスココ報告』のなかで人口減少の原因を考察して、人口の減少の割合はおよそ九〇パーセントであるとかなり正確に算定している。これは確かに病気が原因だが、インディオは病気にたいしてはとくに抵抗力がなかった。労働で疲弊し、生きる気力を失っていたからである。その罪は「彼らの精神の苦しみと疲弊にある。なぜなら彼らは神からあたえられた自由を失い、スペイン人から奴隷以下のひどいあつかいを受けていたからだ。」

この説明が医学的に妥当か否かはさておき、はっきり分かっていることがある。それは、私がここでおこなおうとしているイデオロギーの表出の分析のためにはいっそう重要である。征服者の方は疫病を他ならぬ彼らの武器の一つと見ているのである。彼らは細菌戦争のなんたるかを知っているわけではないが、もし知ることができれば、意識的に病気を利用していたことは間違いない。だから、彼らが疫病の蔓延を傍観するだけで、それを抑えるためになんらの策も講じなかったことは察しがつく。インディオがハエのように死んでいくのは、神が征服者の味方である証拠なのだ。スペイン人はおそらく、自分たちにたいする神の好意を少しばかり過信していた。だが事態は彼らにとって万事好都合であった。

一五二三年にメキシコに上陸したフランシスコ会修道士の第一回派遣団の一員であるモトリニーアは、

その『ヌエバ・エスパーニャ布教史』を神罰としてこの地に課せられた一〇の災いの列挙からはじめている。その記述はこの著作第一巻の第一章を占めている。出典ははっきりしている。聖書のなかのエジプトのように、メキシコは真実の神の前で有罪となった、だからその懲罰は正当だ、といっているのである。その際このリストには一連の事件がつぎつぎと列挙されているが、それらが一本の流れに統合されているところに興味深い点がある。

「最初の災いは天然痘だった。」ナルバーエス隊の兵士によってもち込まれたのである。「インディオはこの病気に効く薬を知らなかったし、健康な者であれ病人であれ、頻繁に水浴することを長年の習慣にしているので、天然痘にかかってからもその習慣を改めなかったために、まるで南京虫のようにばたばたと死んでいった。天然痘で死ぬ前に空腹で死ぬ者も数多くいた。なぜなら彼らは一度にみなが病気になったので、たがいに看病することもできず、パンであれなんであれ食べ物をくれる人がだれもいなかったからである。」つまり、モトリニーアもまた病気のみに責任があるのではなく、無知、看護の不足、食糧不足にもまったく同様の責任があると考えているのだ。スペイン人はこのような病気以外の死因は物質的に取り除くことができた。だがこれほど彼らの意図から遠いものはなかった。無信仰者にたいする天罰であるというのに、なぜこの病気と戦わなければならないのか。一一年後、新たな疫病である麻疹《はしか》がはやりはじめた、とモトリニーアは続けている。だが今度は沐浴を禁じたり、病人の看護がおこなわれた。死者は出たものの、最初のときよりもずっと少なかった。

「第二の災いはヌエバ・エスパーニャの征服の際に、とくにメヒコ市周辺でひじょうに多くの死者を出したことだった。」このために戦死者数が天然痘による死者の数に追いついている。

「三番目の災いはメヒコ市奪取直後に襲った大飢饉である。」戦時中は種まきができなかった。うまく種をまいたとしても、スペイン人が収穫をだいなしにした。スペイン人でさえトウモロコシを見つけるのに苦労したとモトリニーアはつけ加えているが、それがすべてを物語っている。

「四番目の災いはカルピスケつまり農業管理人、および黒人が原因であった。」いずれも征服者と大部分の住民の間の仲介者の役割を果たしていた。彼らはスペインでは農民であったか、かつてのアフリカ奴隷であった。「彼らの悪徳をあばくつもりはないから、私の意見はさしひかえ、ただ、彼らは絶対的で正統的な君主でもあるかのように原住民をこき使い、威張り散らしているとだけいっておこう。彼らがすることといえば、ものを取り立てることだけであり、しかもありったけのものをさし出しても甲斐はない。彼らは満足することを知らないのだ。なにしろ、彼らはどこにいても腐った肉のように悪臭を放ち、なにもかも汚染し退廃させるのである。（中略）はじめの数年間、こうした農業管理人はインディオに過重な労働をしいたり、故郷から遠くに送り出したり、その他にもいろいろな労役を強制して徹底的に虐待したので、彼らのせいで、彼らの手にかかって多くのインディオが死んだ。」

「五番目の災いはインディオに課せられた重税と賦役だった。」金目のものが底をつくと、彼らは子供を売った。子供を売りつくすと、彼らは自分たちの生命以外にさし出すものをもたなかった。「そうすること〔税の支払い〕ができなくなると、そのせいで拷問にかけられたり、ひどい牢獄につながれたりして、彼らのうちの多くの者が死んだ。なぜならスペイン人のあつかいは乱暴きわまりなく、彼らを家畜以下にしか見ていなかったからである。」これでもなおスペイン人を富ませることになるのであろうか。

「六番目の災いは金鉱だった。」「今日までこれらの鉱山で死んだインディオ奴隷の数は数えることはできないだろう。」

「七番目の災いは大都市メキシコ市の建設であった。」「工事中には梁《はり》の下敷きになったり、高いところから落ちたり、また他の場所に再建するために解体している建物の下に生き埋めになったりする者が続出した。このようなことは、とくに彼らが悪魔の大神殿を取り壊したときに起こった。そのために多くのインディオが死んだ。」大神殿の石によってもたらされたこのような死にたいして、神の介入を見ずにいることがどうしてできよう。モトリニーアはさらにつぎのように言葉をついでいる。インディオはこの仕事では無報酬であるばかりか、自腹を切って資材を買い求めたり、自分でもってきたりしなければならず、それに食事もあたえられなかった。神殿の破壊と畑を耕すことは同時にはできなかったから、彼らは空腹のままで仕事についた。〈労働災害〉が相当増加したのはおそらくそのためである、と。

「八番目の災いは鉱山に投入された奴隷であった。」最初はアステカ人の間ですでに奴隷であった者、つぎに反抗的な態度を示した者、最後にはだれもが手当たり次第に捕まえられた。征服直後の数年は奴隷売買が盛んで、奴隷の主人はしばしば変わった。「奴隷の顔には国王陛下の烙印の他にも、やたらに多くの印が押されて、顔中が文字だらけになった。なぜなら、彼らは売り買いされるたびごとに焼印を押されたからである。」インディアス枢機会議宛のバスコ・デ・キロガの手紙にも、カフカの『流刑地にて』で拷問にふされた死刑囚の身体さながら、判読不可能な本のように変形した奴隷の顔についての記述が残されている。「彼らの顔には鉄の焼印が押され、身体には所有者になった者の頭文字がつぎつぎと刻印されます。彼らは人手から人手へと渡り、なかには三つも四つもの名前をもっている者もいます。そのため、神の姿に似せて作られたこれら人間の顔が、私たちの罪によって一枚の書類に変えられてしまいました」(バスコ・デ・キロガ)。

「第九の災いとは鉱山での賦役だった。インディオは食糧を運ぶために重い荷を背負い、六〇レーグア以上の距離を歩かなければならなかった。自分たちが食べるための食糧は鉱山に着く前に、あるいは帰路、自分の家に着く前に底をつくこともしばしばだった。ときには鉱山主が何日間も彼らを引き止め、採鉱の手伝いをさせたり、家を建てさせたり、身のまわりの世話をさせたりした。手もちの食糧が尽きると、鉱山や路上で彼らは死んだ。彼らは食べ物を買うお金をもたなかったし、そもそも彼らにお金をあたえる者はだれもいなかったのだ。なんとか家にたどり着いた者でも、このような有様だからほどなくして死ぬことになった。鉱山で死んだインディオや奴隷の死体からはいうにいわれぬ悪臭が発し、とくにグァハーカ〔オアハーカ〕の鉱山では疫病が発生する原因となった。街道沿いに周囲半レーグァにわたって、屍骸と骨で足の踏み場もなかった。屍骸を喰おうとカラスやさまざまな鳥が群がり、空が暗くなるほどであった。そのため、街道沿いの村だけでなくその周辺の多くの村は無人の地と化した。」

「一〇番目の災いはメキシコにいたスペイン人の間にあった内紛と分裂である。」このことがなぜインディオにとって災いとなるのかと思われるかもしれない。理由は簡単である。スペイン人が相争っているのを見て、インディオはこれをスペイン人を厄介払いする絶好の機会だと考える。真偽のほどはどうであれ、それがスペイン人にはなおいっそう多くのインディオを処刑する口実になるのである。たとえば、当時捕虜であったクワウテモクの処刑がそうなのだ。

モトリニーアは、エジプトを罰するため神が下した一〇の災い、一〇の超自然的な出来事という聖書のイマージュから出発した。だが彼の物語は、征服直後の数年間のメキシコにおける生活を告発する、写実的な描写に少しずつ変化して行く。これらの〈災い〉の責任は明らかに人間にある。だから実際にはモトリニーアはその災いに同意はしていない。というよりも、彼は搾取、残忍な行為、虐待を断罪することを通じて、これらの〈災い〉の存在そのものを神の意志の表現、不信仰者にたいする懲罰であると見なしているのだ（だからといって、不幸の直接の原因であるスペイン人を是認しているのではない）。この災厄

図8・9　スペイン人の残虐行為

（いわゆる〈災い〉となる前の災厄）のどれをとっても直接の責任がだれにあるかは一目瞭然である。スペイン人なのだ。

つぎにインディオ絶滅の質的な側面を検討しよう（〈質的〉という言葉はここでは場ちがいだと思われるかもしれないが）。この言葉で私がいいたいのは、この絶滅がもつとくに印象的な、近代的といってもいい性格である。

ラス・カサスはその『インディアスの破壊についての簡潔な報告』を、スペイン人がおこなったすべての残虐行為を全面的に喚起するためにあてた（図8、9参照）。しかしこの『報告』は固有名詞を引用することも、状況の個別性を明らかにすることもなく一般化している。そのため、まったくの作りものではないにしても、ドミニコ会修道士のおそらくは病的な、邪悪ですらある精神から生まれた途方もない誇張であるということもできた。ラス・カサスが報告している出来事すべてに立ち会ったのではないことは明らかである。それゆえ私は目撃者の証言だけを引用することにした。それらの証言はどれもかわりばえしない印象をあたえるかもしれない。だがおそらく、証言によってもたらされた現実もまたかわりばえのしないものであったはずだ。

もっとも古いものは、一五一六年カルロス一世（後のカルロス五世）の大臣シエーヴル殿に宛てたドミニコ会修道士のグループの報告書である。カライブ島で起こった事件にかんする報告である。子供のあつかい方について。この報告書はつぎのように書いている。「キリスト教徒がインディオの女に出会ったとき、彼女は子供を腕に抱き、乳を飲ませていた。キリスト教徒が連れていた犬が腹をすかせていたので、彼らは子供を母親の腕から奪い取り、生きたまま犬に投げあたえた。犬は母親の目の前でその子をずたずたに喰いちぎりはじめた。（中略）捕虜のなかに子供を産んだばかりの女がいたりすると、赤子が少しでも泣こうものなら、彼らは赤子の足をつかんで岩にたたきつけたり、死なせようとして藪のなかに放り投げたりした。」

鉱山労働者との関係について。「彼ら〔鉱山監督〕はだれもが、自分のところにいるインディオの女が結婚していようといまいと、気にいった女であれば一緒に寝る習慣をつけていた。監督がインディオ女と鉱山小屋とか掘立小屋とかにいるときは、夫は採掘坑に金の採掘にやられた。そして夕方、不幸な夫が戻ってくると、監督は十分な金《きん》をもってこなかったからといってさんざん殴りつけ、鞭打つばかりでなく、たいていの場合は彼の手足を縛り、犬のようにベッドの下に放り込み、それからベッドの上でその妻と横になるのであった。」

労働者のあつかい方について。「インディオを運んでくるたびに、途中で餓死する者があまりにも多かったので、他の船は海上に点々と浮かぶ彼らの屍骸をたどるだけで、港まで楽に行けそうに思われた。(中略)八〇〇人以上のインディオがプエルト・デ・プラータと呼ばれるこの島の港に運ばれてきたが、カラベル船から降ろすのに二日間もかかった。そのうちの六〇〇人が死に、海に捨てられた。彼らは厚い板切れのように波に揺られていた。」

さて今度はラス・カサスの物語、『報告』ではなく『インディアス史』に掲載されている物語に耳を傾けることにしよう。彼が証人以上の者として、つまり当事者の一人として立ち会ったある事件についての報告である。これはナルバーエスの部隊によっておこなわれたキューバ島のカオナオ族の虐殺である。ラス・カサスはこの部隊の従軍司祭である(III, 29)。エピソードは偶発的な状況からはじまる。「ところで到達したその日の朝、スペイン人が朝食をとるために、干上がっていた急流の川床で隊列を解いたことを知っておく必要がある。干上がっているとはいえ、あちらこちらに小さな水溜りがあり、砥石用の石がごろごろしていた。このことがスペイン人に剣を研ごうという気にならせたのである。」

草上での食事がすんで村に着いたスペイン人に、また新たな考えがひらめく。剣が見た目ほど切れるかどうか確かめてみようというのである。「一人のスペイン人が突然剣を抜くと（悪魔がこの剣に取りついたとしか考えられない）、ただちに他の一〇〇人あまりもそれにならい、おとなしく坐って、馬やスペイン人を眺めてびっくりしていた無抵抗で従順な老若男女の腹を切り裂き、一刀両断にし、虐殺に取りかかる。瞬時にして、その場にいた者はすべて殺されてしまった。それからすぐそばにあった家に入ると、というのは、これはこの家の玄関先で起こったことだからだが、スペイン人はここでもそこにいたすべての人を剣で突いたり、斬りつけたりして殺しはじめる。血は、まるで牛の群れでも殺したかのように、あたり一面に流れていた。」

ラス・カサスはこの出来事に、剣の研ぎ方が十分であったかどうかを確かめたいという欲望以外に説明するものをもたない。「死んだ者、瀕死の者の全身をおおう傷口は、見るも恐ろしくおぞましい光景だった。実際、悪魔がスペイン人をそそのかして、その同じ日の朝、朝食をとった急流の川床であの砥石を手に入れさせ、剣を研がせたとでもいうかのように、彼らが素っ裸の身体やもろい肉に刀を振るったところではどこでも、人間の身体は一刀のもとに真っ二つになっていた。」

つぎはバスコ・ヌニェス・デ・バルボアの遠征についての物語である。多くの征服者が自分たちの冒険について声高に話しているのを聞いただれかが書きとめたものである。「肉屋が牛や羊の肉を塊に切って、台に並べて売るように、スペイン人もこいつからは下半身を、あいつからは尻を、他のやつからは肩を一刀のもとにそぎ落した。原住民を理性のない動物のようにあつかっていたのだ。（中略）バスコはおよそ四〇人ばかりのインディオを犬に喰い殺させた」（ピエトロ・マルティレ、『新世界八〇年史』III、1）。

時間は経っても、習性は変わらない。このことは修道僧ヘロニモ・デ・サン・ミゲルが一五五〇年八月二〇日、国王に宛てた書翰からもはっきりしている。「彼らはインディオを生きたまま火あぶりにするかと思えば、ある者からは手首、鼻、舌を、他の者からは手足を切り落したりしました。また犬に投げあたえたり、女の乳房を切り取ったり……」

ユカタンの司教ディエゴ・デ・ランダの話に移ろう。彼は特別にインディオに好意を抱いているわけではない。「そして私ディエゴ・デ・ランダも、この村の近くにある大木の枝に、ある指揮官が数多くのインディオの女を首吊りにし、その女たちの足に子供を吊るすのを目のあたりにしました。〔中略〕スペイン人は、手や腕や足を切り落したり、女性からは乳房を切り取ったり、それらを深い湖に投げ捨てたり、子供たちが母親のように速く歩けないからといって刺し殺したり、前代未聞の悪逆非道のかぎりをつくした。また首輪をつけて引いていく途中で病気になったり、速く歩けなくて他の者の足手まといになる者は、立ち止まって首から縄を解く手間をはぶくために、首を切り落しました」(『ユカタン事物記』、15)。

さて、このような死の目録の末尾を飾るものとして、アロンソ・デ・ソリタが一五七〇年ごろ詳しく報告しているある事件を引用しよう。「私はあるオイドール〔聴訴官〕と知り合いだったが、彼は演壇から大声を張り上げて、スペイン人の畑に灌漑する水が足りなくなったら、インディオの血でそれにかえると公然といい放った」(『ヌエバ・エスパーニャ報告書』、10)。

スペイン人をこのような行動に導く直接の動機とはなんであろうか。その一つは明らかに、すぐにしかも大いに金持ちになりたいという欲望である。この欲望は他者の幸福とか生命さえも無視することになる。財宝の隠し場所の秘密を引き出すために拷問したり、利益を上げるために搾取したりするのである。当時の著作家も、起こった事実にたいする主たる解釈としてこの理由をすでにもち出していた。たとえばモトリニーアは、「もしなにが原因でこれほど多くの惨劇が起こったのかと訊ねられれば、だれのためかは知らないが、金庫のなかにたかだか何本かの金の延べ棒をしまい込もうとする欲望、貪欲さだと私は答えたい」（I, 3）。またラス・カサスは、「彼ら〔スペイン人〕がインディオに抱いた憎しみのせいでただちに彼らを殺したくなったのだとは思わない。彼らを殺したのは、虐待され不幸な目にあっている人たちの苦役と汗で金持ちになり大量の金《きん》を所有したいからだ。これが彼らの唯一の目的なのだ」（『現存する悪の改善策』、7）といっている。

ではなぜこのような富への欲求が生まれるのだろうか。だれでも知っているように、何事も金次第だからである。「人はお金で自分が必要とし願望するあらゆる世俗的なものを、すなわち名誉、貴族の身分、財産、家庭、贅沢、豪華な衣服、おいしい食事、悪徳の喜び、仇敵への報復、他からの尊敬を手に入れるのである」（同書）。

富への欲望そのものはもちろん目新しいものではない。黄金への情熱には特別に近代的なものはなにもない。しかしながら少しは近代的であるといえるとすれば、他の一切の価値を黄金への情熱の下においている点である。征服者は貴族的な価値、つまり貴族の称号、名誉、尊敬にたいする憧れを捨てたことはない。ところが、すべてが金銭によって獲得できるということ、つまり貨幣はたんにすべての物質的な価値の普遍的等価物であるばかりでなく、あらゆる精神的な価値の獲得を可能にすることが征服者のはっきり知るところとなったのである。もちろんモクテスマのメキシコにおいても征服以前のスペインにおいても、金持ちであることは得なことである。だが身分は買うことができない。あるいは、いずれにせよ、直接的には買うことができない。この貨幣によるもろもろの価値の均質一様化は新たな事態である。そしてこの新たな事態は近代の平等主義的、経済主義的な精神構造を予告しているのである。

それはともかく、富への欲望はすべてを説明することからはほど遠い。その欲望は恒久的なものであるとしても、インディオ殲滅の形態と規模の大きさは、空前の、ときには比較を絶するものでさえある。経済的な説明はこの点ではたと行きづまる。いかなる欲望説をもってきてもカオナオの虐殺を、木の枝に母親たちを首吊りにしたことを、母親たちの足に子供たちを首吊りにしたことを、ペンチで犠牲者の肉を一片ずつえぐり取る拷問を合点が行くように説明はできない。頭の上で主人が自分の妻と寝ているからといって、奴隷がもっとたくさん働くようになるものではない。あたかもスペイン人は残虐行為のうちに、他者に権力を振り回すことのうちに、生殺与奪の力を見せびらかすことのうちに本来的な快楽を見出しているかのように、すべてがおこなわれるのである。

ここでもう一度、〈人間の本性〉に本来そなわっているいくつかの特徴を引合いに出してもよい。精神分析学用語でいう〈攻撃性〉、〈死への欲動〉、あるいは〈支配欲動〉(Bemächtgungstrieb, instinct for mastery) である。あるいはまた、残虐行為についていえば、他の文化の種々の特色、とくにアステカ社会のそれを思い出してもいい。アステカ社会は〈残酷〉であるとか、生贄の人数を軽く見ているとかいろいろいわれているが(実際には軽く見たというよりも、生贄の人数が多いことを誇りにしたのだ)、ドウランによれば、新しい神殿の除幕式一回のためにアウィツォトル王は八万四〇〇人を人身御供にしたという。したがって、どの民族もその起源から今日までの間に生贄をもち、殺人の狂気を経験したということもできるだろう。そしてそれは父権制社会の特色ではないかどうか問うこともできるだろう(その存在を知られているのは父権制社会だけなのだから)。

だが、このようにして一切の差異を打ち消し、〈残虐行為〉といった記述的というより感情をあらわす用語にしがみつくのは間違っていよう。殺人にも火山に登ることと少し似たところがある。いずれの場合にも頂上によじ登っては、そこからもどってくる。とはいえもち帰るものは同じではない。即興を優遇する社会に儀礼を重んじる社会を対立させなければならなかったように、あるいは文脈とコードのように、ここでは生贄の社会と虐殺の社会について論じてしかるべきだろう。一六世紀のアステカ人とスペイン人はそれぞれの社会の代表者なのである。

この見方からすると、生贄とは宗教的殺人である。それは公認のイデオロギーの名のもとにおこなわれるのだし、衆人環視のなか公共広場で遂行される。生贄にされる者のアイデンティティは規則によって厳密に決められている。それはまったくのよそ者であったり、あまりに遠い地方の住民であってはならない。すでに見たように、アステカ人は遠い部族の者の肉は神々の食用に適さないと考えていた。だが同じ社会の者でもいけない。同胞は生贄にしないのである。アステカ社会では生贄は、同じ言葉を話すが従属国ではない隣接する国々から求められる。さらに、生贄を捕まえるとしばらく牢屋に入れて、ある程度同化させる——だが完全に同化させることは決してない。そっくり似ているのでもなくまったく異なるのでもない生贄には、さらに個人的な資質も加味される。勇敢な戦士を生贄にすることは名もない者の生贄よりも尊重され、どんな種類であれ身体的に障害をもつ者はただちに生贄にふさわしくないと宣告されるのである。生贄は公然と遂行される。そして社会組織の強さとか、個人にたいする社会の支配力を証明するのである。

これに反して、虐殺は当の社会組織の弱体化を示し、集団の結合を保証していた道徳原理がすたれたことを暴露する。だから虐殺が好んでおこなわれるのは、法律が遵守されにくい遠く離れたところ、スペイン人の場合には新大陸とか、やむをえなければイタリアである。それゆえ虐殺は本国から離れたところでおこなわれる植民地戦争と緊密な関係にある。虐殺の対象者が遠くの異邦人であればあるほど好都合である。相手を多かれ少なかれ動物と同一視して、罪の意識もなく殺しまくれるからである。虐殺される者のアイデンティティは、定義上非関与的である（さもなければ、たんなる殺人となるであろう）。いま殺そうとしているのがだれなのか知ろうとする暇も関心もないのだ。生贄とは逆に、虐殺は権利として要求されるものでは決してない。一般に虐殺の存在そのものが秘密にされ、否認される。それは虐殺の社会的機能が認められていないからであり、その行為は行為それ自体のなかに自己の正当化を見出しているように思われる。つまり剣を振り回すのは剣を振り回す喜びのためであり、インディオの鼻をそぎ、舌を切り、性器を切り取っても、鼻をそぐ者の心にはわずかの儀礼的な精神も存在しないのである。

宗教的殺人が生贄だとすれば、虐殺は無神論的殺人である。そしてスペイン人はまさしくこの種の暴力を発明したように思われる（あるいは、ふたたび見出したように思われる。とはいえごく近い過去から借りてきたのではない。異端糾問所の火刑台はむしろ生贄に似ているからである）。だがこのような暴力は、個人のレベルと国家のレベルとを問わず、それ以降の私たち現代人の過去に枚挙のいとまもないほど数多く見出される。征服者たちは〈すべては許される〉というイワン・カラマーゾフの規則（規則と呼ぶことができればだが）にしたがっているようなものである。中央の権力から、国王の法から遠くにあって、すべての禁制は地に落ち、すでに緩んでいた社会的な絆は破綻をきたし、あらわれでてくるものは、私たち一人一人のなかに眠っている野獣たる原始的な本性かというとそうではなく、いかなるモラルにも気をとめず、殺すことはおもしろいからおもしろいときに殺すという、未来そのものに満ちた近代的な存在である。スペイン人の〈残忍さ〉には隔世遺伝とか獣性を思わせるものはなにもない。それはまさしく人間的なものであり、近代の到来を告げているのである。中世でも、罰や復讐として女から乳房を、男から腕を切り取ることがある。だがそれは自国において、いいかえれば他国でとまったく同じく自分の国でもおこなわれている。スペイン人が発見したことは、本国と植民地との対比、本国と植民地とでは行動を規制する基準が根本的にちがう道徳律の対比そのものである。虐殺はそれにふさわしい枠組みを必要とするのである。

だがもし生贄の文化と虐殺の文化との間の二者択一を望まないとすれば、どうすればよいのだろうか。

## 2　平等か不平等か

富への欲求と支配欲動、これら権力への憧れの二つの形態がスペイン人の行動の動機であることには間違いない。だがスペイン人の行動はまた彼らのインディオについての考え方、つまりインディオは劣等であるという考え、いいかえればインディオは人間と動物の中間の存在だとする観念によって左右されている。この重要な前提を抜きにしては、殲滅は起こりえなかったであろう。

この不平等論は、最初に表明されて以来、すべての人間の平等を主張する別の正反対の説によって攻撃される。つまり、私たちがここで立ち会おうとするのは一つの論争である。そのためには相対立する二つの声に耳を傾ける必要がある。ところでこの論争はただたんに平等－不平等という対立だけではなく、同一性と差異の対立をもひきおこす。そしてこの新たな対立――この対立の両項〔同一性－差異〕は先の対立の両項〔平等－不平等〕と同様、倫理的な次元では中立的ではない――はいずれの立場についても判断を下すことをいっそう困難にするのである。このことはすでにコロンについて論じた際に見たとおりである。差異は不平等に、平等は同一性に転化するのだ。これは対他関係の二大形象であって、対他関係の不可避的な空間を描きだすのである。

ラス・カサスやその他の平等の擁護者は彼らの反対者がインディオを動物と見なしたとして非難したが、その非難があまりにも執拗なのには誇張があるのではないかと考えることもできよう。実情がいかなるものであるかを知るために、不平等の擁護者自身のことを振り返ってみる必要がある。この点で興味深い最初の資料は有名な催告《レケリミエント》、すなわちインディオにあてた布告文である。これは王室法律顧問官パラシオス・ルビオスの手になるもので、一五一四年に書かれている。そのときまで少なからず混沌としていた征服を規制する必要から生まれた文書である。以来、ある地方を征服する前には、住民にこの文書を読んで聞かせなければならない。ときとしてこの文書に、不正な戦争をやめさせ、インディオに一定の権利をあたえようとする王権の意志を読み取ろうとする試みがおこなわれた。だがこのような解釈は寛大にすぎる。私たちの議論の脈絡からすれば、催告は明らかに不平等の側にある。とはいっても、実際は、はっきりそのように主張されているというよりも、その裏にあるものとしてだが。

欲望の実現に法的な根拠をあたえようとする試みの奇妙な例であるこの催告は、簡単な人類の歴史から書きはじめられている。人類の歴史の頂点でイエス・キリストが出現するが、イエスは全宇宙を自己の権限の下に置く〈人類の家父長〉、至高の権力者として宣言されている。このようにして出発点が確定されると、以後の事実はいとも容易につながり合う。イエスは彼の権力を聖ペテロにゆずり、聖ペテロはその後継者たる諸教皇に権力をゆずった。そして近年の教皇の一人が新大陸をスペイン人(一部をポルトガル人)に贈与したのである。スペインの統治の根拠がこのようにして確立されると、あとは確定すべく残されているのは一つでしかない。インディオがこの状況を知るということである。なぜならインディオは、教皇から教皇へ、皇帝から皇帝へと引き継がれるこの贈り物のことを知らないはずだからである。このようなことがないように、王室公証人の臨席のもとで催告《レケリミエント》が読み上げられるのである(だが通訳したのかどうかについては一切触れられていない)。この催告を聞いてインディオが納得したような素振りを見せると、だれも彼らを奴隷とする権利をもたない(この点でこの法律は、インディオに一定の地位をあたえることによって彼らを〈保護〉している)。だがインディオが自分たちの歴史にたいするこのような解釈を受け入れない場合には、厳しく罰せられる。「もし諸君が命令に従わなければ、あるいは横着にも諸君の決心をいつまでも引きのばすならば、神のご加護のもとに諸君の領土を有無をいわさず侵略し、四方八方からあらゆる手段でもって攻撃し、諸君を教会と国王陛下の軛と支配のもとに強制的に置くことを私はここに宣言する。諸君、つまり諸君ならびに諸君の妻子は奴隷と化すであろう。奴隷と化し、売られ、国王陛下の命令下に置かれるだろう。自らの主君の意にそわず、主君を認めず、抵抗し、さからう臣下へのとうぜんの報いとして、私は諸君の財産を奪い、諸君にあらゆる災害をもたらし、ありとあらゆる損害をあたえることになるであろう。」

催告の反対者たちは、スペイン人のあらゆる権利の根拠をなすと見なされている宗教の本質と、この公開布告文の結果との間に横たわるあからさまな矛盾を、すかさずつぎのように指摘する。キリスト教は平等主義的な宗教である。ところが、キリスト教の名において人間が奴隷にされているではないか、と。ここでは教権と世上権が混同されているが——福音書に由来しようとしまいと、これはあらゆる国家イデオロギーの傾向である——、それだけでなくインディオが選択できるのは二つの劣等の立場、つまり自ら支配に服し、農奴となるか、それとも武力に屈服し奴隷と化すか、だけなのである。このような条件のもとで法律遵守を云々してもお笑い種である。インディオはぞうさもなく劣等だとされているが、それはこのゲームの規則を決めたのがスペイン人だからである。催告を発する側の優位性は、話すのが彼らで、聞くのがインディオだという事実のなかにすでにふくまれているといえるかもしれない。

周知のように、征服者はおくめんもなく王室命令を自分たちに都合のよいように運用し、インディオが反抗した場合には罰を加えることになんらのためらいもない。一五五〇年になってもなおチリの原住民アラウコ族は帰順しようとしないと、ペドロ・デ・バルディビアは国王に報告している。そこで彼はアラウコ族に戦争をしかけ、征服するとただちに処罰に取りかかった。「反抗した罰として、彼らのうちの二〇〇人の手と鼻を切り落させました。なぜなら彼らに何度も通達を出し、陛下のご命令を伝えてあったからであります」。

バルディビアの使者が何語で話したのか、催告《レケリミエント》の内容をインディオに理解させるためにどのような方法を取ったのかは正確に分かっていない。反対に他の場合に、スペイン人がその方が結局は仕事が簡単にすむからといって、わざと通訳を頼まなかった理由の方は分かっている。インディオの反応がどうかということはもはや問題にならなかったのだ。不平等論の第一人者であり、自らも征服者《コンキスタドール》であった歴史家オビエドはこの点についていくつかの証言を残している。物語はインディオを捕えるところからはじまる。「彼らを鎖につなぐと、だれかが、彼らが何語を話すのか調べもせず、通訳もつけずに、催告を読み上げた。読み上げる方もインディオも、たがいに相手がなにをいっているのか分かりもしなかった。インディオの言葉を話せる者が出てきて催告のなんたるかを説明したあとでも、インディオには返事をする機会は一つもあたえられず、捕えられた者はすぐさま連れて行かれた。スペイン人は思いどおりについてこないインディオを容赦なく棍棒で殴りつけた」(『歴史』, I, 29, 7)。

別の遠征のとき、隊長ペドラリアス・ダビラはオビエド自身にそのテクスト〔催告〕を読み上げるよう要求している。オビエドは隊長に答える。「私にはインディオが催告の神学に耳をかすとは思われませんし、またそれを彼らに説明できる者がこの場にいるとも思われません。ですから、私たちがインディオを何人か捕まえて檻のなかに入れるまで、催告はお手元におとどめ下さい。檻のなかでしたら、彼らはゆっくりと催告の神学を勉強できるでしょうし、司教さまもそれを彼らにご説明なさるでしょう」(同書)。

ラス・カサスはこの資料を分析しながら、催告の「不条理を前にすると笑えばいいのか泣けばいいのか」分からなくなってしまうとのべている(『インディアス史』、Ⅲ，58)。

パラシオス・ルビオスの法文《テクスト》は征服の法的根拠としては支持されないであろう。しかし調子は多少弱められてはいるものの、彼の精神の痕跡は征服者の敵対者のなかにも見出される。もっとも興味深い例はおそらくフランシスコ・デ・ビトリアである。彼は神学者、法律学者、サラマンカ大学教授であり、一六世紀スペイン人文主義者の最高峰である。ビトリアは新大陸でおこなわれている戦闘行為を正当化しようとする通常の議論を徹底的に否定してはいるが、にもかかわらず〈正義の戦争〉はありうると考える。〈正義の戦争〉を可能だとする理由のうちで、私たちにとくに興味深いのはつぎの二つのタイプである。まずあげられるのは、相互性を根拠とするタイプの理由である。この理由はインディオ、スペイン人の区別なく適用される。ビトリアが「社会とコミュニケーションの自然法」(『インディオについて』、3，1，230)と名づけているものへの侵害の場合がそうである。このコミュニケーションへの権利はいくつかのレベルで理解することができる。まず、人々が自国以外を自由に通行できることは自然〔の権利〕である。「本人が望むすべての国に行き、旅をすることはだれにでも認められ」(3，2，232)なければならない。同様に交易の自由も要求できる。ここでビトリアは相互性の原理を引き合いにだす。「インディオの君主は臣下がスペイン人と交易することを妨げてはならないし、反対にスペイン人の君主も臣下がインディオと交易することを禁じてはならない」(3，3，245)。思想の交通については、ビトリアが考える自由とは明らかにスペイン人がインディオに福音書を説く自由のことであって、インディオが『ポポル・ヴフ』をスペインに普及させる自由はまったく念頭にない。というのは、キリスト教による〈救済〉は彼にとって絶対の価値だからである。にもかかわらず、この場合も前の二つの場合と同じだと見ることができるだろう。

逆に、戦争を正当化するためにビトリアが前面に押し出したもう一つの理由づけのグループの場合はそうはいかない。彼は「たとえば、無垢な者を生贄にしたり、あるいは罪もない者を食べるために殺したりする」(3, 15, 290) 領主あるいは原住民の掟の専横から罪なき人々を保護するという名目でおこなわれるなら、介入は合法的だと考えている。だが、このような戦争の正当化はビトリアが思っていたほど自明のことではない。しかも、いずれにせよこの議論は相互性をもとにしてはいない。たとえこの規則がインディオとスペイン人とに公平に適用されていたとしても、〈専横〉という語の意味を決定したのはスペイン人なのであり、このことがもっとも重要なことである。インディオとちがって、スペイン人はたんに当事者であるばかりか裁判官でもあって、判決を下す際の基準を選択するのは彼らなのだ。たとえば、スペイン人は人身御供は暴政のせいであるが、虐殺は暴政のせいではないと決定している。

このような役割配分は、スペイン人とインディオとの間に本当の意味での平等は存在しないことを意味している。実際にビトリアはこのことを率直に認めている。インディオにたいする戦争を正当化するために彼があげている最後の理由は、この点で曖昧なところは少しもない(もっとも、それが疑惑法的《デュビタティフ》な表現でのべられていることは事実だが)。「これら野蛮人は完全な狂人ではないが、そういっても当たらずとも遠からずである。(中略) 彼らの食べているものが野獣の食物と比べても大差ないか、よいとしてもごくわずかであることを考えると、彼らは自分自身を治めることができないか、できても狂人か、野獣や動物と同じ程度である。」彼はさらにつけ加えて、彼らの馬鹿さ加減は「他の国の子供や狂人よりはるかにひどい」(3, 18, 299–302)。したがって彼らの国に介入して、要するに保護権を行使するのは合法的なのである。だが、他人におせっかいをやくべきだということは認めるとしても、何度もくり返すようだが、なにが未開、野蛮であり、なにが文明であるかをだれが決定するのだろうか。その間にいかなる平等も相互性も存在しない、二つの相対立する当事者の一方なのだ。ビトリアはふつうインディオの擁護者と見られている。しかし、主体の意図ではなくその言説《ディスクール》がもたらした結果を検討すれば、彼の役割がまったく別であることは明らかである。相互性にもとづく国際法の装いのもとで、その当時までいかなる法的根拠ももたなかった(いずれにせよ、たとえわずかであろうともまじめな検討に耐えうるものは一つももたなかった)植民地戦争に、彼は実際には法的根拠をあたえているのである。

不平等論についてはこれらの法律的表現の他に、当時の手紙、報告書、記録などにも無数の表現が見られる。それらはいずれもインディオを不完全な人間として示す傾向がある。数あるもののうちから二つの証言を取り上げたい。それはこれらの証言の筆者が、一人は修道士であり、もう一人が人文科学者であるからにすぎない。つまり、二人はインディオにたいして一般的にはもっとも好意的な社会層の代表者なのである。ドミニコ会修道士トマス・オルティスはインディオ枢機会議にたいしてつぎのような手紙を書いている。

「大陸では人肉を食べています。彼らは他のいかなる民族よりも男色家です。彼らの間には正義は存在しません。彼らは真っ裸です。彼らは愛にも純潔にも無頓着です。彼らは愚かでうかつです。彼らには真理などどうでもいいのです。ただし彼らの利益になるときは別です。だから無節操です。将来のことなど考えようともしません。ひどい恩知らずで、新しがり屋です。(中略)彼らは凶暴です。自分の欠点を自慢しては喜んでいます。彼らの間では、若者や息子が年上の者や父親にたいし服従することも心づかいを見せることもありません。教訓を学ぶ力もありません。罰してもなんの役にも立ちません。(中略)シラミ、クモ、毛虫を料理もせず、見つけ次第食べてしまいます。彼らには技術らしい技術も、人間の手になる産業らしい産業もありません。彼らにキリスト教の神秘を教えても、そんなことはカスティーリャ人には似合っていても、自分たちにはなんの役にも立たないから、習慣を変えるつもりはないなどといっています。彼らには髭がなく、ときとして生えてきても、むしるか抜いてしまいます。（中略）年をとるにつれて、ますます悪くなっていきます。一〇歳とか一二歳のころは、それでも礼儀や美徳ぐらいは身につけるだろうと期待させますが、その後は正真正銘の野獣と化します。ですから、彼らは神が創造したうちでもっとも悪徳と獣性に満ちた人種だと断言することができます。それほど善意や文化の香りを感じさせません。（中略）インディオはロバにも劣る愚か者で、何事であれ苦労することをいやがります」（ピエトロ・マルティレ、VII、4）。

このテクストには註釈は不要であろう。

二番目の筆者はふたたび排外的人種差別思想の温床であるオビエドである。彼の場合には、インディオは馬やロバの程度に（あるいはそれ以下に）おとしめられているのではなく、木、石、鉄などの建築資材、いずれにせよ無機物の仲間にされている。彼はそれが皮肉でなければ一体何だと思われるほど途方もない言葉遣いをしているが、もちろんそれは皮肉でもなんでもない。「彼らと戦いを交えて、白兵戦になったときには、彼らの頭を剣で斬りつけないように気をつけなければならない。というのは、そうしたために多くの剣が折れたのを目撃したからである。彼らの頭蓋骨はただたんに分厚いだけでなく、実に硬くもあるのだ」（『歴史』、V、《予言》、またVI、9参照）。オビエドが実際インディオ問題の〈究極的解決〉の信奉者であることを知っても驚くに当たらない。キリスト教徒の神にこの問題を解決する責任を取らせようというのである。「神は近いうちに彼らを絶滅させるであろう」と彼は確信をもっていっているし、さらに「サタンはいまやこの島〔エスパニョール島〕から追放された。大半のインディオが死亡した現在では、サタンの影響力はすべて消滅した。（中略）異教徒にたいして火薬を使用することは、主イエス・キリストに香をたむけることだということを、だれが否定できようか。」

インディオとスペイン人の平等、不平等の信奉者間の論争はその頂点に達し、同時にかの有名なバリャドリード論争として具体的な成果を見る。一五五〇年のこの論争では、碩学の哲学者ヒネス・デ・セプルベダとドミニコ会神父でチャパ司教のバルトロメ・デ・ラス・カサスが真っ向から対立する。このような対決があるということ自体に、なにか異様なものがある。この種の問答は本と本のやり取りでおこなわれるのがふつうで、主役どうしが面と向かって対決することはない。だがちょうどそのとき、インディオにたいする戦争の大義名分についてセプルベタが書いた論文が出版権を拒否されたのである。いわば判決を不服として上訴でもするように、セプルベダは法律学者と神学者からなる学識者陪審員の前での対決を要求する。ラス・カサスはこの論争で反対の視点を擁護する立場を引き受ける。このような問答でイデオロギー上の対立が解決できるという考え方は理解しがたい。そもそも対立が本当の意味で解決されることはない。長時間におよぶ論述(とくにラス・カサスの論述は五日間にもおよんだ)を聞いたあげく、審議官たちは疲労困憊して散会する。彼らは結局なんの結論も出せない。とはいっても、軍配が上がるのはどちらかといえばラス・カサスの方である。セプルベダの方は自分の著書にたいする出版許可をえられないのだから。

セプルベダは論証のより所を、他の不平等論の擁護者の論拠にもなっている一つの思想的伝統に求めている。数ある思想家たちのうちから、この不平等論が——当然のこととして——権威を借りている思想家を取り上げるとしよう。それはアリストテレスである。アリストテレスの『政治学』を翻訳したのはセプルベダであり、彼は当代きってのアリストテレス思想の専門家である。ところでアリストテレスが、生まれながらにして主人である者と奴隷である者とのあの有名な区別を確立するのは、まさしくこの『政治学』

においてではなかろうか。「魂が肉体と異なり、人間が獣と異なるかぎりにおいて、人間どうしもたがいに異なっており、その場合（中略）、ある人々は生来の奴隷である（中略）。天賦の理性が感覚によって左右され、完全な形で理性をもたない者はそれだけで（中略）事実上生来の奴隷である」（1254, b）。広く論拠にされているもう一つのテクストは『君主統治について』という論文である。これは当時聖トマス・アクイナスの作とされていたが、実際にはルッカのプトレマイオスの手になっている。この論文は不平等の主張にたいして、すでに昔からなされている説明ではあるが、大きな未来を約束されているつぎのような説明をつけ加える。つまり、風土の（そして星座の）影響に不平等の理由を求めなければならない、というのである。

セプルベダは、平等ではなく階級性こそが人間社会の自然な状態だと信じている。だが彼が知っている唯一の階級的関係はたんなる優－劣の関係である。つまり、本性の差異は存在せず、単一の同じ価値体系のなかの程度の差異があるだけである。たとえこの関係が無限にくり返されうるとしても。彼の対話篇『第二のデモクラテス』――まさしくこの本こそ出版許可をえられなかったのだが――はこのような彼の見方をはっきり示している。アリストテレスの『政治学』のなかに見出した原理と特殊な主張に霊感をえて、すべての階級制度はそれぞれ形態上の差異はあっても、単一の同じ原理つまり「完全が不完全を支配し、力が弱さを支配し、すぐれた美徳が悪徳を支配する」（p. 20）という原理にもとづいていると彼は宣言する。だがこれは当たり前のことであり、問題は〈分析的命題〉であるように思われる。そのすぐあとで、相変わらずアリストテレス学派の精神の枠内で、セプルベダは自然的優位性のなんたるかを示すいくつかの例をあげている。すなわち肉体は魂に、質料は形相に、子供は両親に、妻は夫に、（同語反復的に劣等の存在と規定されている）奴隷は主人に服従しなければならないのである。インディオ征服戦争を正当化するにはあと一歩である。「抜目なさも用心深さも、美徳も人情も、いずれを取ってもこの野蛮人は、子供が大人に、女性が男性に劣るようにスペイン人より劣っている。彼らとスペイン人の間には、残忍で冷酷な人々とはなはだ人徳に富んだ人々との間とか、人並みはずれて勝手気ままな者と節度ある中庸の徳をわきまえた者との間にあるのと同じだけの差異がある。あえていえば、猿と人間との間と同じだけの差異があるのだ」（同書、p. 33. ある種の写本では、この引用文の最後の部分は欠落している）。

セプルベダの精神的宇宙を形づくる対立関係は、結局はどれもが同じ内容になっている。これまでの主張は、つぎのような組み合わせのはてしない連鎖として書きなおすことができよう。

| | | | | | | | | | | | | | | | | | | |
|---|---|---|---|---|---|---|---|---|---|---|---|---|---|---|---|---|---|---|
| インディオ | = | 子供（息子） | = | 女性（妻） | = | 動物（猿） | = | 残酷 | = | 無節操 | = | 質料 | = | 肉体 | = | 欲望 | = | 悪 |
| スペイン人 | | 大人（父親） | | 男性（夫） | | 人間 | | 仁徳 | | 節度 | | 形相 | | 魂 | | 理性 | | 善 |

もちろん、すべての不平等論の信奉者がこれほど図式的な考え方をしているわけではないが、セプルベダは階級制度と差異の一切を善と悪の単純な対立の線上にまとめている。すなわち結局は（差異の原理ではなく）同一性の原理にあまんじているのである。だがこの対比の連鎖を読んでみると、それなりに教えられることがある。まず、最初の項にたいする二番目の項の優位性を主張することが悪／善の類語反復となるような対比はわきにどけておこう。ある種の行為（仁徳、節度）をほめちぎるための対比、最後に動物／人間、子供／大人といったはっきりした生物学的な差異にもとづく対比も同様に除外する。残るのはつぎの二系列の対比である。肉体／魂の組み合わせを中心に展開する対比と、インディオ／スペイン人、女性／男性のような、差異は明白であるが、どちらが優位、劣等であるかは疑わしい、地上の人間間の対

比である。ここでインディオが女性と同一視されていると見ることは非常に示唆的である。このことは内的な他者から外的な他者への移行が容易であることをはっきり示しているのである（なぜなら語るのはつねにスペイン人の男性なのだ）。これに関連して、インディオがこれとは対照的な逆の役割配分をおこなっていたことが思い出される。アステカの戦士の話のなかでは、スペイン人は言葉という遠回しな手段を使ったということで女性と同一視されていたのであった。女性のイマージュが外国人に投影されたのか、それとも女性の上に外国人の諸特徴が投影されたのかを知ろうとして、あれこれ考えても無駄である。外国人も女性もつねにすでにそこにあったのであり、重要なのはその両者の関係であり、いずれが先なのかという先行性の問題ではない。この対比を肉体と魂にかんするグループと重ねあわせてみることも同じく示唆的である。なによりもまず、他者とは私たちの肉体そのものなのだ。そこから、女性が獣に同一視されたように、インディオを生きてはいるが魂をもたないものと同一視する考え方が生まれてくる。

セプルベダの場合、すべての差異は差異でないもの、つまり善と悪のような優越／劣等の関係に還元されているのである。今度は、スペイン人の正義の戦争に賛成する彼の議論は、なにに根拠を置いているのかを見てみよう。四つの理由が戦争を正当化している（これはバリャドリードでの彼の弁論の解説だが、同じ議論は『第二のデモクラテス』にも見られる）。

一、他者に服従することを条件として生まれた人間が、もし服従を拒否し、そして彼らにたいして武力以外にいかなる手段も残されていないのであれば、これを武力でもって支配することは正当である。

二、自然にたいするこの上ない侮辱である人肉嗜食という嫌悪すべき犯罪を撤廃し、なににもまして神の怒りをまねく悪魔崇拝、および人身御供という恐るべき儀式に終止符を打つことは正当である。

三、これら野蛮人が人間の心臓でもって彼らの神々をなだめるため毎年生贄に捧げていた無数の罪なき人々を、重大な危難から救済することは正当である。

四、異教徒にたいする戦争は正当である。それはキリスト教の伝道の道を拓き、宣教師の使命の遂行を容易にするからである。

この論法では、インディオの本性を記述する四つの命題は一つの要請《ポステユラ》にまとめられており、その要請は道徳的命令にもなっている、ということができる。四つの命題とは、インディオは従順な性格である、人食い《カニバリスム》の風習をもっている、人間を生贄にする、キリスト教を知らない、ということである。要請・命令としては、善を他者に押しつけることは権利であり、あるいは義務ですらあるということである。おそらくただちに、人は自分自身で善悪を決定するということをいいそえておかなければなるまい。つまり、人は自分が善だと思うことを、それが相手の目から見ても善であるかなどと配慮せずに、他者に押しつける権利をもつのである。この要請はだから、発話する主体が世界に投影されること、私の価値が普遍的な価値と同一視されることを当然の前提としているのである。

記述的命題と命令的要請を同じ仕方で判断することはできない。命題は経験的現実とかかわっているために、異議をとなえ、あるいは補足することができる。事実、このように特殊な場合でも、それらは真実からひどくかけ離れてはいない。アステカ人がキリスト教徒ではなく、食人と生贄を実行していることは異論の余地がないのだ。彼の論述は明らかに偏向しているが、インディオが生来従属する傾向があるという命題さえも、まったく信憑性に欠けているわけではない。インディオは権力にたいしてスペイン人と同じような関係はもたず、他ならぬ優越性／劣等性という単純な組み合わせは彼らにとって、社会全体の階級制度への統合ほどの重要性をもっていないことは確かなのだ。

要請の場合事情はまったくちがっている。それは事実の検証や程度の問題ではなく、信念にかかわり、したがってすべてか無かの問題なのだ。これがセプルベダのなかで働いているイデオロギーの基本原理である。それゆえに論議の対象にはなりえない（ただ拒否するか、受け入れるかするだけである）。彼がつぎのように議論を進めるとき、この要請を念頭においている。「聖アウグスティヌスもいっているように（書翰、75）、洗礼を受けずに死ぬたった一つの魂を失うことの方が、おびただしい犠牲者――たとえそれが無実の人々であろうとも――の死よりも重大さにおいて凌駕するのである」（『第二のデモクラテス』、p. 79）。〈古典的〉なものの見方とはこのようなものである。絶対的な価値が存在する。ここではそれは洗礼であり、キリスト教という宗教への所属である。この価値を手に入れることが、個人の最高の善と見なされるもの、つまり生命よりも重い意味をもつのだ。個人の生死はまさしく個人的な善であり、一方、宗教的な理想は絶対的な善、より正確にいえば社会的な善だからである。超個人的な公共の価値と個人的価値との差異はきわめて大きく、これらの価値が結びつけられた名詞があらわす数量と価値そのものとは反比例することさえある。つまり、一人の人間の救済は無数の人々の死を正当化するのである。

結論を先取りしてここでいっておきたいことは、徹頭徹尾セプルベダの敵対者として、ラス・カサスがこの原理をはっきり拒否することである。だからといって、彼はとくにキリスト教を裏切っているのではおそらくない。裏切るとすれば宗教一般の本質である。というのも一般的な意味での宗教とは超個人的な価値の肯定にあるからである。このようにして彼は〈古典的な〉立場を捨て、〈近代人〉の立場を告げているのである。彼はつぎのように書いている。「子供を井戸に投げ込んで洗礼を施し、魂を救済するとしても、もしそのとき子供が死ぬならば、それは行き過ぎであり、大罪であろう。」（『現存する悪を改善する策』、20）。無数の人々の死が一人の人間の救済によって正当化されないばかりではない。ただ一人の人間の死が、ときには彼の救済より重大なのである。個人的な価値――生と死――が公共の価値に打ち勝ったのだ。

セプルベダのイデオロギーの枠組みでは、どの程度までインディオ社会固有の特徴を知覚できるのだろうか。バリャドリード論争後のテクスト（ではあるが、精神はその延長上にある）、『王国と王の義務について』のなかで彼は書いている。「もっとも偉大な哲学者たちも、すぐれて文明化された国によって、想像を絶する未開の非文明的な人々にたいして、このような戦争がおこなわれることがあると言明している。なぜなら、彼らには文字の知識がまったくなく、金の使い方を知らず、女でさえ裸で生活しており、動物のように長い道のりを荷物をかついだり、背負ったりして運ぶからである。さて、つぎは彼らが獣のような未開の生活を送っている証拠である。すなわち、悪魔に捧げる忌まわしい、異常な人身御供、人肉を食べていること、首長が死ぬと妻も生きながらに埋葬されること、その他もろもろの同じような罪」（I, 4－5）。

セプルベダがざっと描いたインディオの姿は、それを作り上げる特徴の一つ一つによっても、それら特徴の組み合わせによってもかぎりない興味をそそる。セプルベダは差異に敏感であり、それを探し求めているといってもよい。だから、インディオ社会のうちでもっとも目を引く特色のいくつかを集めている。面白いのは、その過程でセプルベダもまた、インディオを美化することになるいくつかの特徴（文字、貨幣、衣服の欠如）を指摘していることである。もっともその記号をまったく逆の意味にとっているが。他ならぬこれらの特徴が一つに結びつけられたのはなにが原因であろうか。それについてはセプルベダは口を閉ざしている。だが、この結合は偶然ではないと考えてよい。成文法にかわって口承伝統が存在し、文字のかわりに絵が存在することとは、こちらと向こうとで存在一般と不在一般に割り当てられる役割が異なっていることを示している。文字は音声言語と反対に、話者の不在を可能にし、絵とは逆に、形象までふくめて指示対象の不在を可能にする。文字の不在のために余儀なくされる法と伝統の記憶の必要性は、すでに見たように即興にたいする儀礼の優位を生み出す。貨幣の不在についてもほぼ同様である。貨幣という普遍的等価物は、交換する財を並べて置く必要性を免れさせる。衣服の不在は、もし事実であれば、一方では身体がつねにそこにあって、視線にさらされていることを示し、他方では私的な状況と公的な状況、内的な状況と社会的な状況との間に差異が存在しないこと、つまり第三者という奇妙な地位を認めることがないということを示していたはずだ。最後に、役畜の不在は道具の不在と同じレベルで考えられるべきである。ふつう生物であれ無生物であれ補助者にゆだねられるあれこれの仕事を成しとげるのは、人間の身体つまり媒介物ではなく人間の肉体の役割である。

さて、これらの差異を作り上げる社会描写の底にある特徴を探り、それによって象徴的行動についての大まかな考察に入っていくことにしよう。私たちはすでに、〔アステカ人の〕言説がいわば〈過度に〉その指示対象《レフェラン》に依存していること（例の、嘘をつけないとか隠すことができないということである）、アステカ人がもっている他者の概念にはある種の欠落があることを確認しておいた。セプルベダが収集した〈証拠〉も同じ欠落に向かって収束する。すなわち、食人風習、人身御供、配偶者の生きながらの埋葬はどれを取っても、他者にたいして、自分と似ているが同時に異なっている人間としての身分を十分には認知していないことを示している。ところで他者性《アルテリテ》の本質を示す試金石は、目の前にいる身近な〈君〉ではなく、不在であるか遠くにいる〈彼〉である。セプルベダが指摘した特徴にもやはり、不在が引き受ける場所（不在が場所を引き受けるならばの話だが）に差異が見られる。声だけでやりとりをし、貨幣、衣服、役畜をもたないことは、いずれもが不在にたいする現存の優位、媒介されたものにたいする直接性の優位を示すことになる。まさにこの点において、他者の知覚というテーマと象徴的（あるいは記号論的）行動というテーマがいかにして交差するかを見ることができる。これはこの研究全体をつらぬく私の関心事である。さて、ある程度まで抽象が進むと、両者は見分けがつかなくなるのである。言語活動は他者を通してのみ存在する。それはたんに人がつねにだれかに話しかけるからだけでなく、言語活動が不在の第三者の喚起を可能にするからでもある。動物とちがって、人間は引用することを知っている。だが他者の存在そのものは、象徴体系が他者のためにあらかじめ用意している位置によって測られる。いまではよく知られているいくらでもある例しかあげないが、象徴体系内での他者の位置は（狭義の）文字が出現する前と後では同じではないのだ。したがって、他者性にかんする研究は必然的に記号論的であり、また逆に、記号論は対他関係を抜きにして考えることはできない。

このように指摘されたアステカ人の精神構造の特徴を、ドゥランの描写した生贄の形式が象徴作用について私たちに教えるものに関連づけることは興味深いであろう。生贄の形式についてドゥランはつぎのようにのべている。「祭りの四〇日前になると、一人のインディオに偶像をまねて、同じ装いで着飾らせた。つまり、この奴隷のインディオは偶像を表現しているのであった。清めの儀式をすますと、四〇日間、まるで彼が偶像そのものであるかのように崇められ、たてまつられた。（中略）神々に生贄が捧げられると、すぐさま彼らは一人残らず皮をはがされた。（中略）心臓が取り出され、東の方に捧げられると、皮はぎ人は――これこそ彼らの仕事である――死体を祭壇から降ろし、その首から踵まで縦に切り裂き、子羊のように皮をはいだ。皮は丸ごとするりとむけた。（中略）他のインディオたちはすぐにその皮を服のように着て、それがあらわしている神々の名を名のった。皮の上から、その神々に特有の装身具や記章を身につけると、彼らはめいめいが身代わりになっている神の名をあたえられ、自分を神であると思い込むのであった」（I, 9. 図10参照）。

最初の段階においてはしたがって、捕虜は文字どおり神になる。彼には神の名前、外観、記章、神とし

図10　剝いだ皮の使用法

ての待遇があたえられる。なぜなら神を自分のうちに吸収するには、その代理者を生贄にし、食べなければならないからである。とはいっても、このような同一化を決めたのは人間である。そして、この儀式を毎年くり返す以上、同一化が忘れられることはない。同時に彼らは、代理者と、代理者が象徴するものとを取りちがえでもしているかのように行動する。つまり、代理表現としてはじめられたことが、融即《パルティシパシオン》と同一化で終わるのである。ここには象徴作用に必要な距離が欠けているように思われる。つぎの段階では、ある存在あるいはその特性の一つと一体化するために（豊穣の祭りでは、しばしば女性の皮がはがされる）、文字どおりその皮を着る。個人に似せて作られる仮面を使ってはどうかとも思うが、仮面はまさしく似ているだけであって、それが代理する者の一部ではないのだ。ここでは、代理表現の対象そのものが、少なくとも外観（皮）として現前している。象徴するものと象徴されるものとが、本当の意味で切り離されていないのである。比喩的表現が文字どおりに受け取られたり、不在に出会うと思っていたところで存在に出くわしたりするようなものである。面白いことに、フランスにも〈だれかの皮のなかに身を置く〉〔他人の立場になってみる〕という表現があるが、まさか人間の皮はぎ儀式からきたわけではあるまい。

　このようにしてアステカ人の象徴的行動の特徴を指摘するにつけ、ただたんに二つの象徴表現の形式の差異だけでなく、一方が他方よりすぐれているという認識をもちたくなってくる。あるいはむしろ、もっと正確にいえば、類型学的描写から逸脱して、進化の図式にしたがいたくなるのである。これは不平等主義者の立場を純粋かつ端的に選択することになるのであろうか。私はそうは思わない。進化と進歩が疑いようのない領域が存在するのである。大ざっぱにいって、技術の領域である。青銅や鉄でできた斧の方が木や石の斧よりもよく切れること、また車輪の使用が肉体的労力を少なくすることはいうまでもない。ところで、このような技術的な発明はそれ自体、無から生まれることはない。それは人間に固有の象徴的器具の進化、ある種の社会的行動のなかにも同様に見られる進化によって（直接に決定されるのではなくても）条件づけられている。象徴体系にも〈技術《テクノロジー》〉があり、それは道具的技術と同じように進化する。そしてこのような視野においては、たとえ程度の差にすぎないとしても、スペイン人はアステカ人よりも（あるいは一般化していえば、文字をもつ社会は文字をもたない社会よりも）〈進歩〉しているのである。

だが話をセプルベダに戻すことにしよう。彼が差異に向けた関心のおかげで、彼の作品のなかに、インディオの民族学的記述の萌芽が見られることはその意味でも興味あることである。だが、ただちにいいそえておかなければならないのは、彼の場合、差異はつねに劣等性に還元されるために、その記述の醍醐味が大いにそこなわれてしまうことである。それはただたんに、インディオにたいするセプルベダの好奇心が弱すぎるために〈劣等性〉が明らかになると、差異の理由を問う気にもなれなくなるからとか、彼の語彙が記述的であることを目ざすよりもむしろ、価値判断（〈未開人〉、〈野蛮人〉、〈獣〉）をになっているからというだけでもない。彼の反インディオ的先入観が、論証の基礎になる情報をだいなしにしてしまうのである。セプルベダはすでに激烈な反インディオ論者であるオビエドの作品から情報をえることで満足し、微妙な差異や状況にはまったく無頓着である。馬、ロバ、牛、ラクダが新大陸では未知の動物であるのに、（インディオには役畜がいないとそのまま認めることをせず）役畜がいないからといって、どうしてインディオを非難するのであろうか。どんな役畜を彼らが使用できたというのであろうか。スペイン人自身この役畜の問題は早急には解決できないのだ。そのために、すでに見たように、征服後は荷役人夫の犠牲者数は増大する一方であった。コロンがカライブ諸島で確認した衣服の不在は、明らかにメキシコの住民を特徴づけるものではなかった。彼らの風俗は逆に洗練されており、コルテスやその仲間の感嘆の念をさそったのであった。貨幣の問題や文字の問題はいずれももっと複雑である。セプルベダの情報はだから、彼の価値判断とか、差異を劣等性と見なす同化的見方によってゆがめられている。とはいえ彼が描くインディオの姿にはつきざる興味がある。

セプルベダの階級的な考え方がアリストテレスの権威のもとに位置づけられていたとすれば、ラス・カサスの平等主義的な考え方は、当時すでにそう見なされていたように、キリスト教の教育から出たものとして示されるべきである。ラス・カサス自身、バリャドリードの弁論でつぎのようにいっている。「さらば、アリストテレスよ。永遠の真理であるキリストは、つぎのような教えをわれらに残されたではないか。〈汝自身のごとく隣人を愛せ〉と。(中略)アリストテレスは底知れぬ哲学者であったのだが、真の信仰を知ることによって救済され、神のもとにいたるというにはふさわしくなかった」(『新世界の住民を弁ずる書』3)。

つまりキリスト教が対立、あるいは不平等を知らないのではなく、キリスト教における根本的な対立とは信仰者と不信仰者、キリスト教徒と非キリスト教徒の対立なのである。ところで、どんな人でもキリスト教徒になることができる。つまり、事実としてある差異と本性の差異とは一致しないのである。アリストテレスに由来する主人―奴隷の対立の場合はまったくちがっている。奴隷は本質的に下等な存在である。理性は人間の定義そのものであり、信仰によって獲得することはできないが、奴隷にはこの理性が、少なくとも部分的には欠けているからである。平等がキリスト教の不動の原理であるように、階級性はギリシアーローマの伝統の一部分をなし、どうしても切り離すことができないのだ。極端に単純化した形ではあるが、西洋文明のこれら二つの構成要素が直接バリャドリードで衝突するのである。もちろん、双方それぞれの後ろ盾になっている権威は家紋的な価値しかもたない。だからキリスト教の教義の複雑さとか、アリストテレスの哲学の煩瑣さにたいする正しい評価がここで見られるなどと期待してはいけない。

インディオの権利を擁護し、いかなる場合にも彼らを奴隷にしてはならないと主張したのはラス・カサス一人ではない。事実、王家から出た公式の資料の大半はそう主張している。両国王がコロンにたいして、インディオを奴隷として売る権利を認めなかったことはすでに見たが、イサベラ女王もかの有名な遺言書のなかで、インディオの身体にいかなる危害も加えてはならないと主張している。一五三〇年のカルロス五世の勅令はとりわけ明快である。「何人であれ、戦時と平和時とを問わず、いかなるインディオといえども勝手に奴隷にすることを禁ずる。正当な戦争、買戻し、買入れ、物々交換などの口実であれ、また、たとえ島々や大陸の原住民自身が奴隷と見なしているインディオであれ、名目、口実のいかんを問わず、インディオを奴隷にしておくことを禁ずる。」スペイン植民地統治にかんする一五四二年の新法はこのような精神で起草される（そして新大陸の入植者と征服者たちの心底からの怒りをかうのである）。

同じく、一五三七年の教皇教書のなかで、パウルス三世はつぎのように断言する。「神《ヴエリテ》は（中略）この戒律を実現するために信仰を説く人々を派遣したとき、つぎのように語った。〈すべての国々へ行き、信仰を作れ〉と。神がいかなる区別も設けず〈すべての〉といわれたのは、すべての人が信仰の規律を受け入れることができるからである。（中略）インディオは、まぎれもなく人間なのであるから、（中略）いかなる方法であれ、彼らから自由や所有する財産を奪ってはならない。」この主張はキリスト教の根本原理から流れ出ている。つまり、神は自らの姿に似せて人間を創造したのだから、人間を侮辱することは、すなわち神自身に背くことなのである。

ラス・カサスが採用するのはこの立場であり、しかも平等を一切の人間の政治の根底に置くことによって、この立場にいっそう普遍的な表現をあたえている。「自然の法と規則並びに人間の諸権利は、キリスト教国であれ非キリスト教国であれ、すべての国々に共通であり、宗派、法律、政治体制、肌の色、身分のいかんを問わず、いかなる差異もない。」彼はさらにもう一歩を踏み出す。たんに抽象的な平等を主張するだけでなく、その平等が私たちと他者、つまりスペイン人とインディオとの平等であることを明確にするのである。彼が書いたもののなかに、しばしばつぎのような型にはまった表現があらわれるのはそのためである。「ここに居住するインディオは、すべて自由な者としてあつかわなければなりません。なぜなら、私自身の自由を生み出した権利と同じ権利によって、実際彼らは自由なのですから」(《皇太子フェリペ殿下への書翰》、一五四四年四月二〇日)。だが彼はスペイン人をインディオで置き換えるという比喩を苦もなく使って、自分の議論にことさら具体性をあたえることもできる。「もしモール人やトルコ人がやってきて、彼ら〔インディオ〕に同じ催告《レケリミエント》を突きつけ、マホメットは世界と人間の主であり創造者であると主張したとしても、彼らにはこの侵略者たちのいうことを信じる他なかったであろうか」(『インディアス史』、III、58)。

だが人間は平等だとするこの主張そのものは、ある特定の宗教、すなわちキリスト教の名のもとになされている。だからといってこの自派中心主義《パルティキュラリスム》が承認されたのではない。したがってこの主張にはインディオの人間性を肯定するばかりか、インディオのキリスト教的〈本性〉までも肯定する潜在的な危険性がひそんでいる。「自然の法と規則並びに人間の諸権利……」とラス・カサスはいった。だが、法と権利についてなにが自然であるかをだれが決定するのか。まさにキリスト教ではなかろうか。キリスト教は普遍主義であるから、すべての人間にたいする本質的な無＝差異《アン・ディフェランス》〔無関心〕をふくんでいる。この同化の危険は、バリャドリードで引用され、その正しさが擁護された聖ヨハネス・クリュソストモスのテクストにはっきりあらわれている。「人間の創造にいかなる質《ナチュレル》的な差異もないこととまったく同じことなのだが、すべての人々を救済しようとする呼びかけには、野蛮人であれ賢者であれ、どんな人にたいしてもなんの差異もない。なぜなら神の恩寵は、野蛮人が理性的な判断をもつように彼らの精神を矯正できるからだ」(『新世界の住民を弁ずる書』、42)。

生物学的な同一性がここではすでに(宗教を前にしての)一種の文化的な同一性を引き出している。キリスト教徒の神がすべての人々を招き、しかも〈救済する〉という語の意味を決定するのはキリスト教徒なのである。それゆえ、初期の段階でラス・カサスは教義の観点から、すべての人はキリスト教を受け入れることができることを確認する。「私たちのキリスト教は世界中のすべての民族にひとしく適合し、すべての民族に同じく開かれています。キリスト教は、いかなる民族といえどもその自由や主権を奪ったりはしませんから、どのような民族であっても、生まれながらの自由人と奴隷という差別を口実にして彼らを隷属の状態に陥れることはありません」(一五二〇年ごろ国王臨席のもとでおこなわれた演説。『インディアス史』、III、149)。だがそのすぐあとで彼は、すべての民族はキリスト教徒になる運命にあると断言し、このようにして可能態と現実態をへだてる一線を越えるのである。「被造物たる人間のうちで(中略)救霊予定者の一員、つまり聖パウロが教会という名で呼んでいるイエス・キリストの神秘体の一員として数えられないような、世代、家系、民族、言語は存在しなかった。とくに贖い主〔イエス・キリスト〕の受肉と受難のあとにはなおのことであるが(中略)」(『インディアス史』、I、《序言》)。「普遍の大道たるキリスト教が神の慈悲によって人類全体に授けられたのは、それは人類に異教の小道や宗派を捨てさせるためである」(同書、I、1)。

そしてこの主張は、根気よくくり返されているうちに、いつの間にか経験的な観察にもとづくものとして示されることになる。それによれば、インディオはすでにキリスト教徒の諸特徴をそなえており、自分たちがいわば〈野生状態の〉キリスト教徒であることを認めてもらいたがっているのである。「これまで他のいかなる時代においても、他のいかなる民族においても、キリスト教への改宗にふさわしい、これほどの力量、これほどの素質と気質が見られたことはありませんでした。（中略）キリストの軛を受け入れるのに、この土地の人々ほど従順でしかも忌避が少なく、これ以上性格的にも能力的にも適している国民は、世界中のどこにもありません」（《インディアス枢機会議への書翰》、一五三一年一月二〇日）。「インディオはきわめて温厚で慎ましやかであるから、世界中の他のいかなる民族以上に、偶像崇拝を捨て、神の言葉と真理の布教を、どの地方でもどの人々でも受け入れる傾向と態勢が整えられている」（『新世界の住民を弁ずる書』、1）。

ラス・カサスによれば、インディオの最大の特徴はキリスト教徒と似ている点である……。彼が描いたインディオの肖像のなかに他にいったいなにが見出せようか。インディオはキリスト教徒の美徳をそなえている、インディオは従順で平和を好む。つぎは、彼の生涯のさまざまな時期に書かれた、多様な著作から抜き出したいくつかの成句的表現である。「ここの原住民が全体として、性質はすこぶる温厚で慎み深く、貧しく、武器も身を守る術ももたず、きわめて無邪気で、我慢強く忍耐強いことは、まったくこの世に類がない」（『インディアス史』、I、《序言》）。「非常に従順で美徳に富んでおり、生まれつき平和を好む」（『報告』、〈諸王国について……〉）。「彼らの大多数は生来平和を好み、温厚で、害のない人々です」（《セプルベダへの反論》）。「インディオは、（中略）性質は温厚で、謙虚で……」（《カランサへの手紙》、一五五五年八月）。

ラス・カサスのインディオ認知は、〈善良な未開人〉を信じていた時代のコロンと同様大まかなもので、しかもラス・カサスはインディオに自らの理想を投影していることをほとんど認めている。「ルカージョ族〔バハマ諸島の住民。現在は絶滅。本書一六三—四頁参照。〕は（中略）詩人や歴史家たちがあれほどのすばらしさを歌い上げた黄金時代の人々のような生活を現実に送っていた」と彼は書いているし、さらにあるインディオについては、「私は彼のなかに、無垢な生活を送っていたころのわれらの父アダムの姿を見るような思いがした」（『インディアス史』、II, 44-45）とも書いているのである。こういった記述はたんに時間的な幅をもって書かれているばかりでなく、描かれる種族が、ときにはフロリダとペルーというようにたがいに遠くへだたった、別々の種族であるだけに、ここで使われている形容語句の単調さがいっそう際立って見えてくる。どの種族も判で押したように〈従順で温厚〉なのである。ラス・カサス自身もときにそのことに気づきはするが、ほとんど意に介していない。「彼らの儀式や習慣は若干の点で異なっているが、少なくともつぎの点で、すべての種族、もしくはほとんどすべての種族が似ているのである。すなわち、彼らが素朴で、平和を好み、愛想がよく、謙虚で、物惜しみせず、そしてアダムのすべての子孫のなかで、一種族の例外もなく、もっとも忍耐心に富んでいることである。彼らはまた信仰と創造主のことを教えるのにもっとも適している人たちである。学ぶことを従順に受け入れるからである」（『インディアス史』、I, 76）。『報告』の〈序言〉に見られるつぎの描写もこの意味で示唆的である。「神は、この地方一帯に住むあらゆる種類の無数の人々をことごとく、きわめて素朴で、悪意も陰日向もない人間としてお造りになった。土着の領主たちにも、また現在彼らがつかえているキリスト教徒にも非常に素直で忠実であり、世界でもっとも謙虚で、辛抱強く、平和を好み、おとなしく、恨みを抱かず、騒々しくなく、乱暴も喧嘩もせず、何事も根にもたず、人を憎まず、復讐心を抱かない、そのような者として神は彼らをお造りになったのである。」ここで、ラス・カサスがインディオをほとんど否定的あるいは欠如的な用語だけで描写しているのは驚くべきことである。彼らには欠点がない、こうでもない、ああでもない……。

さらに、肯定的にいわれているのは（またしてもコロンの場合のように）、善良な、おとなしい、辛抱強いといった心理状態だけであって、差異の理解を可能にすると思われる文化的あるいは社会的な布置《コンフィギュ》《ラシオン》では決してない。一見して説明不可能なある種の行為も同様である。残忍な怪物のように描かれているスペイン人にたいして、なぜインディオはかくもへりくだって服従するのか、わずかばかりの敵に、なぜ彼らはあっけなく敗走させられたのか。たまたまラス・カサスの念頭に浮かぶ唯一の説明は、彼らが真のキリスト教徒として振舞っているからということである。たとえば、彼はインディオが物的財貨にある程度無関心であることに気づく。彼らがあくせく働いたり、金持ちになろうとしないのはそのせいである。その説明として、インディオは生まれつき怠け者だと主張するスペイン人もなかにはいた。ラス・カサスは答える。「生まれつきの野心と飽くことのない金銭欲のせいで、かりそめの富や財産をかき集めようとして、われわれがしている熱烈な、たゆまざる苦労に比べれば、ここの原住民はぶらぶらして遊んでいたようなものであることは、私も認めよう。だがそれは彼らが生まれつきそうだというのではなく、最小限の必要なもので満足する生活をほめたたえる、神の掟と福音書の教える完徳にかなった生き方なのだ」（『インディアス史』、III, 10）。このようにしてラス・カサスの正確な第一印象は、キリスト教精神の普遍性を確信しているがゆえに特徴のないものとなってしまう。たとえばインディオが富に無関心なのは、彼らがキリスト教道徳を身につけているから、となってしまうのである。

彼の『弁明的史論』には確かに、彼自身とか宣教師たちによって集められたインディオの物質的、精神的生活にかんする厖大な情報がおさめられている。だがこの作品の題名そのものが物語っているように、そこでは歴史が自らを弁明している。ラス・カサスにとってもっとも重要なことは、インディオの風俗、習慣のどれをとっても彼らが下等な存在であることを証明するものではないということである。彼は価値評価のカテゴリーをもって個々の事実に接近する。それで検討の結果ははじめから決まっている。だからラス・カサスの書物が今日民族誌的資料としての価値をもっているとしても、それは著者の意図とはかかわりないことである。ラス・カサスの作品から引き出すことができるインディオの肖像が、セプルベダの書き残したものより明らかに貧しいことを認めなければならない。そこにはインディオについて学ぶものが事実上なに一つないのだ。優越性という偏見が認識の過程で障害となることが疑いないとすれば、平等の偏見はなおいっそう大きな障害物であることも認めなければならない。なぜならこの偏見は、他者を自分自身の〈自我の理想〉（あるいは自我）と純粋かつ端的に同一視するからである。

　ラス・カサスはどのような紛争でも、とくにスペイン人とインディオの紛争は、唯一の、しかも完全にスペイン的な対立をあらわす用語、信徒／異教徒のなかで見ている。彼の立場の独創性は、有価値極（信徒）を他者に、無価値極を〈私たち〉（スペイン人）に割り当てている点である。しかしこの価値の逆転配置は、明らかに彼の精神の寛大さを証明するものではあっても、図式的なものの見方の欠点を補うものではない。このことは、インディオとスペイン人の対立を描くのにラス・カサスが用いている類比的思考《アナロジー》のなかにはっきり見ることができる。たとえば彼は、使徒と雌羊、異教徒と狼あるいはライオンを対応させるといった福音書的な比喩を全面的に利用する。このような比喩は征服者たちも用いていることを覚えておられると思うが、彼らは〔ラス・カサスと違って〕この比喩につぎのようなキリスト教的な意味づけはしていない。「スペイン人たちは、創造主によってかくも多くの美点を授けられたこれら従順な羊の群れに出会うと、たちまちまるで何日も前から腹を減らしていた猛り狂った狼やライオンのようにそのなかに突き進んでいったのだ」（『報告』、《序言》）。

同様に、彼はインディオをユダヤ人に、スペイン人をファラオに、さらにはインディオをキリスト教徒に、スペイン人をモール人に見立てる。「（インディアスの）支配はユダヤ人を追放したエジプト王の統治よりもはるかに不正で残酷である」（《インディアス枢機会議への覚書》、一五六五年）。「この戦争はトルコ人やモール人がキリスト教徒にたいしておこなった戦争よりもっと残虐であった」（《バリャドリードの弁論》、12）。ついでに、ラス・カサスがイスラム教徒にたいして情け容赦もないことを指摘しておこう。おそらくそれはイスラム教徒は潜在的なキリスト教徒と同一視できないからである。『新世界の住民を弁ずる書』でインディオを他者だというだけで〈野蛮人〉あつかいするのは不当だと証明するとき、彼は「民族のまぎれもない屑であるトルコ人とモール人」（同書、4）を断罪することを忘れない。

新大陸のスペイン人はといえば、つまるところ悪魔と同一視される。「このようなキリスト教徒には悪魔という名の方がふさわしいのではなかろうか。またインディオを新大陸にいるキリスト教徒に手渡すぐらいなら、むしろ地獄の悪魔に引き渡した方がまだましではなかろうか」（『報告』、《ヌエバ・グラナダ王国について》）。「悪魔がインディアスから追い出されるまで」（《皇太子フェリペ殿下への書翰》、一五四五年一一月九日）自分は征服者たちにたいして戦い続けるであろう、とさらに彼はいっている。この文章は耳なれた言葉を思い出させる。同じように「悪魔が島々から追放されるであろう」ことを期待した、人種差別主義者の歴史家オビエドである。なんのことはない、ただ悪魔を取り替えただけのことである。オビエドの場合はインディオで、ラス・カサスの場合はスペイン人である。だが〈概念化〉の仕方は同じままである。したがってラス・カサスはインディオに無知であると同時に、スペイン人を見誤っている。スペイン人が彼のような（あるいは彼が理想とするような）キリスト教徒でないことは確かである。だが、スペイン人の精神構造のなかで起こった変化を、ただ悪魔が取りついたのだとして、つまり問題にされた準拠の枠組みをそのままにして説明しても、その変化を捉えることはできない。運命だと判断していたものを偶然だと考えるようになっていたスペイン人には、宗教生活の（あるいは無宗教生活の）新しい生き方が生まれていたのである。このことはある点では、彼らが大西洋にまたがる帝国を苦もなく建設し、ヨーロッパが世界の大部分を支配するのに貢献したことの説明にもなろう。これこそ彼らの適応と即興の能力の源泉ではなかろうか。だがラス・カサスはこのような宗教生活の方式を無視する方を選び、ここでは歴史家としてではなく、神学者として振舞っている。

実際、歴史にかんしては、ラス・カサスはもはや空間的ではなく時間的に、同じような自己中心的な立場を堅持している。もし彼がインディオからいずれ不評を蒙るような、スペイン人とインディオの差異を認めるとしても、それはその差異を唯一の進化論的な図式にただちに解消するためでしかない。つまり、彼ら（あちら）はいま、かつての私たち（ここ）のようなものなのである（もちろんこの図式を考え出したのは彼ではない）。歴史のはじめには、すべての民族が粗野で野蛮であった（ラス・カサスは近代特有の野蛮さを認めようとしない）。時代を経るにつれてそれらの民族は文明（はっきりいえば、ヨーロッパ文明）に到達する。「インディオ民族にさまざまの欠点や文明化されていない乱れた風習を見つけてびっくりしたり、またそのために彼らを軽蔑したりする理由はなにもない。なぜなら、すべての民族といわないまでも、世界中の大部分の民族ははるかに堕落し、理性からはほど遠く、退廃していたし、また人徳の実践や統治方法に分をわきまえ、慧眼を誇るところからも遠かった。われわれ自身もはるか祖先のころは、スペイン全域にわたって、風俗からは道理も失せ壊乱し、悪徳と獣的習慣によってひどい惨状を呈していたのである」（『弁明的史論』、III, 263）。

ここにもまたラス・カサスのまぎれもない寛大さが見られる。彼は他者が異なっているというだけで蔑視することに反対する。だがすぐにもう一歩進めて、そもそも他者は〔私たちと〕異なってはいない（あるいは、異ならなくなるであろう）とつけ加える。平等の要請は結果として同一性の断定をともなう。だが他者性《アルテリテ》について作られたこの第二の大きな姿は、第一の姿より明らかにいっそう好感のもてるものだとしても、私たちが他者を理解することをますます困難にしてしまうのである。

## 3　奴隷制、植民地主義、コミュニケーション

ラス・カサスはインディオを愛する。そして彼はキリスト教徒である。彼にとってこの二つの特徴は固く結びついている。キリスト教徒であるからこそ、彼はインディオを愛するのであり、彼の愛は彼の信仰を明示する。とはいってもこの結びつきは自明ではない。すでに見たように、キリスト教徒であるからこそ、彼はインディオをうまく認知できないのだ。ある人のアイデンティティを知らず、このアイデンティティのかわりに自分の自我または自我の理想の投影を見ている場合、その人を本当に愛することができるであろうか。ご存知のように、このようなことは人間関係のなかでは可能であり、よく見られることでもある。だが文化どうしの出会いの場合はどうであろうか。自我の名において他者を変形しようとする危険、したがって他者を支配しようとする危険を冒すことにならないであろうか。ではこのような愛にはどんな価値があるのだろうか。

インディオの立場で書かれたラス・カサスの最初の大論文は『あらゆる人々を真の宗教へ導く唯一の方法』と題されている。このタイトルそれ自体がラス・カサス的立場の両義性を簡明にあらわしている。ここでいう〈唯一の方法〉とはもちろん、優しさ、平和的な説得である。ラス・カサスの作品は、福音伝道という目的遂行から戦争を正当化しようとする征服者たちに反対して書かれている。ラス・カサスはこのような暴力を認めない。だが同時に、彼にとって〈真の〉宗教は一つしかない。彼の宗教である。しかも

この〈真理〉はただたんに個人的な真理ではなく（ラス・カサスは宗教を彼にとっての真理だとはみなしていない）、普遍的な真理である。それはすべての人に有効である。だから彼自身が福音伝道を断念することはないのである。ところで他の人はいざ知らず、自分自身は真理に精通しているという確信を抱き、その上その真理を他の人たちにも押しつけなければならないと確信しているとすれば、それ自体がすでに暴力ではなかろうか。

ラス・カサスの生涯はインディオのためにおこなったさまざまな活動によって豊かに彩られている。しかしつぎの章でまた触れることになる彼の晩年の活動をのぞけば、これらの活動はすべて同じ両義性のどちらかの形式が刻印されている。インディオの立場に立つという〈回心〉をおこなう以前でも、彼はインディオからすれば十分に親切で人間味にあふれている。しかし彼の役割の限界は非常に早くあらわれる。カオナオ族の虐殺のことは覚えておられると思うが、彼はナルバーエス隊付き従軍司祭としてこの虐殺の証人でもあった。いったい虐殺されるインディオの苦痛をやわらげるために彼になにができるだろうか。以下は彼自身が語っていることである。「ちょうどそのとき、若いインディオが入ってきた。そこに居合わせた一人のスペイン兵が三日月刀か短刀を抜いて、まるで遊び半分に、相手の脇腹を突き刺したので、内臓がどっと飛び出した。この不幸なインディオは自分の手で腸《はらわた》をつかんで、家のなかから走って逃げて行った。彼はそこでばったりと神父（ラス・カサス）に出会った。神父は彼に見覚えがあったので即座に信仰について話しかけ（だが何語でだろう）、もし洗礼を施されれば、お前は天国に召され神とともに暮らせるだろうと、この苦しい状態でも可能なかぎり相手に分からせようとした。この不幸な若者は涙を流し、まるで火焙りにされているようだと苦しさを訴えながら、その説得を受け入れる旨の答えをした。そこで神父は洗礼を施すと、そのインディオはたちまちその場にばったりと倒れ、息絶えてしまった」（『インディアス史』、Ⅲ、29)。
信者にすれば、魂が（洗礼を受けて）天国に行くのかそれとも地獄に行くのかを知ることは、もちろんどうでもいいことではない。この行為を実行する場合、ラス・カサスは隣人愛によって立派に行動している。しかしながら、いまはの際に（in extremis）このようにして洗礼を施すことには、なにか人を馬鹿にしたようなところがある。この点についてはラス・カサス自身も別の機会を捉えて触れている。ここでは改宗させなければならないという配慮が突飛な行動を取らせており、救済は事実上、悪と釣り合うほどのものにはなっていない。インディオがキリスト教化することから引き出せる恩恵は、ベルナール・ディアスが報告するつぎの逸話にも示されるように、当時はかなり取るに足りないものである。「イエスは首長がキリスト教徒になることをお許しになった。修道士が彼に洗礼を授けた。そしてアルバラードに願い出て、彼を火焙りの刑ではなく絞首刑にする許可をえた」(164)。クワウテモクもまた「いうなればキリスト教徒らしい死に方をした」。「スペイン人は彼をパンヤの木に首吊りにした」が「彼の手に十字架をにぎらせた」（チマルパイン、7、206)。

ラス・カサスは〈回心〉(訳注)と同時に、自分の所有していたインディオを解放し、その後、新たな計画に乗り出して行く。現在のベネズエラにあるクマナ地方を平和裡に植民地化しようとするのである。ドミニコ会やフランシスコ会の修道士、それに農民入植者たちを、兵士のかわりにスペインから連れてこなければならない。これは精神的にも物質的にもまさしく植民地化である。だがこの植民地化は、暴力によらずにおこなわれなければならない。この派遣は失敗に終わる。ラス・カサスは、連れてきたスペイン人たちに次第次第に譲歩せざるをえないことに気づく。他方でインディオは彼が期待していたほど従順ではない。そういうわけで事業は流血のなかで幕を閉じるのである。ラス・カサスはそこから退散するが、やる気を失うわけではない。およそ一五年後、グアテマラのとりわけ物騒な地方の社会秩序の回復に取り組む。この地方はベラ・パス〔真の平和の地〕と改名されるだろう。今度もまた修道士が兵士のかわりにならなければならず、またその結果は、兵士の植民地経営の場合と同じか、いやそれ以上によくなるはずである。王国の利益は彼の忠告にしたがえば増大するであろうとラス・カサスは約束する。「私たちはまさに彼らを馴化し、われらが主君、国王陛下に仕えさせるばかりのところであります。また彼らに改宗を促し、彼らの創造主についての知識を授けるべく手筈が整っていると申し上げる次第であります。そのあとで、彼らの財力が許す範囲内で、これら原住民が毎年陛下にたいし年貢や賦役を差し出すようにいたす所存であります。これら一切は国王陛下、スペイン、そしてこの地の国々にとって最大の利益をもたらすためでありますし」(《ある宮廷人への手紙》、一五三五年一〇月一五日)。この計画は最初の計画よりうまく行く。だがそれから数年して、宣教師たちは身の危険を感じると進んで軍隊の助けを求めるのである。軍隊はいずれにせよすぐそばにいたのだ。

黒人奴隷にたいするラス・カサスの態度もまたこのような脈絡のなかで考えられるべきだろう。ドミニコ会神父〔ラス・カサス〕の反対者たちは数の上ではつねに勝っていたが、黒人奴隷にかんする彼の態度にインディオ問題での彼のえこひいきの証拠、つまりインディオ絶滅についての彼の証言の信憑性に異議を申し立てる手段を見出すことを忘れなかった。それはこじつけ的な解釈ではあるが、ラス・カサスが最初インディオと黒人にたいして同じ態度を取らなかったことは事実である。彼は前者〔インディオ〕の奴隷化は認めないが、後者〔黒人〕の場合にはそれを認めるのである。注意しなければならないのは、当時、黒人の奴隷制は既成の事実であったのにたいし、インディオの奴隷化はラス・カサスの目の前ではじまったということである。だが『インディアス史』を書く時期になると、その両者をもはや一切差別しないと断言する。「私はつねに黒人の奴隷化を不当で横暴だと見なしていた。というのも、同じ理由が黒人、インディオ双方に当てはまったからである」(『インディアス史』、III, 102)。とはいえ、一五四四年においてもなお黒人奴隷を所有していたことが知られている(インディオは一五一四年には放棄していた)。事実、『インディアス史』にはまだつぎのような表現が見られる。「この新大陸にやってきて、住民をまるでアフリカ人かなにかのようにあつかった人々の盲目ぶりは信じがたいほどである」(II, 27)。ここにインディオにかんする彼の証言の信憑性を否定する事実があるとはいわないまでも、黒人にたいする彼の態度はあまりはっきりしたものではないと考えざるをえない。それというのも、彼の寛大さとは同一化の精神、つまり他者は自分と同じようなものであるという主張を根拠にしているからなのだが、この主張も黒人の場合にはあまりにも突拍子もないことであるからなのであろうか。

確かなことが一つある。ラス・カサスがインディオ併合の中止を望んでいないことである。ただ彼は、それが兵士によってではなく修道士によってなされることを望んでいる。一五三一年一月二〇日のインディアス枢機会議への書翰のなかでいわれていることがそれである。征服者は「この大陸から追放され、神を恐れ、良心と真の賢明さをもつ人々に取ってかわられる」べきである。ラス・カサスの夢は、教権が世上権の上に立つ教権政治国家の夢である(これはある意味で中世に逆戻りすることだ)。彼が提案する変革の最良の表現はおそらく、サンタ・マリアの司祭が一五四一年五月二〇日、国王に宛てた書翰のなかからラス・カサスが偶然見つけ出した比喩であり、彼はそれを自分の責任で『インディアスの破壊についての簡潔な報告』のなかに収録している。この地を「堕落した父親の権力から」奪い返し、「彼女(この地)にふさわしい分別のある夫をあたえ」なければならないのだ。つまりラス・カサスはセプルベダとまったく同様に、植民地を女性にたとえている。そして(女性やインディオの)解放など問題にもならない。父親が残忍であることが分かったら、分別があることを期待するしかない夫で置き換えるだけで十分なのである。ところで女性の解放にかんしては、キリスト教の教義はむしろアリストテレスと一致する。奴隷が主人の必要物であるように、女性は男性の必要物なのである。

従属と植民地化は維持されなければならないが、別のやり方でおこなわれるべきである。このようにして得をするのはインディオだけでない（拷問も絶滅もされない）、国王もスペインもそうである。ラス・カサスはこの第一の論拠（インディオ）にあわせて、第二の論拠（国王とスペイン）を敷衍することを忘れない。自分の話に注意を引きつけるためにこのニンジンをちらつかせているだけなのだから、こんなことをするのは誠実ではないと思われるかも知れない。だがそんなことはたいした問題ではない。なぜなら、これを立証することは不可能であるし、ラス・カサスの原文《テクスト》には、つまり公に働きかけることができるものには、植民地化によって引き出せる物質上の利益があることがはっきり謳われているからである。一五一五年老王フェルナンドに召されたラス・カサスは、自分の提案は「王の良心と領土にとって最大の重要性をもっている」（『インディアス史』、III, 84）と具申している。一五一六年の意見書では「陛下にとってはそのすべてが大きな利益をもたらすものとなるでしょう。陛下の収入はそれ相応に増大することでありましょう」と断言している。一五三一年一月二〇日付のインディアス枢機会議宛の書翰では、彼の忠告にしたがえば「その上にはかり知れない利益と疑いようのない繁栄の約束」がえられようとか、一五三五年のニカラグアからの書翰では、修道士の方が「広大な王国を失わせ、多くの財産を奪い去り、あれほど多くの驚くべき財宝を剝奪した者よりも、少しばかり多く国王陛下の役に立った」と書いている。

このように何度もくり返して主張しているにもかかわらず、ラス・カサスが国王の支配権を否定しようとしているという疑惑は完全に拭い去られたわけではない。だから彼の方から王権が正当であると思われる理由を数え上げ、はっきりとその疑惑から身を守る必要があった。とくに『三〇の法的命題集』（一五四七年）と『スペイン国王のインディアス支配権を立証する論』（一五五二年）の場合がそうである。後者のテクストにはつぎのようなものが見られる。「ローマ司教〔教皇〕が異教徒にたいして支配権をもっていることは疑問の余地がない。」「ローマ教皇座はだから、これら異教徒のいくつかの領土を選び、キリスト教の君主に割り当てることができる。」「インディアスにおいてキリスト教布教の任務を果たすように司教座によって選ばれた君主は、必然的に前述したインディアスにおける最高の統治権および永遠の君主制をあたえられ、多くの諸王の上に立つ皇帝であるべきである。」ここでは各地の諸王にも権力のようなものは残されているにせよ、あの催告の替え歌を聞いているような気がしないであろうか。

他のインディオ擁護者がとった態度もこの点では同じである。彼らに戦いを仕掛けてはならない、彼らを奴隷にしてはならない。そのことによってインディオ（および国王の良心）の苦しみを免れさせるだけでなく、スペインの財政改善にも貢献するからである。モトリニーアは書いている。「もしも修道士の働きがなかったならば、それこそ家や農場で人を使おうにも、召使がいないという状態になっていたであろう。スペイン人たちはこのことにさっぱり気づいていない。なぜならサント・ドミンゴをはじめ、原住民がすでに絶滅してしまった他の島々での経験からも明らかなように、スペイン人たちが彼らを皆殺しにしてしまったからである」（『ヌエバ・エスパーニャ布教史』、III、1）。司教ラミレス・デ・フエンレアルはカルロス五世宛の書翰に「インディオはだれであれ奴隷にしないのが一番であります。と申しますのも、彼らこそ領土を有効に活用できるはずですし、彼らが大勢いるかぎりは、スペイン人にはなに一つ不足するものはないからであります」と記している。

引用文をかき集めることによって、ラス・カサスやその他のインディオ擁護者たちがちがったやり方で行動すべきだったとか、あるいは行動できたはずだなどといいたいのではない。いずれにせよ、私たちが目にする資料は大多数が王宛の書翰であり、王に領土を放棄するように提案することが得策であったのかどうかはよく分からない。逆に、インディオにたいし人間的な態度をとるように要求することによって、彼らは唯一可能な、それでいて本当に役に立つことをしているのである。もしだれかがインディオの立場を改善するために貢献したとするならば、ラス・カサス以外にはあるまい。インディオの敵対者、白人優位の信奉者など、これらすべての人々がラス・カサスにたいして抱いたおさえがたい憎悪がその十分な証拠である。彼は自分にもっともふさわしい武器を用いて、つまり倦まずたゆまず書きつづけることによってこのような結果をえたのである。ラス・カサスはインディオ絶滅について不滅の記述を残した。以来彼らに捧げられた文章の一行一行は――本書もふくめて――かなりの部分をラス・カサスに負っている。彼のように、彼と同じように献身的に、他者の運命を改善するためにはかり知れない精力と半世紀にわたる自己の生涯を捧げることはだれにでもできることではなかった。ラス・カサスやその他のインディオ擁護者たちがになったイデオロギーが他ならぬ植民地主義者のそれであることを認めることは、なんら人間的な偉大さを貶しめるものではない。彼の政策を冷徹に判断することが大切なのは、まさしくその人物に敬服せざるをえないからなのである。

スペイン両国王は見かけにだまされはしない。一五七三年フェリペ二世の治下、〈インディアスの人人〉にかんする基本法が作成される。インディアス枢機会議の責任者であり、この勅令の起草者でもあるフワン・デ・オバンドは、ラス・カサスの主張を理解しているばかりでなく、一五七一年にはあの有名なバリャドリード論争の書面を宮廷に提出させてもいる。以下はその勅令からの抜粋である。

「これらの発見を征服と呼ぶべきではない。われわれはこの発見が平和裡に、慈悲心をもっておこなわれることを望むがゆえに、〈征服〉という語を使用することによって、武力行使あるいはインディオにあたえた損害にたいするいい逃れになることを望まないからである。（中略）この地方の民族、言語、宗派、原住民の部族、およびこれらの住民がしたがっている領主が多種多様であることを知らなければならない。しかる後に、物々交換や商取引の装いのもとで、これら原住民に大いに愛情を示し、おだて上げ、贈り物をしたり細々とした品物をあたえて興味を引きつけておいて、彼らと友好的な関係に入るのである。そうすれば、物欲しげな顔をしなくても、この地方の平定を促進するのにもっともふさわしいと思われる首長や領主と友情の絆を結び、同盟を結ぶことができるであろう。（中略）インディオがより多くの畏敬と崇敬の念をもって教義に耳を傾けるようにするためには、司祭は手に十字架をもち、少なくともミサ用の白衣か、でなければ袈裟をまとっていなければならない。またキリスト教徒には、彼らを見習って異教徒が教化を受け入れる気を起こすよう、大いに尊敬と崇拝の念を込めて説教に耳を傾けるように命じなければならない。必要であれば、司祭は音楽や歌い手を使って注意を引きつけ、異教徒を自分たちの仲間に誘い込むこともできる。（中略）司祭は教育するという口実で彼らの子供を連れてこさせ、人質として手元に置いておく必要があるだろう。またいざという場合の身の安全のためにも、彼らを説得して、教育ができるような教会を建設する必要もあろう。このような手段によって、また他の同じようなやり方で、インディオは平定され教育されるであろう。だがどんなことがあっても彼らに害をあたえてはならない。なぜならわれわれが求めているのは、彼らの幸福と改宗に他ならないからだ。」

『勅令』の文面を読むと、パラシオス・ルビオスの『催告』をはじめとして、ラス・カサスだけでなくコルテスの姿が見え隠れすることに気づく。もとの勅令はラス・カサスとコルテスがになった言説によって複雑な影響を蒙ったのである。ラス・カサスから受けたのはもちろん優しさである。奴隷制度と暴力は、やむをえざる場合をのぞいて追放される。〈平定〉とその後の運営は節度をもっておこなわれ、課税も良識的な線でとどめられるべきである。また、もし地方の首長が王国の利益に奉仕することを承知すれば、彼らの地位はそのままにしておくべきである。改宗といえども押しつけるのではなく、ただひたすら差し出さなければならない。インディオはキリスト教をただ彼らの自由意志によってのみ選ぶべきである。だが、この見せかけをすすめる言説が受容されているという驚くべき事実は、コルテスの（広めた）影響をおいて考えることができない。この点について原文はこの上なく明快である。追放すべきは征服ではなく、〈征服〉という語である。〈平定〉とは同じことを指す別な語にしかすぎない。だがこうした言語上の配慮が無意味だとは思われない。つぎに、商取引の装いのもとで、愛情を示し、物欲しげな顔をすることなく行動しなければならない。このような言葉を理解できない人たちにたいしては、がらくた同然の贈り物をやるべきだとはっきり記されている。これらのものがインディオを喜ばせさえすればそれで十分なのだ（これはコロンが贈り物とした赤い帽子の伝統である）。同時に、福音伝道はコルテスがはじめた〈音と光〉の見世物の演出を利用している。儀式はできるだけ荘厳に執りおこなわれるべきである。司祭はもっとも美しい装飾品で身を飾る。音楽もまた一役買うであろう。注目すべきことは、スペイン人の信仰心を当然のこととしてはもはや当てにできなくなっていることであり、したがってここでもまた、見せかけを調整しなければならないことである。スペイン人に要求されるのは、敬虔なキリスト教徒であることではなく、そのようなふりをすることである。

このような明白な影響があるにもかかわらず、『催告』の意図は相変わらず存続しているし、これらの領土をスペイン王国に従属させるという全体的な目標が変更されたのでもない。しかもニンジンのかわりに鞭の用意も忘れない。教会はたんに美しいだけではだめで、要塞として役立たなければならない。教育については、寛大にも貴族の子弟に提供されるわけだが、いざという場合には彼らを捕えて、おどしの種として使おうという魂胆なのだ(現代の学校におけるみなさんの子供は人質なのである……)。

支配する前に情報を集めなければならないとする、コルテスのもう一つの教訓も忘れられてはいない。コルテス自身、征服後の文書のなかでもこの規則を忘れずにはっきりのべている。たとえば、つぎのカルロス五世宛の報告書(一五三七年)である。ある地方を征服する前には、「そこには人が住んでいるか、いかなる種族の人々が住んでいるか、彼らの宗教あるいは儀式はいかなるものか、なにを食べて生きているか、領地内にはなにがあるかを確かめ」なければならない、と彼は書いている。ここに将来の民族誌的な活動を垣間見ることができる。つまりこれらの国々を探険することによって、その(最善の)開発が可能になろうというわけである。周知のようにスペインは、王室のすすめで企画された調査のおかげで、組織立ってこの教えを適用した最初の植民地主義国家である。一種の新たな三位一体が、かつての征服者《コンキスタドール》―兵士に取ってかわった、というより彼らを背景に追いやったのである。彼らはつねに介入しようとすきを窺っているはずだから。ところでこの新三位一体とは、学者、修道士、商人からなっている。学者は国の状態についての情報を集め、修道士は精神的な同化を可能にし、商人が利益を確保する。彼らはたがいに助け合い、そろってスペインのために貢献するのである。

ラス・カサスと他のインディオ擁護者たちはスペインの領土拡大に敵対しているわけではない。だが彼らはその形態のうちの一方だけを好むのである。この形態のそれぞれを聞きなれた名で呼んでみよう(この名がかならずしも歴史的に正確ではないとしても)。すなわち、彼らは植民地主義《コロニアリスト》イデオロギーの立場から、奴隷制擁護《エスクラヴアジスト》のイデオロギーに反対するのである。奴隷制擁護論《エスクラヴアジスト》とはこの言葉の意味からして、他者を物体と同列に追いやることである。それはインディオを人間以下にあつかうすべての行動のなかに顕著にあらわれている。インディオの肉は生き残ったインディオとか犬に食わせるために使われる。インディオを殺して、スペイン人の傷を癒すと見なされている脂を抽出する。彼らは食肉用動物と同一視されているのである。木を刈り込むように、鼻、手、乳房、舌、性器など末端部をことごとく切り落し、彼らを不格好な切り株に変えてしまう。インディオの血を川の水でもあるかのように、庭にまくのに使おうと考えたりする。ラス・カサスの報告には、女奴隷の値段がちょうど雌牛の場合のように、妊娠しているかいないかによって値をつり上げる様子が描かれている。「この堕落した男は、ある徳の高い聖職者の前で、身重の女は奴隷として高値で売れるので、精一杯多くの女を孕《はら》ませたと、恥じる様子もなく得意気に自慢した」（『報告』、《ユカタン王国について》）。

だがこのような形で人間を利用しても、もちろん採算はまるであわない。もし、他者を物体と見るかわりに、今後所有しうる物体の生産可能な一主体と見なすならば、連環の鎖は一つの環——媒介的な主体——の分だけ延長することになるであろうし、そうなれば所有物の数は無限に増大するであろう。二つの補足的な配慮がこうした対象の変化から生じる。第一は、〈媒介的な〉主体を物体の-生産的-主体の役割にはっきり固定し、その主体が私たちのようなものにならないようにしなければならない、ということである。金《きん》の卵を産む雌鶏が、産み出したものを自分で消費すればその利点を一切失ってしまうからである。軍隊か警察がそれを見張ることになろう。第二の配慮はつぎのようにいいあらわすことができる。すなわち、この主体はよくあつかわれればますます生産的になるであろう、ということである。修道士たちはしたがって、一方では治療を、他方では教育を施すことになる（モトリニーアとオラルテは一五五四年の副王ルイス・デ・ベラスコ宛の書翰で、率直につぎのようにのべている。「この連中はまだ〔新税を〕進んで納めるほど十分には教育を受けていません」）。時とともに、肉体と魂の健康は聖職者以外の専門家、

図11　コルテスとラス・カサス

つまり医者と教師によって保証されることになろう。

奴隷制の効率よりも植民地主義の効率の方がすぐれている、これが少なくとも今日の私たちの認めうることである。イスパノアメリカには錚々たる大物植民地主義者にこと欠かない。コロンのような人はどちらかといえば奴隷制擁護者の側に置かれるべきだとしても、コルテスとラス・カサスのように現実にはあれほど相違し対立している人物が、ともに植民地主義のイデオロギーに結びつくのである（一五七三年の勅令が明るみに出すのがこの類縁関係である）。メキシコ国立博物館にあるディエゴ・リベラのフレスコ画はこの二人の人物の関係をエピナール風の絵で示している（図11参照）。片手には剣を、片手には鞭をもち、インディオを踏みにじっているコルテスが一方にいる。彼と向きあって、インディオの保護者ラス・カサスが十字架でコルテスを阻止している。確かに多くの事柄が両者を隔てている。ラス・カサスはインディオを愛しているが、彼らのことを理解していない。コルテスは彼らに特別な〈愛情〉は抱いていないにしても、彼なりにインディオを理解している。インディオの奴隷制にたいする彼の態度は、すでに見てきたように、彼の立場を明らかにしている。ラス・カサスはレパルティミエント、つまりインディオの封建的分配制度に反対する。逆にコルテスはそれを奨励する。この当時のインディオがラス・カサスにたいしてどのような感情を抱いていたかについては、ほとんどまったく知られていない。このこと自体がすでにそれなりの意味をもっている。反対にコルテスは非常に人気があり、スペイン皇帝の代理人である法権所持者をふるえ上がらせる。彼らはコルテスが一声かければ、インディオが蜂起することを知っているのである。第二期高等行政司法院の委員はその状況をつぎのように説明する。「インディオが〔コルテス〕公爵にたいして抱いている親愛の情は、彼らを征服したのが彼であること、それに実をいえば、彼が他のだれよりも上手にインディオをあつかったことからきているのです。」ラス・カサスとコルテスはしかしながらつぎのような本質的な点で一致している。つまり、新大陸がスペインに従属すること、キリスト教へインディオを同化すること、奴隷制を犠牲にして植民地主義を選択したことである。

新大陸でのスペインの存在がとったあらゆる形態が、今日では侮蔑的な言葉である〈植民地主義《コロニアリスム》〉という名の烙印を押されていることを知って驚かれるかもしれない。征服の時代から、親スペイン派に属する著作者たちは、スペイン人が蛮地に恩恵をもたらしたのだということを強調することを忘れてはいない。そしてその恩恵として、しばしばつぎのような事実があげられている。すなわちスペイン人は、人身御供、食人風習、一夫多妻制、男色等々をやめさせ、キリスト教、ヨーロッパの服装、家畜、道具をもたらしたのである。今日の私たちには、こうした新しいものがなぜ昔の習慣よりすぐれているのかかならずしも分からなくとも、そしてこれら贈り物のいくつかは高い犠牲によって支払われたと批判できるとしても、やはり議論の余地のない肯定的な点がいくつか残されている。それは技術上の進歩のみならず、すでにいったように象徴的、文化的な進歩のことでもある。これも相変わらず植民地主義のせいなのであろうか。換言すれば、どのような影響でも、それが外からくるものであるがゆえに有害なのであろうか。問いがこのような形で提起されてしまえば、否定的な答えしか受け取りようがないように思われる。だからもし植民地主義が一方で奴隷制に対立するとすれば、それは同時に、他者との接触の肯定的な、あるいは中立的な別の形式にも対立する。この形式を単純にコミュニケーションと呼ぶことにしよう。認識／掠奪／殲滅というトリオ関係に、別のトリオ関係が逆の順序で対応する。すなわち奴隷制／植民地主義／コミュニケーションである。

ビトリアは人間、思想、財貨の自由な交通《スイルキユラスイオン》が認められるべきだと考えているが、彼のこの原理は今日では一般に受け入れられているように見える（戦争を正当化するには十分ではないが）。いったいなんの権利があって〈アメリカはアメリカ人に〉――ロシアはロシア人に――割り当てるのだろう。そもそもインディオ自身がよそから、つまり北方から、あるいはある人たちのいうところでは、ベーリング海峡を渡って、アジアという別の大陸からやってきたのではなかったか。ある国の歴史とは、その国がつぎつぎに受けたすべての影響の総和以外のものでありうるのだろうか。もし一切の影響を拒んだ民族が本当に存在するとすれば、このような意志は異常に肥大した死の欲動以外のものを明らかにするのだろうか。ゴビノー〔一九世紀フランスの外交官・文学者。アリアン人種優越論を主張した〕は高等人種はもっとも純粋であると考えていたが、私たちは今日、もっとも豊かな文化とはもっとも雑多な混合物であると信じているのではないだろうか。

しかし私たちには民族自決と不干渉というもう一つの原理もある。これらの原理をどのようにして両立させればいいのか。影響を受けることにたいする権利を要求し、しかも干渉を非難することは矛盾ではないだろうか。いや、矛盾ではない。たとえ事態が自明ではなく、明らかにされることが必要だとしても。問題となっている影響の内容が、肯定的なものか否定的なものかを判断すればいいというものではない。こういうことはまったく相対的な基準によってしかできないであろうし、できたところで絶対に意見の一致を見ない可能性の方が大きい。ことほどさように事態は複雑なのだ。新大陸でのキリスト教の衝撃を測るにはどうすればいいのか。この問いはほとんど意味をなさないように見える。それほど答えはばらばらになる可能性がある。価値の相対性について考えさせるある小さな例がある。これはコルテスが報告しているホンジュラス遠征中のエピソードである。「つぎのような事件が起こりました。あるスペイン人が自分の従者として連れてきたメヒコ出身のインディオが、村に入るときに殺した他のインディオの肉片を食べていることに気づいたのです。彼は私のところに出頭し、このことを報告しました。私はそのインディ

図12　食人の場面

オを捕えさせ、〔インディオの〕首長の目の前で生きたまま火刑に処すとともに、この処罰の理由をつぎのように説明しました。この男は一人のインディオを殺して食べた。これは陛下によって禁じられていることである。国王陛下の名において、私はそのようなことをすることを禁じておいた。しかるに、人を殺して食べたのだから、火刑に処した。なぜなら、私は何人といえども人を殺すことを望まないからだ、と」（コルテス《第五報告書翰》）。

キリスト教徒は食人の風習という犯罪に憤激した（図12参照）。キリスト教の導入はこの風習を消滅させる。だがこれにいたるために、何人もの人間が生きながらに火焙りにされるのである。死刑のパラドックスとはこのことである。刑罰の決定機関《アンスタンス》が自ら禁止した行為そのものを実行する。殺人をより効果的に禁止するために人を殺すのである。それはスペイン人にとって野蛮なものだと判断したものにたいする闘いの手段なのである。時代が変わって、いまの私たちには、生きながら火焙りにすることと死体を食べることとの〈文明〉的な差異はほとんど認めることができない。植民地化の逆説とは、植民地化がよりよいものだと人が信じている価値の名においておこなわれたことであろう。

反対に、影響の形式を判断するための倫理的規準を確立することは可能である。重要なことは、いってみれば、影響が強制されたものなのか提供されたものなのかを知ることである。いかなるイデオロギーや技術の輸出の場合であっても同様だが、武力をもって、あるいは他の仕方でもよいが、キリスト教化が強制される瞬間から非難すべきものとなる。文明にはよりすぐれているとかより劣っているとかいえる特徴があることは確かだ。しかし、だからといってそれを他者に押しつけてもいいということにはならない。それどころか、自己の意志を他者に押しつけることは、相手を自分と同じ人間として認めていないことを意味するのであり、これこそ文明のなかにあるより劣った特徴なのだ。インディオに車輪とか織機とか鍛冶が欲しいかと訊ねた者は一人もいない。インディオはそれらを受け入れざるをえなかった。ここに暴力が存在する。しかも暴力にはそれらの品物からたまたまえられる効用など眼中にない。しかし説教師の公然たる目的が私たちを彼自身の宗教に改宗させることであるとき、武器をもたない説教師を人はいかなるものの名において糾弾するのであろうか。

事態をこのように暴力の使用の問題に還元することは、おそらく理想化とか単純化のそしりを免れない。暴力のとる形態が、周知のように、実際にはもっと微妙だというわけではないが、もっと曖昧模糊としたものであるだけになおさらそうである。つまり、あるイデオロギーなり技術なりについて、それが実際に存在するコミュニケーションのすべての手段を通じて提供されるとき、たんに提供されただけだといっていられるのだろうか。もちろんいえない。逆に、他のものを選択することが可能で、しかもそのことを知ることができるとき、あるものを選んでもそれは強制ではない。征服について論じた際に明らかになったように、知から権力への関係は偶然的なものではなく、構成的なものである。近代国際法の創始者の一人ビトリアはすでにこのことを自覚していた。すでに見たように、彼は正義の戦争、つまり不正を是正しようとする戦争の存在を認めている。ところで、彼はつぎのような問いを自らに問うことを忘れなかった。戦争の正当性はどのようにして決定できるのだろうか。それにたいする彼の解答は情報の役割を明らかにしている。君主が正当であると思うだけでは不十分である。君主は利害関係にどっぷり浸かっているし、また人間は往々にして間違いを犯すからである。国民が、たとえ全国民が正当だと思っても十分ではない。国民は国家秘密に近づけないのだから、当然のこととして情報をあたえられていない。戦争の動機はそれ自体として正当でなければならないが、つねに操作可能な世論のためだけではない。この絶対的正義は賢者のみに理解できるのであり、したがってこの正義は賢者の義務となる。「意見を求めなければならない人とは、怒り、憎しみ、貪欲にとらわれず、自由に話ができる誠実で賢明な人々である」(『戦争の権利』、21, 59)。無知がいい訳になるのは一時的なことにすぎない。無知も程度をこえると無実ではすまなくなる。「疑いをもちながら、真実を求めることをおろそかにする人は、もはや誠実さをもち合わせていない」(同書、29, 84)。

ビトリアがこの一般理論を対インディオの戦争に適用するとき、情報にたいするつぎのような配慮を忘れない。すなわち、スペイン人がインディオの敵意にたいして不平をもつことができるのは、インディオにたいして、スペイン人という新参者の善良な意図が正式に知らされたことを証明できる場合のみである。情報をあたえるという行為は、情報を探し求める行為がそうであったように、一つの義務である。しかしながら、彼自身の教えについてビトリアがあたえる説明は完全ではない――その結果、彼は近代の知識人に特徴的な分離、すなわちいうこととおこなうこと、言表の内容と言表行為の意味の間に分離を具体化するのである。彼は戦争を正当化できる〈相互的な〉理由と彼自身の民族中心主義にもとづく理由に加えて、別のいくつかの理由を示したが、その欠点は相互性の欠如ではなく情報にたいする無頓着さにある。たとえば彼は、首長たちや住民の一部が外国の勢力に頼ることを認めている。その場合この外国勢力の干渉は正義の戦争のうちに入る。だが彼はこのような場合、住民からの相談がどのようなものであるべきかについては一言も触れず、また首長に悪意がありうることも考慮に入れていない。あるいは、彼は軍事同盟の名においておこなわれる干渉を正当化しているが、彼があたえる例――メキシコ征服から取った例である――は彼を裏切る。「トラスカーラ人はつぎのようにしてメシーカ人と正面から対決したといわれている。すなわち彼らはスペイン人と共謀し、メシーカ人の撃破を援助してもらった。そのあとで、スペイン人は戦争の権利によってその所有とすることのできるすべてのものを手にいれたのである」(『インディオについて』，3，17，296）。ビトリアは、まるでメシーカ人とトラスカーラ人との戦争が基本的な関係であり、スペイン人の介入はトラスカーラ人の同盟軍としておこなわれたにすぎないかのように書いている。だがこれは事実のひどい歪曲であることを私たちは知っている。したがって「といわれている」とか「彼らのところにいた人たちの話」（同書，3，18，302）といった大ざっぱなことを、実際に〈真実を求める〉ことなく信用した罪はビトリアにある。

よい情報は権力の確立のための最良の手段である。このことはコルテスと勅令によって確認したとおりである。しかし他方では、情報権は奪うことのできないものであり、この権利をないがしろにするのであれば権力は正当性をもたない。知ることに関心をもたない人は、情報提供をしない人同様、自分たちの社会にたいして罪を犯している。あるいは、肯定的ないい方をすれば、情報の機能は社会の本質的機能であるということである。ところで、情報が効果的であれば、〈押しつける〉と〈提供する〉との間の区別はその妥当性を失わないであろう。

つぎのような不毛な二者択一に固執する必要はない。（西洋文明の優越性の名のもとで）植民地戦争を正当化するか、それとも自己同一性の名のもとで外国との一切の相互作用を拒否するか、である。非暴力的なコミュニケーションは存在する。そして人はそれを一つの価値として擁護することができる。このことによって、奴隷制／植民地主義／コミュニケーションのトリオ関係はたんなる概念分析の道具であるだけでなく、時代の流れと明らかにまた密接に対応することも可能になるのである。

（訳注）ラス・カサスはその生涯で二度思想的な大転換をおこなう。エンコミエンダ制の撤廃が正しい道であると目覚め、自分の所有するインディオの解放（一五一四年）をおこなった第一回の回心。ドミニコ会修道士として研鑽と黙想生活に入った第二回の回心である。

# IV 認識

# 1　対他関係の類型学

ラス・カサスとコルテスがインディオにたいしてとった態度を同じものとしてあつかうことには、なにか奇異な感じがともなう。このあつかいにはだから、いくつかの留保をつける必要があった。他者にたいする関係はただ一面的に成り立っているのではないからである。現実のなかに存在する差異を説明するためには、少なくとも三つの軸を区別し、その上に他者性の問題を位置づける必要がある。それは第一に価値判断（価値論的次元《アクシオロジック》）である。つまり、他者は良いか悪いかであり、私は他者を愛するか愛さないかということである。あるいは当時のいい方を借りれば、他者は私と対等であるか、私より劣っている（なぜならいうまでもなく、たいていの場合、私は良いし、私は私にたいして敬意を抱いているからである……）。第二に、他者にたいする接近もしくは隔たりの行為（実践論的次元《プラクセオロジック》）があげられる。私は他者の価値観を捉える、私は他者を私と同一視する、私は他者に私自身のイマージュを押しつける。他者への服従と他者の服従との間にはまた、中立とか無関心という第三の項も存在する。第三に私は他者のアイデンティティを知る、あるいは知らない（これは認識論的次元《エピステミック》と呼ばれるべきだろう）。ここにはいうまでもなくいかなる絶対も存在しない。あるのはより高い認識の状態とより低い状態の間のはてしない段階的推移である。

もちろんこれら三つの次元の間にはさまざまなつながりや類縁関係があるが、厳密な意味での含意関係は一切存在しない。だからそれらを相互に還元することも、一方から出発して他方を予見することもできない。ラス・カサスはコルテスほどインディオを知らないが、コルテスよりインディオを愛している。だが二人とも共通の同化政策のなかにある。認識は愛をふくまない。逆に愛が認識をふくむこともない。認識と愛のいずれも、他方との一体化によって他をふくむことはないし、またふくまれることもない。征服、愛、認識はそれぞれ自立した行動であり、いってみれば行動の基本形なのだ（発見はすでに見たように、人間よりも土地の問題である。人間についていえば、コロンの態度は完全に否定的な表現で示すことができる。すなわち、彼は愛さない、認識しない、自己と同一化しない）。

これら三つの軸の境界画定と、同じ一つの軸のなかで観察される多様性を混同してはならない。私たちにとってラス・カサスは、インディオにたいして向けられた愛の一つの例である。だが実際には彼自身がすでに一つ以上の態度を示している。だから、彼を正しく評価するためには、ここで彼の肖像を完全なものにしておく必要がある。すなわち、ラス・カサスは一連の危機ないし変化を経験し、そのため長い生涯（一四八四―一五六六）を通じて、似てはいてもはっきり区別される一連の立場に立たざるをえなかったということである。一五一四年、彼は所有していたインディオを解放する。だがドミニコ会修道士になるのは一五二二年から一五二三年にかけてのことにすぎない。この二度目の回心は最初の回心と同じほど重要である。いま私たちの興味を引くのは、さらにもう一つ別の変化――彼の生涯も終わりに近く、メキシコから最終的に帰還して後、つまり彼の数多くの計画が挫折した後に起こる変化である。バリャドリード論争のあった年である一五五〇年を目安にすることができるだろう（だが実際にはこの年にはっきりした〈回心〉はない）。インディオにたいするラス・カサスの態度、インディオにたいする彼の愛が、この年の前と後で異なっているのである。

この変化は、アステカ人がおこなった人身御供をきっかけとした彼の反省から起こったと思われる。こうした祭儀がおこなわれていることが、インディオの劣等性を主張するセプルベダ一派の最大の論拠だった。一方、この祭儀の存在は議論の余地のないものだった（数量についての一致は見られなかったが。図13、14参照）。数世紀を経た今日でさえ、その反応がどうだったか想像にかたくない。当時の修道士が情報提供者の口述を筆記して編纂した描写を、眉をひそめずに読めるものではないからだ。

このような慣習は、それが広くおこなわれている民族の野蛮さ、ひいては劣等性の明白な証拠ではなかろうか。ラス・カサスが反駁の対象としたのは、このたぐいの議論である。彼はバリャドリードの審議官に提出したラテン語の『新世界の住民を弁ずる書』や、同じ時期に書かれたと思われる『弁明的史論』のいくつかの章でこの反駁に努めている。この点についての彼の論理は詳しく追ってみる価値がある。はじめのうちラス・カサスは、たとえ人食い《カニバリスム》の風習や生贄がそれ自体として断罪すべきだとしても、だからといってそれを実行している人たちに宣戦を布告すべきだということにはならないと主張している。そんなことをすれば、病気よりも薬の方が危険になってしまう恐れがあるからだ。これに、ラス・カサスがインディオにもスペイン人にも共通にあると考えている、国法にたいする尊敬がつけ加えられる。掟が生贄を強いるとき、よき市民として行動しようとするなら、生贄を実行しなければならない。だからそうしたからといって個人を非難するわけにはいかない。だが彼はさらにもう一歩を踏み込む。問題にしなければならないのは、その断罪そのものだとするのである。このためにラス・カサスは二種類の議論を使い分ける。この議論は段階を追って二つの主張に到達するであろう。

第一の主張は事実の次元での議論であり、歴史的な比較対照を支えとしている。ラス・カサスは生贄が彼の読者が思うほど異常でも突飛でもないものにしようとして、生贄はキリスト教のうちにも全然ないわ

図13　心臓剔出による生贄

図14　火炙りによる生贄

けではないことを引き合いに出している。「神がアブラハムに彼の一人息子イサクを生贄にするよう命じたことからはじめれば、神は自分のために人間が生贄に捧げられることをかならずしも嫌っていないという主張は十分説得力をもつ」(『新世界の住民を弁ずる書』、37)。同じく、エフタは自分の娘を生贄にすることを余儀なくされた(『士師記』、11, 31以下)。第一子はみな神のものだと約束されていたのではなかったか。これらの例はすべて『旧約聖書』から引かれているのではないかと反論する者がいれば、イエスは結局は父なる神によって生贄にされたのであり、原始キリスト教徒も信仰を守るためには同じようにイエスを犠牲にせざるをえなかったのだし、どう見てもそれが神のみ心であった、とラス・カサスは答えるだろう。それ以前の章でラス・カサスが、読者を人食いの風習という観念になじませようとして、スペイン人のなかにも必要に迫られて、同じスペイン人の肝臓や腿を食べた者がいたという事例をあげたのも同じような論法である。

第二の主張(これはラス・カサスの論理の展開のはじめの部分にくる)はこれよりずっと野心的だ。つまり、生贄は事実を根拠として許容しうるだけでなく、法的にも許容しうることを証明しようとするのである。その過程で、ラス・カサスは前もって宗教感情の新たな定義を想定せざるをえなくなる。彼の論理がとくに興味深いのはこの点であろう。議論はここでは〈自然的理性〉から、つまり人間の本性にかんするア・プリオリな考察から引き出される。ラス・カサスは四つの〈明証〉をたがいに重ね合わせていく。

一、人間はだれでも神にたいする直観的認識、つまり〈それより善く、それより偉大なものはなにものも存在しないもの〉(『新世界の住民を弁ずる書』、35)にたいする直観的認識をもっている。

いる。

二、人間はつねに最善を尽くそうとすることによって、その能力に応じ、それぞれの仕方で神を崇めている。

三、人が神を愛していることを示す最大のあかしは、その人がもっているもっとも貴重なもの、すなわち人間の生命そのものを神に捧げることである。これが議論の核心である。ラス・カサスはつぎのように記す。「もっとも強く神を崇める方法は神に犠牲を捧げることである。これこそわれわれが犠牲を捧げる者にたいして、われわれがそのしもべであり、恩義を受けた者であることを示しうる唯一の行為である。しかも自然がわれわれに教えているように、多くのさまざまな理由でわれわれがその恩義を認めている神にたいして、神の尊厳の卓越性ゆえに、貴重で上等なものを捧げることは正当である。ところで、人間の判断および真理は、自然のうちには人間の生命あるいは人間それ自身より貴重なものはなにもないことを示している。それゆえ、信仰、恩寵、あるいは教義をもたず、自然の光だけを頼りに生きている者たちに、真実の神、あるいは彼らが真実の神だと考えているいつわりの神にたいして犠牲を捧げることがいかなる実利的な法にも逆行するとしても、神にたいしてこの上なく貴重なものをさし出すことによって、彼らが受けた多種多様な恩恵にたいして感謝の念をあらわさなければならないと、教育し教示するのは自然そのものなのである」(同書、36)。

四、犠牲はそれゆえ自然の法の力によって存在する。そして犠牲の形態は、とくに犠牲にされるものがなんであるかについては、人間の法によって決定されるであろう。

こうした一連の論理を積み重ねた結果、ラス・カサスはついに新たな立場をとるにいたる。宗教のただなかに〈透視図法主義《ペルスペクティヴィスム》〉とでも呼べそうなものを導入するのである。彼がインディオの神は〈真実の神〉ではないにもかかわらず、彼らからそのように見なされていることを喚起し、議論の出発点はこの事実にあるとのべるに際し、いかに細心の注意をはらっているかに読者は気づかれたことと思う。彼は書いている。「真実の神、あるいはいつわりの神、もし後者が真実の神とみなされるなら」(同書、35)。「真実の神、あるいは人が神であると考えるもの」(同書、36)。「真実の神、あるいは誤って彼らが真実の神であると考えるもの」(同書、35)。だが、彼らの神が彼らにとって真実であることを認めることは、もう一つ別の承認、つまり私たちの神が真実であるのは私たちにたいして——私たちにたいしてだけ——であることを承認することに向かって最初の一歩を踏み出すことではなかろうか。そのとき共通なもの、普遍的なものとして残るのは、もはやすべての人が到達しなければならないものとしてのキリスト教の神ではなく、私たちを超えて神的なものが存在するという考え方そのものである。宗教ではなく宗教性なのだ。これが彼の論理の前提の部分であり、また(生贄そのものについての彼の考え方以上に)彼の論理のもっともラジカルな要素でもある。〈透視図法主義〉がまったく場ちがいの領域に導入されるのを見ることはまさしく一驚に値するであろう。

宗教感情は普遍的、絶対的な中身によって規定されるのではなく、それが取る方向によって規定され、その強弱によって測られる。したがって、たとえキリスト教の神がそれ自体として、テスカトリポカをとおして表現される理念より高等な理念だとしても(キリスト教徒ラス・カサスはそう信じている)、宗教感情の点ではアステカ人の方がキリスト教徒より高等だということはありうるし、事実高等なのだ。宗教という考え方そのものが、そこからすっかり姿を変えてあらわれてくるであろう。「人身御供を神々に捧げる民族はかくして、道に迷える偶像崇拝者としてではあるが、神的なものの卓越性や神々の価値について高邁な思想を抱いていることを証し、また神的なものにたいする彼らの崇拝がいかに高貴かつ高邁であるかを示していたのである。したがって、彼らは他の民族以上に、天性の省察力、嘘いつわりのない言葉づかい、理性的な判断力をもっていることを証明したのであり、他の民族以上にうまく彼らの知性を用いたのであった。そして宗教感情の点において、彼らは他のすべての民族を凌駕した。なぜなら、国民の幸福のために自分自身の子供を生贄に捧げる彼らこそ、この世でもっとも宗教心に富んだ民族だからである」(『弁明的史論』、III, 183)。ラス・カサスの言葉を信じれば、キリスト教の伝統のなかで熱烈なアステカの信者に比肩できるのは、初期の殉教者だけであった。

つまりラス・カサスは、もっとも厄介な議論に直面したために自分の立場を修正せざるをえなくなったのであり、まさにこのことによってついに他者にたいする愛の新しい在り方を明らかにする。それはもはや同化主義的な愛ではなく、いうなれば分配的な愛であり、そこでは各人は独自の価値体系をもつことができる。比較の対象はもはや関係——人間と神との関係——でしかなく、内容は対象から除外される。形式的であるかぎりにおいてしか普遍的なものは存在しないのだ。唯一神の存在を肯定しながら、ラス・カサスはこの神にいたるキリスト教という道をア・プリオリに特別あつかいすることはない。ここでは平等はもはやアイデンティティを代償にして支払われるのではない。絶対的な価値は問題にはならない。各人は自分にふさわしい道をとおって神に近づく権利をもつのだ。もはや真の唯一神(キリスト教の神)は存在しない。あるのはさまざまな可能性を秘めた世界の共存である、もしだれかがその世界を真実と見なしさえすれば……。ラス・カサスは暗々裡に神学と訣別し、一種の宗教人類学の分野にふみこんでいるのである。このことは彼の文脈からすれば、完全な論理の破綻である。なぜなら、宗教についてある一つの言説を受け入れる者は、まさしく宗教的言説そのものの放棄に向かう最初の一歩を踏み出すことになると思われるからである。

この原理を他者性の事例一般に適用し、それによって〈野蛮〉という概念の相対性を明るみに出すことは、ラス・カサスにとってずっと容易なことにちがいない（きっと彼は近代においてそれをおこなった最初の人であろう）。各人は他者にとって野蛮人である。野蛮人となるためには、この他者が知らない言葉を話すだけで十分である。他者の知らない言葉はその他者の耳には騒音にすぎない。「ある人が野蛮人呼ばわりされるのは、他の人との比較によってである。なぜならその人はおかしな話し方をするし、相手の言葉の発音がうまくできないからである（中略）。ストラボンの第一四書によれば、それがギリシア人が他の民族を野蛮人と呼んだおもな理由であった。つまり、彼らのギリシア語の発音が下手だったのである。だがこのような見地からすれば、他の人や他の種類と比較して野蛮でない人も種族も存在しないことになる。聖パウロは『コリント人への第一の手紙』（14, 10–1）のなかで、彼自身と他の人たちに触れてつぎのようにいっている。〈世には多種多様の言葉があるだろうが、意味のないものは一つもない。もしその言葉の意味が分からないなら、語っている人にとっては、私は異国人《バルバル》であり、語っている人も、私にとっては異国人《バルバル》である〉。だから、私たちがインディアスの人々を野蛮人と見なすのと同様、彼らも私たちを野蛮人と判断する。なぜなら彼らも私たちがいうことが分からないからだ」（『弁明的史論』、Ⅲ, 254）。ラス・カサスは自分の過激な論理のためにいかなる中間的な道もとることができない。すなわち以前には唯一の真実の宗教の存在を肯定し、このことが彼をして不可避的にインディオをヨーロッパ人の進化の前段階、つまり劣った段階と同一視せしめたかと思えば、彼の老年期に見るようにさまざまな理想や価値の共存を受け入れ、〈野蛮な〉という語にかかわる相対的でない意味を一切認めず、それゆえ一切の進化を認めないようにするのだ。

階級性とひきかえに平等を肯定することによって、ラス・カサスはキリスト教の古典的な主題に立ちかえる。このことは先の文章に聖パウロが引用されていること、また同じ聖パウロが『新世界の住民を弁ずる書』のなかでも引用されており、さらには〈だから何事でも人々からして欲しいと望むことは、人々にもそのとおりにせよ〉という『マタイによる福音書』の一節（7、12）への言及があることが示しているとおりである。ラス・カサスは注釈としてつぎのようにいう。「それは私たちの精神に生まれながらに授けられている自然の光によって、どんな人でも知り、捉え、理解していることとである」（『新世界の住民を弁ずる書』、1）。私たちはすでにこのキリスト教的平等主義の主題に出会い、同時にこの平等主義なるものがいかに曖昧であるかを見た。この時代にあっては、だれもがキリスト教の精神をよりどころにしている。カトリック教徒たち（たとえば初期のラス・カサス）がインディオを自分たちと対等なもの、それゆえ自分たちの同類と見なし、インディオを自分たちに同化しようと試みるのは、キリスト教道徳の名においてである。逆にプロテスタントが差異を強調し、原住民の共同体と接触する場合には自分たちの共同体を隔離しようとするのも、カトリック教徒の精神と同じところから出ているのである（奇妙にもこの立場はどことなくセプルベダの立場を連想させる）。いずれの場合にも他者のアイデンティティは否定される。カトリック教徒の場合には実存のレベルで、プロテスタントの場合は価値のレベルで。これら二つの宗派のうちのどちらが、他者破壊の道の記録保持者であるかなどと考えたりするのはいささか馬鹿気た話である。だが晩年のラス・カサスが、各人が唯一の理想に直面するのではなく、その人なりの価値に関係づけられる、あの透視図法主義という平等主義の高度な形式を発見するのもまたキリスト教の教義のなかなのである。

それとともに、〈平等主義的宗教〉という二つの用語の結合のもつ逆説的な性格を忘れてはならない。この逆説的性格がラス・カサスの立場の複雑さを説明するものであり、またまぎれもないこの逆説がほぼ同じころ起こったイデオロギーと人類の歴史上の別のエピソードを具体的に説明しているのだ。それは、世界の有限性、無限性についての論争、つまり世界に内的な位階性が存在するか否かについての論争である。一五八五年に書かれた対話形式の論文『無限、宇宙および諸世界について』のなかで、ラス・カサスと同じくドミニコ会修道士であったジョルダーノ・ブルーノは二つの考え方を対決させる。世界の有限性と位階性の必然性を主張する一方の考え方は、アリストテレス主義者（セプルベダという名では呼ばれていない）によって擁護される。これにたいするのはブルーノ自身の考え方である。すでに見たようにラス・カサス（彼以前には聖パウロ）は地位の相対性を主張し、人間にかんする問題はそこを起点に判断しなければならないとしたが、ちょうど同じようにブルーノは物理的空間についてそれを主張し、一切の特権的位置の存在を否定する。「それゆえ地球は他のすべての世界と同じく〔〈宇宙〉の〕中心には位置しない。そして、地球が天空《エーテル》もしくは世界の空間のなかにある他のいかなる点にたいしても限定され決定された極を形成しないのと同じく、空間のうちには、われわれの地球にたいして限定され決定された極を形成するような点は存在しないのである。このことは〔〈宇宙〉の〕他のすべての天体についても真実である。見方を変えれば、それらの天体はすべて、あるいは中心として、あるいは円周上の点として、また極あるいは天頂として、等々と見なしうるのである。それだからこそ、地球は〈宇宙〉の中心ではない。地球が中心となりうるのは、われわれ自身を取り囲んでいる空間との関係においてでしかないのだ。（中略）無限大の物体を想定するや否や、人はそうした物体に中心とか周縁とかを付与することをあきらめるであろう」（前掲書、2）。

地球が宇宙の中心でないばかりでなく、物理的ないかなる点も中心でない。中心という概念自体、特殊個別的な観点との関連でしか意味をもたない。中心と周縁は、文明と野蛮の概念と同じく（いやそれ以上に）相対的な概念にしかすぎない。「宇宙のなかには中心も円周もない。逆に、こういった方がよければ、すべてが中心である。そして他の中心点との関連では、すべての点を円周の一部と見なすこともできるのである」（同書、5）。

だがラス・カサスには（聖パウロはいうにおよばず）寛大であった宗教裁判所は、ブルーノの主張を容認しない。これらの文章を書くときにはすでにドミニコ修道会から除名されていた彼は、そのすぐあと捕えられ、異端のかどで裁かれ、そして一六〇〇年、すでにラス・カサスの論争が起こったあとの一六世紀最後の年に、公共の広場で火刑に処せられるのである。その平等主義において、彼の言説はラス・カサスの言説と等しく、キリスト教的であるとともに反宗教的である。だがラス・カサスの審議官が聞きとどけるのは最初のキリスト教的要因であり、ブルーノの裁判官の場合には第二の反宗教的な要因である。それはおそらく、ラス・カサスの主張が人間の世界にかんするものであり、人間の世界についてなら結局はさまざまな解釈が可能だからであり、他方ブルーノの主張は神をふくむ宇宙全体——あるいはまさしく神をふくまない宇宙全体にかんするものであって、これは神の冒瀆に属するからである。

それでもこれが驚くべき事実であることに変わりない。つまり、ラス・カサスの晩年の本来政治的な試みにたいしては、なんらの異議も出されていないのである。とはいっても、もちろんそれが受け入れられたということではない。人はそれを無視しているだけである。そもそもこのような試みがいかにして実現の手がかりを見出しうるのか、想像することさえ困難であろう。それほど彼の計画は浮き世ばなれしており、この企てにかかわる利害のことなどまるで眼中にないのである。ラス・カサスが肩入れする解決策とは、古くからの諸国家をその王や領主ともどもそのままにしておき、軍隊に頼らずに福音を説くこと、もしこれらの国々の王がスペイン国王によって統治される一種の連邦国家への統合を要求する場合にはこれを受け入れること、「インディオの土着の王や領主たちが金、銀、宝石、岩塩の鉱山やその他の資源の権利をカスティーリャの王にたいして譲渡すると仮定して」（《F・バルトロメ・カランサ・デ・ミランダ師宛の書翰》、一五五五年八月）、彼らの富は彼ら自身が申し出る場合にかぎってこれを利用すること、である。いいかえれば、ラス・カサスはスペイン国王にたいしてアメリカ大陸の領地を放棄するよう示唆しているのであって、それ以上でもそれ以下でもない。そして彼の念頭にある唯一の戦争とは、スペインの征服者を相手に国王が指揮する戦争なのである（というのはラス・カサスは彼らが自ら進んでその所有物を放棄するはずはないと考えているからである）。「もっとも具合の悪くない方法、これらすべての悪《マ》＝病気《ル》にたいする真実の薬、すなわち私の意見では（私はそれを神を信じるように信じています）カスティーリャの両王が神の掟によって施さなければならない薬とは——平和的になしえない場合には、両王がインディアスに所有している物質的な富を危険にさらすことも辞さず、戦争に訴えることもふくみますが——インディオを彼らが隷属している悪魔的な権力から解放すること、彼らにはじめの自由を返してやること、すべての土着の王や領主の主権を回復してやることであります」（同書翰）。

　このようにしてラス・カサスの〈分配的〉で〈透視図法主義的〉な正義は、彼の立場を作り上げる他の要素までも修正することになるであろう。彼は事実上インディオを同化することをあきらめ、インディオの将来はインディオ自身に決定させるという中立の道を選択するのである。

　つぎに、対他関係を記述するために提起された第二の軸、つまり自己同一視《イダンティフィカシオン》または同化《アシミラシオン》の働きの軸のパースペクティヴのなかでいくつかの行動を検討してみよう。バスコ・デ・キロガがこの同化にかんする好個の例を提供している。彼は行政的権限のあるメキシコ第二アウディエンシア（高等行政司法院）の議員で、後にミチョアカンの司教になっている。多くの点で彼は、メキシコで征服者たちの行きすぎた行動からインディオを保護しようとする宗教的あるいは非宗教的なユマニストたちに似ている。だが彼はある一点で彼らからはっきり区別される。彼の態度は同化主義的であるが、彼がインディオを同化しようとする理想は、彼自身によっても、彼の時代のスペインによっても体現されていないのである。彼は要するに、インディオを第三者に同化しようとするのである。バスコ・デ・キロガの精神を形作ったのはその読書である。まずキリスト教関係の書物、つぎに黄金時代の神話が詳細にのべられているルキアノスの有名な『サトゥルヌス祭』、最後に、とくに重要なものとしてトマス・モアの『ユートピア』をあげることができる。手短にいえば、バスコ・デ・キロガはスペイン人が歴史の凋落期に属しているのにたいし、インディオの方は初期の使徒たちやルキアノスの詩篇の登場人物に似ていると主張する（たとえ他の点ではインディオの欠点を批判することができるとしても）。「彼らは同じような習慣と風習をもち、同じようなおとなしさ、素朴さ、素直さと謙虚さ、同じような祭り、遊び、娯楽、飲酒、暇つぶし、気晴らしをもち、またみなが裸で暮らしている。彼らにはこの上なく質素な家財道具しかなく、もっとよいものを手に入れようという欲望は少しもない。彼らの着ているもの、履物、食べ物は同じである。食べ物は、ほとんど耕したり汗水たらす必要もなく、肥えた土地のおかげで手に入るようなものばかりである」（『法的報告』、p. 80以下）。

このことから分かるのは、その〈現場〉経験にもかかわらず、バスコ・デ・キロガはインディオにたいする認識を深く究めはしなかったということである。コロンやラス・カサスのように表面的ないくつかの類似性にもとづいて、インディオのうちに彼らの実像ではなく、彼らにそうあれかしと望むもの、つまり姿を変えてあらわれ出たルキアノスの登場人物を見ようとする。しかしながら、事態はそれよりもいささか複雑である。というのは、何事も理想化してしまうこのヴィジョンは中途半端で終わってしまうからである。なるほどインディオはバスコ・デ・キロガの牧歌的なヴィジョンの化身ではあるが、完璧であることからはほど遠い。だから彼自身がインディオに断固として働きかけることによって、こういうきざしを理想的な社会へ変えようとするのである。これがラス・カサスとちがって、彼が働きかけるのが国王ではなく、直接インディオである理由となる。このために彼はある賢者の教えを参考にする。すなわち、社会思想家トマス・モアがすでにその『ユートピア』のなかで、このような人々の生活にふさわしい理想的形態を見出しているのである。トマス・モアがそのユートピアを描くにあたって、新大陸にかんする初期の熱狂的な報告に霊感をえていることはなにか暗示的である（ここにあるのは、誤った解釈が社会の変革を誘発するあの魅惑的な鏡の戯れなのだ）。残るのはそれゆえ、この計画を現実に推進することだけである。バスコ・デ・キロガは空想的な規則にしたがって、どちらもサンタ・フェと名づけられた二つの村落を、一つはメキシコの近傍に、他はミチョアカンに組織する。この空想的な規則は彼の博愛主義的な精神と、ユートピア国家の不安定な要素を同時にはっきり示している。社会の基礎単位は、家父長の命令下に置かれた一〇ないし一二組の成人夫婦よりなる拡大家族である。家父長たちが今度は村長を選出する。召使という身分はなく、労働は男女の区別なく義務的であるが、一日六時間を越えることはできない。全員が野外の仕事と家のなかでの手仕事を義務的に交互におこなう。彼らの生産物から上がる利益は、各人の必要に応じて公平に分配される。医療行為も見習教育（精神的なものであれ手仕事上のものであれ）も無償であり、義務である。贅沢な品とか派手な生活は法律で禁じられ、色を染めた衣類は身につけることとさえ禁止される。村落＝〈保護区〉だけが財産の所有者であり、さらには身もちの悪い者、つまり規則を破ったり、呑んだくれたり、怠けたりする者を強制退去させる権利をもつ（実際にはこうした計画以前の段階にとどまることは確かである）。

バスコ・デ・キロガは、このような生活様式がすぐれていることにいささかの疑念も抱かず、これを実現するためならどんな手段でもいとわない。だから彼は、ラス・カサスとはちがって、セプルベダのようにインディオにたいする〈正義の戦争〉と、封建的な委託領《エンコミエンダ》へのインディオ分配の支持者となるのである。だからといって、このことは他方で彼がスペイン人入植者の野望からインディオを守る真の擁護者として行動することを妨げるものではない。彼の村落がインディオから多大の人気を博するのは本当なのである。

バスコ・デ・キロガは一風変わってはいるが、どこから見ても完全な同化主義の見本である。逆の態度の例、つまりインディオの文化・社会への自己同一化の例はこれよりずっとまれである（反対方向〔すなわちスペイン文化・社会〕への自己同一化の例はいくらでもある。ラ・マリンチェがその一例であった）。もっとも典型的なのはゴンサーロ・ゲレーロの例である。一五一一年メキシコ沖で遭難した彼は、他の数人のスペイン人とともにユカタン半島の海岸に打ち上げられる。仲間たちのうち生き残るのは、内陸に奴隷として売られ、後にコルテスの通訳となるアギラールだけである。ユカタンの司教ディエゴ・デ・ランダは話の続きをつぎのようにのべている。「ゲレーロの場合はこの国の言葉を解したので、チェクテマル、つまりユカタンのサラマンカへ行き、そこでナチャンカンという名の首長に迎え入れられることになった。ナチャンカンは彼に軍事を司る役目をあたえたが、ゲレーロは戦《いくさ》を得意とし、この首長の敵を打ち破ること数知れぬほどであった。彼はインディオたちに戦術を授け、要塞や砦の築き方を教えたりした。このようなことや、またインディオと同じような生活を送っていたこともあって、彼は大いに名が売れた。そこでインディオたちも身分の高い女を彼にめとらせ、二人の間には子供も生まれた。このため彼は、アギラールのようにこの社会から逃げ出そうとしたことは一度もなかった。それどころか、身体には入れ墨を入れ、髪も長くし、さらに耳たぶに穴を開けてインディオのように耳輪をつるしたのであった。彼はインディオ同様、偶像崇拝者になっていたとも考えられる」(『ユカタン事物記』、3)。

つまり私たちが取り上げているのは、完全な自己同一化の例である。ゲレーロはインディオの言語、習慣、宗教、風習を自分のものとした。だから、ゲレーロがコルテスがユカタンに上陸したときスペインの軍隊に合流することを拒否したことも、またベルナール・ディアスの言葉を信じれば、その理由として彼があげたのが、まさしくインディオ文化に彼が完全に同化してしまったことであるのも驚くにあたらない。「私は酋長と見なされていましたし、戦いのときには隊長とさえ思われていたのです。しかも、顔には入れ墨、耳には穴というわけです。このような私を見たら、スペイン人はなんというでしょう。それに私の子供たちをご覧下さい。本当に可愛い子供たちじゃありませんか」(前掲書、27)。ゲレーロはこの遠慮がちで中立の立場に満足せず、ユカタンの部隊の先頭に立って、征服者《コンキスタドール》の軍隊と戦ったとも考えられている。オビエド(II, 32, 2)によれば、彼は一五二八年、チェクテマルの酋長にたいして交えられた戦闘で、モンテホ隊の陸軍中尉アロンソ・デ・アビラに殺されたといわれる。

彼が対他関係について考えうる変化型の一つの典型をなすにもかかわらず奇妙なのは、ゲレーロの例が歴史的・政治的に大きな意義をもたないということである(この点でもまた彼はラ・マリンチェと好対照である)。彼の例をまねる人は出なかったが、今日の私たちの目から見れば、まねる人がいなかったのも当然である。この例は、対峙していた力関係に対応するものをなんらもたなかったのである。植民地生まれの白人が、スペイン人に敵対してインディオの側につくのが見られるのは——ただし状況はまったく異なっているが——その三〇〇年後、メキシコ独立に際してのことでしかない。

インディオの服従、あるいはインディオへの服従という点でもっと興味深いのは――というのは、もっと複雑になるからであるが――スペイン人征服者《コンキスタドール》アルバール・ヌニェス・カベサ・デ・バカの例である。彼は数奇な運命をたどっている。別の状況ですでに触れたことがあるパンフィロ・デ・ナルバーエスの指揮する遠征隊に入って、彼はまずフロリダに向かって出発する。船の難破、見通しのない惨澹たる行動、ありとあらゆる災難が続き、その結果カベサ・デ・バカと仲間の幾人かは、インディオの間でインディオのように生きることを余儀なくされる。つぎに彼らは長い旅を企て（しかも徒歩で）、やがてメキシコに姿をあらわすのは、彼らがフロリダに着いてから八年もたってからのことである。カベサ・デ・バカはスペインに戻るが、そのわずか数年後、今度は現在のパラグアイへの新たな遠征隊の隊長となってふたたび出発する。この遠征もまた失敗に終わるが、その理由は別である。部下たちの意見と衝突したカベサ・デ・バカは、解任され、拘束され、スペインに送り返される。長期にわたる訴訟がそのあとに続き、今度も敗れるのはカベサ・デ・バカである。だが、その遠征のそれぞれについて書かれた報告書二巻が彼の手によって残されていた。

インディオにかんする評価という点では、カベサ・デ・バカはさほど目覚ましい見解を示しているわけではない。彼の立場は（一五五〇年以前の）ラス・カサスの立場にかなり近い。彼はインディオを高く評価し彼らに危害を加えることは望まないから、もし福音伝道がおこなわれるならば、それは非暴力的におこなわれなければならない。「この人々をみなキリスト教徒にし、皇帝陛下の配下に置くためには、優しさをもってあつかわなければなりません。これこそが唯一の確かな方法であって、それ以外の方法は考えることもできません」（『遭難記』、I、32）。彼がこうした考えをもつにいたったのは、彼がインディオの間で一人で暮らしたときからであるが、リオ・デ・ラ・プラタの総督になってからもこの教訓を忘れず、インディオとのつき合いのなかで自分の信念を貫こうとしている。これがおそらく、彼と他のスペイン人たちとの間に軋轢を生じさせた理由の一つであろう。とはいえこの〈優しさ〉のせいで、本来の目的追求を忘れたわけではない。フロリダ探険旅行のとき、彼はつぎのように率直に言明している。「この地のいたるところで出会ったインディオたちはもっとも素直な人々であり、自然があたえた最良のものをもっている」(同書、I, 30)。あるいはまた「この地の住民は非常に親切であり、喜びいさんで(自分たちの友人のような)キリスト教徒のために立ち働いてくれる」(同書、I, 34)。だが実際には、彼は武力行使を止めたわけではなく、インディオの戦術をこと細かに報告したりしている。それは「いつの日かこれらの部族とかかわりをもつ者たちが、彼らの風習を知っておくためであります。そうすれば、同じような状況に立ちいたったとき、少なからず役に立つでありましょう」(前掲書、I, 25)。以来、ここでいわれている部族は跡形もなく絶滅してしまった。要するに彼はインディオが服従する場合は平和を約束し、服従を拒否すれば戦争だとする催告《レクリミエント》と少しもちがわない位置にいるのである(たとえば同書、I, 35参照)。

カベサ・デ・バカがラス・カサスと区別されるのは、彼がバスコ・デ・キロガのように宮廷よりもインディオにたいして働きかけている点だけでなく、インディオの生活様式をじかに、正確に認識していることにある。彼の体験談には、彼が発見した地方や原住民のすばらしい描写とか、インディオの物質的・精神的文化の細部にわたる貴重な描写がふくまれている。それは偶然にでき上がったことではない。彼は自分を駆り立てている関心事とはなにかを、くり返し明確にのべている。行き先が選ばれるのは、「地方をわたり歩くことによって、私たちはその特殊性をよりよく観察できるところであります」(同書、I, 28)。技術にかんする報告をもたらすのは、「人類の創意工夫と産業が、いかに多様であり、驚くべきものであるかを見てもらい、知ってもらうためであります」(同書、I, 30)。彼がある種の習慣に興味を示すのは、

「人々は他の民族の風俗と習慣を知りたがるものだからです」（同書、I, 25)。

だがカベサ・デ・バカの例がもっとも興味深いのは、もちろん（潜在的な）自己同一化のレベルにおいてである。生き残るため、彼は仕方なく二つの仕事をおこなっている。最初の仕事は行商である。六年近く彼は海岸部と内陸との間をたえず往復し、それぞれに一方には不足していて、他のところにあるようなもの、つまり食糧、薬、貝類、獣皮、弓矢用の葦、膠を運ぶ役をおこなっている。「この仕事は私の気に入っていた。私は自由に往来し、無理に働かされることもなかった。私は奴隷ではなかったのだ。どこに行っても歓迎され、食べるものに不足したことはなかった。それもこれも私がもっている商品のおかげだった。とりわけこのような仕事をしていると、都合のよいことがあることに私は気づいた。以前に行ったところをおぼえておき、原住民と顔見知りになったことである」（『遭難記』I, 16)。

カベサ・デ・バカがおこなった二番目の仕事はもっと興味深い。彼は加持祈禱師、こういった方がよければシャーマンになるのである。これは意識してなったのではなく、思いがけない出来事が重なり合った結果、インディオたちの方が、カベサ・デ・バカとそのキリスト教徒の仲間は病気を癒すことができると決めてしまい、彼らに介在するよう頼んだのである。はじめのうちは控えめに、自分たちにはそんなことはできないといって断っていたが、そうなるとインディオの方では食糧をもってこなくなってしまったので、とうとう引き受けてしまう。彼らがおこなった儀式は二重の発想にもとづいている。一方で彼らは、原住民の祈禱師を観察し、それをまねている。病人に手をあて、息を吹きかけ、瀉血し、炭火で傷口を焼灼しなければならない。他方では念には念を入れて、キリスト教の祈禱を朗誦する。「私たちの方法とは、十字を切って病人を祝福し、息を吹きかけ、主の祈りとアベマリアを唱えることでした。私たちは主なる神にひたすら彼らを癒してくれるよう、そして彼らが私たちを厚遇する気になるよう祈ったのでした」

〔同書、I, 15〕。カベサ・デ・バカの体験談を信じれば、こうした介在はつねに成功し、一度などは死者を蘇らせたこともあった……。

カベサ・デ・バカは原住民の職業を身につける。原住民と同じ衣類をまとい（あるいは彼らのように裸で）、彼らと同じ食事をする。だが彼らとの自己同一化は決して達成されない。そこには〈ヨーロッパ的な〉正当化のようなものがあって、これが行商の仕事を彼にとって快適なものにし、また彼が祈禱師としておこなう儀式のなかにキリスト教の祈りを取り入れさせたりしているのである。いついかなる瞬間も、彼は自分自身の文化的アイデンティティを忘れはしないし、この頑固さがもっとも困難な試練に直面するときに彼を支えもする。「こうした苦しみのどん底でも、私を慰め、元気づけた唯一のことは、われらの贖い主イエス・キリストの受難のことを思い、主が私のために流された血のことを思うことでした。主が耐え忍んだ茨の責め苦は、この私などの苦しみよりも、もっとはるかに恐ろしいものであったにちがいないと想像するのでした」〔同書、I, 22〕。また彼は一度として彼の目的、すなわちそこを脱出して、自分の仲間に合流しようという目的を忘れたことはない。「いえることは、神のお慈悲がこの囚われの状態から私を救い出して下さるという希望を一度として失ったことはないということです。私はそのことを、たえず仲間たちに話していました」〔同書、I, 22〕。インディオ社会に強く一体化しているにもかかわらず、他のスペイン人たちに出会ったとき、彼は極度の喜びを味わう。「その日は私たちにとって、生涯でもっとも幸福な一日となりました」〔同書、I, 17〕。自分の生涯の物語を書くということ自体、彼のヨーロッパ文化への帰属をはっきり示している。

カベサ・デ・バカにはそれゆえ、ゲレーロに似たところなど少しもない。彼がインディオの軍隊を率いてスペイン人たちと戦う姿はおろか、妻をめとり、混血の子供をもつことなど想像することさえできない。

それだけでなく、メキシコでふたたび〈あの懐かしき〉〔スペインの〕文明を取り戻すや、彼はさっさと船に乗り、スペインに帰ってしまう。彼はもう二度とフロリダやテキサス、あるいはメキシコ北部に戻ることはない。とはいっても、この長期にわたった滞在は、探険旅行の結末についての彼の体験談に見られるように、彼のうちになんの痕跡も残さなかったというわけではない。彼は友好的なインディオにともなわれて、スペイン人の前線の哨所にたどり着く。彼はインディオたちに一切の敵対行為を止めるよう勧め、キリスト教徒は彼らにいかなる危害も加えないと確約する。だが彼はキリスト教徒の貪欲さと、奴隷獲得への欲望を軽く見すぎていた。だから彼は自分と同じキリスト教徒によって裏切られるはめになる。「私たちはなんとかしてインディオの自由を確保しようとしていました。だがその自由をえたと思った瞬間、逆のことが起こりました。彼ら〔キリスト教徒〕は実際、私たちが平和を保証して戻ってこさせたインディオに攻撃を加えようと、手筈を整えていたのです。計画は実行に移され、私たちは二日間森のなかをさまようことになりました。道らしい道もなく、飲み水もありませんでした。私たちはみな渇きで死ぬと思いました。七人の私たちの仲間が死にました。私たちは水のありかを二日目の夕方に見つけたのですが、キリスト教徒に同行した多くの友好的インディオがその水場にたどり着いたのは、ようやく、その翌々日の昼になってからでした」（前掲書、I, 34）。ここでカベサ・デ・バカの心的世界は、彼が用いている人称代名詞の指示対象が不確かであることも手伝って、揺らぎを見せている。そこにあるのは、もはや私たち（キリスト教徒）と彼ら（インディオ）という二つのグループではなく、キリスト教徒、インディオ、そして〈私たち〉という三つのグループである。だがしかし、キリスト教の世界とインディオの世界を二つながら内部から生きてしまったために、その両者の外部にあるこれら〈私たち〉とはいったいだれであろうか。

このようなアイデンティティの混迷がある一方で、案の定、はるかに抑制の利いた部分的自己同一化も見られる。それはとくにフランシスコ会修道士の場合で、彼らは自分たちのキリスト教的理想も、キリスト教伝道という目的も失うことなく、やすやすとインディオの生活様式を身につける。実際には一方が他方の役に立つのであって、最初の自己同一化の動きは、深い同化を容易にするのである。「〔第二高等行政司《アウディエン》法院《シア》の〕議長が、なぜ他の修道会の者たちよりも彼ら〔フランシスコ会〕修道士の方が好きなのかをインディオに訊ねたところ、彼らはつぎのような答えをした。〈それはフランシスコ会士のみなさんが、私どものように貧しい身なりをし、裸足で生活し、私どもの口にする食物を召し上がり、私どもの間に腰を下して、私どもと物静かな語らいをして下さるからです〉」（モトリニーア、III、4）。同じイマージュは、老メヒコ人たちが物語るキリスト教の司祭とインディオの祭司との『教義問答集』のなかにも見出される。彼らによれば、フランシスコ会士が最初に発した言葉とは類似性の主張である。「ご心配にはおよびません。私たちがすぐれた人間などと思わなくてもよろしいのです。事実、私たちはあなた方と同じ仲間に他ならないのですし、またふつうの人間にすぎないのです。それに、私たちはあなた方と同じ種に属する人間であって、本当に神々などではありません。私たちもまた地上に住み、飲んだり食べたりします。寒さで死ぬことも、暑さに苦しむこともあるでしょう。私たちもまた死すべきものであり、はかなきものなのです」（モトリニーア、前掲書、1、28-36）。

カベサ・デ・バカのような人ならば、その自己同一化の道をかなり遠くまで押し進め、インディオとしょっちゅうつき合って、彼らのことをかなりよく認識することができるだろう。だが、すでにのべたように、これら二つの表現の間には「……ならば――である、という」含意関係は一切存在しない。必要とあらば、ディエゴ・デ・ランダの例をその証拠として引き合いに出すこともできよう。このフランシスコ会修道士の名声は、ヨーロッパ人のマヤ史理解の上で決定的となった二重の態度にもとづいている。彼は一方で、マヤ人の過去にかんするもっとも重要な資料である『ユカタン事物記』の著者であり、他方では幾多の公的焚書の推進者なのだ。この焚書によって当時存在していたマヤの書物がすべて燃やされてしまったことは、ランダがその『事物記』のなかでのべているとおりである。「われわれは彼らのところで、あのインディオ文字を記した書物を多数発見したが、書かれていることはどれもこれもが迷信や悪魔の虚偽にすぎなかったので、すべてを焼却してしまった。彼らはこのことをひどく残念がり、深く悲しんだ」(ランダ、前掲書、41)。

書物を焼却すると同時に書く人間というこうした逆説は、実際には逆説ではない。ランダがインディオとのごくわずかな自己同一視さえ拒否し、逆にキリスト教への彼らの同化を強く要求していること、だが同時に、彼がこれらインディオの理解に関心をもっていることに気づけば、この逆説は逆説であることをやめる。事実、彼の行動には一種の断絶がある。ランダは一五四九年から一五六二年まで、すなわち先にのべた焚書の年までユカタンに滞在していた。彼の行為は書物の破壊だけでなく、〈異端的〉インディオを彼の命令によって投獄し、鞭打ち、場合によっては死刑に処すという懲罰までもふくんでいるが、そのためにスペインに呼び返され、裁判にかけられる(彼はインディオにたいする拷問の実行を、もしそうでもしなければ彼らからごく些細な情報でも引きだすことは不可能だった、と主張することで正当化しようとした)。はじめはインディアス枢機会議によって有罪を宣告されるが、やがて特別委員会(カスティーリャ管区諮問委員会)によって無罪となり、今度は司教というもっと重大な権力をあたえられてユカタンに送り返される。自分にたいする非難から身を守るためということもあって、彼がその著書を書くのは一五六六年、彼がまだスペインにいるときである。だから二つの機能の完全な分離があるのだ。すなわち、彼はユカタンでは同化推進者として行動し、スペインでは学者として書物を書くのである。

この時代の他の宗教家は、これら二つの行為を組み合わせていた。すべてのインディオをキリスト教に改宗させようと努めるとともに、インディオの歴史、風俗、宗教について書いているのである。彼らはこのようにしてインディオの理解に貢献するが、彼らの誰一人としてランダのような行きすぎを犯す者はなく、みなが写本が燃やされてしまったことに遺憾の意をあらわしている。彼らは、今日私たちが古代メキシコについて知りうる知識をあたえてくれる著者たちの二大グループの一つを形成している。彼らのなかにはフランシスコ会修道士、ドミニコ会修道士、イエズス会士というさまざまな宗教団体から派遣された者がいる。もう一つのグループはインディオや混血の著者によって構成されている。このグループの者たちはスペイン語を知っているか、あるいはラテン語のアルファベットを使ってナワトル語で書いたりしている。彼らの名をあげれば、ムニョス・カマルゴ、アルバ・イシュトリルショチトル、バウティスタ・ポマール、アルバラード・テソソモクなどである（いくつかのテクストは作者不詳である）。彼らはみな比較を絶するほど大量の資料を生産しており、その豊かさは他の伝統的社会について書かれた資料をはるかに凌いでいる。

二人の例外的な人物が、インディオに捧げられた作品全体のなかでひときわ光彩を放っており、もっと詳細な検討に値する。ディエゴ・ドウランとベルナルディノ・デ・サアグンである。

## 2　ドゥランまたは文化の異種交配

はるかに複雑な形であらわれた人格の二重化が、コロン以前の新大陸にかんするもっとも成功した叙述をおこなった著者のうちに見られる。ドミニコ会修道士ディエゴ・ドゥランである。彼は(一五三七年ごろ)スペインに生まれた。だがこの時代の他の多くの主要人物とはちがい、五、六歳でメキシコに移住し、したがってそこで成長している。彼のインディオ文化にたいする内部からの理解は一六世紀には並ぶものがないが、それはこのような経験から生み出されたのである。(一五八八年に)死ぬ少し前、一五七六年から一五八一年にかけて、ドゥランは『ヌエバ・エスパーニャのインディアス史および大陸付属諸島史』を書いている(この表題は脈絡を欠いており、おそらくだれか他の者が書き加えたものであろう)。あつかわれている主題は、最初の二巻ではアステカ人の宗教、第三巻はアステカの歴史である。この作品が刊行されるのは、ようやく一九世紀になってからのことである。

ドゥランの両義性がいっそう複雑なのは、まず彼がその生涯を通じて、スペインとメキシコに交互に滞在することがなかったからであるが、それとともに彼のインディオ文化の認識がいっそう深い内側からのものだからである。この内部からの認識は、いっそうドラマチックな立場だということもできる。一方には信心堅固なキリスト教徒、情熱的な宣教師がおり、インディオを改宗させるためには、まず彼らの古い宗教をもっとよく知らなければならないとした。もっと正確にいえば、ドゥランはつぎの二つの推論をつなぎ合わせる。（一）キリスト教を押しつけるためには、一切の異教の痕跡《パイヤン》を根絶しなければならない。（二）異教的傾向《パガニスム》をうまく排除するためには、まず異教のなんたるかを知らなければならない。「古い宗教のすべての根を、ほんのわずかしか感じられないものまでも抜き取ってしまわないかぎり、インディオは神を見出さないであろう。（中略）アマレックの記憶をやっきになって追い払おうとしても、彼らの暮らしのなかに入り込んでいる宗教のすべての様相を前もって考慮に入れておかなければ、決してうまくいかないであろう」（前掲書、I、《序文》）。はっきりしているドウランの動機はすべて、この二つの含意関係に要約される。彼はこの含意関係をアステカの宗教にかんする彼の書物全体を通じて、すなわち（文字通り）第一巻の第一段落から第二巻の最終段落にいたるまで飽くことなくくり返している。彼はここに、自分をこの仕事に取り組ませた唯一の理由を見ているのである。「私のただ一つの意図とは、これらの人々の占いや偶像崇拝的な祭祀からわれわれの司祭たちを守るために、彼らを古い信仰の遺物にたいして、自覚的にしかも用心深くすることであったし、いまもなおそうである」（同書、I、19）。

偶像崇拝を根絶するためには、まずその偶像崇拝を見分ける方法を学ばなければならない。ドウランはこのことになんの疑いも抱かない。ところで、伝道布教の責務をになっている当時の聖職者はこういうことに無知であった。司祭たちは言語の表面的な知識しかもたない（つぎの二つの表現だけで彼らは満足している、とドウランは慨嘆している。〈それをなんと呼ぶか〉と〈早く答えなさい〉である。ドウラン、前掲書、I、8）。だが、言語を完全に把握することなくして文化を理解することはできないから、類推と希望的観測《ウィッシュフル・シンキング》という二人の不誠実な助手に導かれて、まことしやかな解釈がまかり通ることとなる。ドウランは異教の祭祀と結びついたある種の剃髪の形式が、なぜ修道士への尊敬の印として受け取られたかといえば、修道士の剃髪がそれに似ていたからだと語っている。「私はかくも敬虔な素朴さで語られる、彼ら修道士たちの解釈を信じようと努力した。だがそのような解釈は、実際には彼らが極端に無知であり、インディオの言葉を理解できなかったことに起因していることを、いまでは認めなければならない」（同書、I，5）。だからドウランは、ディエゴ・デ・ランダとかメキシコの初代司教であるフワン・デ・スマラガのような、昔の書物を燃やしてしまった者たちを、布教の仕事をなおいっそう困難なものにしてしまった者として非難する。「そもそものはじめに、狂信的な熱心さで（だが闇雲に）彼らの古い伝統を描いている絵文書をことごとく燃やし、破壊してしまった者たちは、過ちを犯したのである。彼らはわれわれを導く光もないままに置き去りにした——その結果、インディオはわれわれの面前でその偶像を崇めているのだ。一方われわれは、彼らの踊り、市場、公衆浴場、歌（そのとき彼らは昔の神々や領主のために涙を流している）、食事と祝宴のなかでいったいなにが起こっているのか皆目理解できない状態にあるのである」（同書、I，《序文》）。

ここに議論の争点がある。ドウランが手がけた仕事を知っている者はすかさず、ドウランは、彼が望んでいるものとは正反対の結果に力を貸すことになるとして非難した。すなわち、彼らの古い迷信のごく詳細な目録を作成することによって、かえってそれらを蘇らせることになるというのである。それにたいしドウランは、古い宗教の遺物はいたるところに現存しており（だが無知な者には見えない）、しかもインディオがそれをもう一度見出すのにドウランの仕事など必要としないのだ、と反駁している。だがもし蘇らせることになったのであれば、「私はそういったものを火中に投じ、この憎むべき宗教を忘却へと追い遣る最初の人となるであろう」（同書、II，3）。つまり彼は焚書の原理に反対なのではなく、それが異教と戦うのに適切な方法だとすることに素朴な疑念を呈しているのである。焚書によって得ることよりも、おそらくは失うものの方が大きいだろうというわけである。だから彼は自分の仕事に熱中する。「ひとたび私の本が日の目を見るや、もうだれも無知を装うことはできないだろう」（同書、I，19）。

ところで、ひとたび偶像崇拝が明らかなものとなったならば、それが完全に排除されるまではやめることは許されない。これがドゥランの第二の主張である。この主張が興味深いのは、まさしくその過激な性格である。改宗は徹底的なものでなければならない。いかなる個人も、個人のいかなる部分も、またいかなる祭祀も、それがいかに些細なものと見えようと、そこから逃れることはできない。彼はいっている。キリスト教の儀式の受容が「猿まね流の」（ドゥラン、前掲書、I，17）形式的なものであるならば、これに満足してはならない、と。だが不幸なことに、これがあまりにも多い。「われわれは、インディオのわれわれにたいして装っているキリスト教的な見かけに満足している」（同書、I，8）。また、大多数が改宗したからといって喜んでいてはならない。わずか一頭の疥癬病みの雄羊が、群れ全体に感染させることもできるからである。「すべての人が昔からの習慣を守っているわけではない。だが、村のなかにただ一人いるだけで、大きな過ちを生じさせるのに十分なのだ」（同書、II，3）。なによりも、基本的なことだけで十分だと考えてはならない。古い宗教のほんのかすかな記憶でさえ、新たな（そして唯一正しい）崇拝を根底から腐敗させることもありうるからである。「神の僕《しもべ》よ、そうしたことがごく些細なことだと思うことなかれ。自らの怒りと悲しみを示し、それらと戦い、それらを壊滅させてしまわないかぎり、インディオはわれわれが寛大であることをよいことに、もっと由々しいことをおこなうだろう。（中略）そんなことは取るに足りないという者もあるかもしれない。しかしそれこそ古い祭式であるのみならず、偶像崇拝の巧妙な一形式なのである」（同書、I，7）。「彼らの間に、古い伝統のごくわずかな思い出でも残っていれば、これを根こそぎにする必要がある」（同書、I，17）。

卵を盗む者は牛をも盗む〔泥棒の道に歯止めなしの意〕。そのように、ごくわずかなものであっても異教の痕跡を残しておく者は、キリスト教の精神そのものを裏切るのである。「司祭はインディオを無気力、投げやり、怠惰や遊興三昧に放置してはならないし、どんな小さなことでも、たとえば子供たちの頭を坊主刈りにしたり、野鳥の羽根で飾ったり、あるいは子供の頭や額にゴム液、身体に松やにを塗り、神聖な瀝青で聖油を塗ったりするようなことはインディオに禁止しなければならない」（同書、I、5）。熱心さのあまり、修道士ドウランはインディオの夢のなかにある一切の偶像崇拝の名残りまで追及するにいたる。「告解の際には、彼らにどのような夢を見るのかを問わなければならない。どんな夢のなかにも古い伝統のかすかな記憶が残っていることがありうるからである。そうしようとするときには、〈あなたはどんな夢を見ましたか〉と訊ねるべきであって、真っ赤な炭火をとびこえる猫のようにさっさとすましてはならない。われわれの説教はこうしたことすべてを断罪し、唾棄することにあてられるべきである」（同書、I、13）。

　ドウランをもっとも怒らせるのは、インディオがキリスト教の祭祀のただなかに彼らの古い宗教の部分をまんまとしのび込ませてしまうことである。習合《サンクレティスム》は冒瀆なのだ。ドウランが取り組む仕事とはこうした特殊な闘争である。「われわれの主たる意図はこうだ。つまり、われわれ自身の祭祀と彼らの祭祀との間に混同が起こりうることを聖職者に警告することである。インディオはキリスト教の神と聖人の祭祀をとりおこなうその陰に隠れて、その祝祭日がたまたま同じである場合には、彼らの偶像の祭祀をしのび込ませ、祝うのである。しかも彼らはわれわれの典礼のなかに、自分たちの古い儀式をもち込む」（同書、I、2）。もしキリスト教のなにかの祝祭日に、インディオがある種の踊りを踊るならば、注意せよ、それはスペイン人司祭の鼻先で彼らの神々を崇めるやり方なのだから。もしなにかの歌が葬儀につけ加えられるならば、それもやはり悪魔を祝っているのだ。もし聖母マリアの誕生の祝日にトウモロコシの花と葉が捧げられるならば、聖母マリアを通して古い異教の女神に祈りが捧げられている。「このような祝祭日には、私は神と聖人を祝って歌が歌われるのを聞いたものだが、そうした歌には悪魔だけが理解できる隠喩や古い事跡が混じり合っていた。悪魔だけが理解できるというのは、それらは悪魔が彼らに教えたものだからだ」（同書、II，3）。ドゥランは、キリスト教の神殿を建設するのに昔の神々の石像が使われたのである以上、メキシコの大聖堂のミサに列席する人々は、実際にはミサをあげるためではなく、古い神々を崇めることができるからこそ列席しているのではないかとさえ考えている。この大聖堂の円柱は現に、羽毛ある蛇神の上に建てられたのだ。

宗教的習合《サンクレティスム》が、偶像崇拝を生き残らせるもっとも許しがたい形式であるとするならば、他の形式もまた同じように非難されるべきであろう。危険がひそんでいるのはむしろ形式の多様性そのものである。階級化、体系化、儀礼化が強固にでき上がった社会では、アステカ人の社会のように、あれもこれもすべてが宗教に結びついている。結局ドゥランは正しかった。町でおこなわれる芝居を楽しんで見ていても、彼はどうしようもなく、そこに異教的な性格を見てしまう。「これらの笑劇はどれもこれもがきわめて面白く、愉快だったが、その上演にはかならず（古い宗教への）ほのめかしが隠されていた」（同書、I，6）。市場に行く、饗宴を催す、なんらかの食べ物（たとえば吠えない犬）を食べる、酔っ払う、沐浴する、これらの行為はすべて宗教的な意味をもっている。だから排除されなければならない。ドゥランは焚書の有効性を信じないからそうした行為に出ることはないが、昔の宗教とのなんらかの関係を認めることのできるようなものは、容赦なく破壊する。「古い時代に建設されたああした浴場のいくつかは、この私が破壊した」（同書、I，19）。ある人たちは、そんなものは迷信ではなく習慣にすぎないとか、異教の偶像ではなくたんなる装飾であるといって抗弁しなければならなかった。あるとき一人のインディオが、彼の非難にたいしてつぎのように返答している。「このような礼拝の仕方は、昔からのしきたりに根ざしているのではなく、彼らが礼拝するとあんなふうになってしまうだけのことなのです」（同書、I、20）。ときには彼もこの種の論法をしぶしぶ受け入れることもあるが、心底では自分の非妥協的な立場のラジカルな結論の方を選んでいる。もしアステカ文化全体に古い宗教的価値観がしみ込んでいるのであれば、そんな文化などこの地上から消え失せてしまえ、というわけである。「迷信と偶像崇拝はいたるところに現存している。種蒔きや収穫のなかに、種子の貯蔵のなかに、土地の耕作、家の建築、通夜、葬式、結婚、誕生のなかにさえも」（同書、I、《序文》）。「古い習慣のなにもかもが忘却のなかに消え失せ、沈み込んで行くのを見たいものだ」（同書、I、20）。なにもかもがである。

この点でドウランは、メキシコにいるすべてのスペイン人修道士の意見を集約しているのではない。彼は、大ざっぱにいってドミニコ会修道士のものとフランシスコ会修道士のものとに分けられる二つの対インディオ政策の対立のなかで、自分の立場を決定する。ドミニコ会の方は厳格主義者である。それによれば信仰は安売りすべきではなく、改宗は徹底的なものでなければならない。たとえこのことが、改宗者の人生の全様相を一変させることにつながるとしても。フランシスコ会はどちらかといえばレアリストであり、偶像崇拝がインディオのうちに命脈を保っていることを実際に知らないのか、あるいは知らないことに決めたのかはともかく、過酷な任務（徹底的改宗）を前にしてしりごみし、不完全であるとしても現状に甘んじている。このあとの方の政策が後に支配的になり、その有効性が明らかになる。だが、メキシコのキリスト教がつねに習合《サンクレティスム》の痕跡をとどめていることは確かなのだ。

ドウランは厳格主義者の側を選ぶ。そして敵対者にたいして手きびしい非難をあびせる。「一週のうちにあるすべての祝祭日を祝うようインディオに強制する必要はないという修道士もいるが、私はこれは不適切で、間違っていると思う。というのは、彼らとてキリスト教徒である以上、もっといろいろなことを知ってしかるべきなのだ」(同書、I, 17)。宗教の純粋さを保とうとしない以上、彼の目には異端者と同じほどにも罪深く見える同職者に厳罰を要求するとき、ドウランの呪詛には、神聖な憤りが燃えあがる。「私がのべたこれらの行為は、宗教裁判所があつかう犯罪として裁かれるべきであり、そのように振舞う修道士は、この機関によって永久に停職にすべきである」(同書、I, 4)。だがもう一方の側も負けず劣らず非難の叫びをあげる。それでドウランは、もうこれ以上古い偶像崇拝について語ることは好ましくないとする勧告に服さざるをえなくなり、そのことについて不満の意を表明している。これがおそらく、ドウランの作品が三〇〇年もの間刊行されることもなく、ほとんど読まれることもなかった理由の一つであろう。

厳格で非妥協的なキリスト教徒、宗教的純粋さの擁護者、これがドウランの一つの面である。だから、おそらくはヨーロッパ人である彼の読者にメキシコの現実を理解しやすくなるように、彼が積極的に類比《アナロジー》や比較《コンパレソン》を駆使していることに気づくときには、やはり驚きを禁じえない。こうしたことにはとやかくいうべきなんらの筋合いもないのは当然のことだが、ところがドウランは、警戒おこたりなく差異を維持すると表明する人にたいしてははっきりと多くの類似性を見てしまうのだ。裏切りはスペインでも新大陸でも同じ仕方で罰せられるし、懲罰は同じ恥辱の感情を生み出す。部族はその指導者の名をもち、家族はその長の名を取る。これはヨーロッパ人の場合とまったく同じである。彼らはスペインと同じように、国をいくつかの地方に細分化する。彼らの宗教的位階性は私たちのものに似ている。祭司の衣裳は上祭服《カズラ》を、踊りはサラバンドを連想させる。同じような言葉づかいと、同じような英雄叙事詩をもっている。ゲームをしながらおしゃべりし、悪態をつくのはまるでスペイン人のようだ。その上アルケルケという彼らのゲームは、見まがうほどチェスに似てはいないだろうか。駒の色はどちらの国も白と黒である……。

ドウランがおこなう類比のいくつかは実際こじつけの感じがするが、読者が驚きを通りこして唖然としてしまうのは、そうした比較がとくに多いのが宗教の領域であることを発見するときであろう。異教的要素をかなり意識的にキリスト教の典礼のなかに混入させようと努めているのは、もはやインディオではない。インディオが征服される以前に実施していた古い異教的儀式のまっただなかに、キリスト教的要素を発見するのはドウラン自身なのである――見出されるキリスト教的要素の量は、しまいには不安になるほどである。「古い信仰はまだまだ数多く残っており、それも複雑で、多くの場合われわれの信仰と非常によく似ているので、それらはたがいに重なり合っている。（中略）彼らがいつも彼ら自身の秘蹟と、多くの点でわれわれの宗教と一致する神々への崇拝とをもっていたことは、以下の記述によってお分かりになるとおりである」（同書、I、《序文》）。

そして、私たちは実際幾多の印象深い事柄を目のあたりにするのである。復活祭はキリスト教に特有なものだと信じられていたのではあるまいか。だがテスカトリポカの祭りでは、私たちの聖木曜日のように神殿は花々でおおわれる。トラロックへの供物は、聖金曜日に見られるものと〈正確に〉同じである。五二年ごとに灯される新年の火といえば、復活祭で灯されるロウソクのようなものである……。チコメコアトルの聖餐祭《サクリファイス》は、ドウランにこちらにもキリスト教の祭祀があるのかと錯覚させた。「それはほとんどクリスマス・イブといってよかった」（同書、I、14）。なぜなら群衆が夜更けにいたるまで炎を見守りつづけているのだ。ドウランはまた、キリスト教の本質的な典礼がアステカの慣例のなかに〈正確に〉再現されているのをなんの苦もなく発見する。日没時に打ち鳴らされる大太鼓はアベマリアの鐘のようなものだし、水によるアステカ式の清めは告解のようなものである。告解の秘蹟はどちらの宗教でも実によく似ており、托鉢司祭についても同様である。いやむしろアステカの沐浴は洗礼のようなものだと考えた方がよい。沐浴も洗礼も水を使うからだ。「水は罪を浄化すると考えられている。この点でインディオは道をあやまたなかった。というのは、神は洗礼の秘蹟を水の本質のなかに置いたからである。われわれは水によって原罪を洗い流したのである」（同書、I、19）。だが、これでもまだ不足というのなら、テスカトリポカ〔「煙を噴く鏡」の意〕——さまざまなものに化身するが、この場合には三つに簡略化されている——が三《トリ》一《ニテ》神の異形にほかならないことをお目にかけよう。すなわち、「彼らは父、子、精霊を敬っていた。そしてそれらをトタ、トピルツィン、トロメトルと呼んでいた。これらの語は〈われらの父なる神〉、〈われらの子なる神〉、〈その神々のみ心〉を意味し、それらをそれぞれ別々に、またその三者を一体として敬う語なのである。ここにこの地の人々が三位一体についてなにかを知っていた証拠を見ることができる」（同書、I、8）。

ここで私たちがとくに指摘したいのは、ドウランがなんとか類似性を発見しようとしているのにたいし、徹底的にやっつけられている当の偶像崇拝者の方は、そんなところに類似性などしいて求めもしなかったということである。だからそのような人の説にしたがえば、古い宗教も新しい宗教も同じものなのだから、いくつか変化したところをのぞけば、古い宗教にしたがっているだけでよいということになってしまう。ドウランはこれら二つの宗教を混ぜあわせているアステカ人にたいして、あるいはキリスト教の祭儀を職業とする者でありながら、そのようなアステカ人に厳格さの足りなかった者にたいしてもまた宗教裁判と破門を要求した。だが、告解も洗礼も、クリスマスも復活祭も、さらには三位一体でさえドウランの目には、異教的アステカ人に特有の祭儀や考え方とまったくちがわぬものとして映っていたことを知っていたとすれば、人は彼にたいしてどのような裁断を下していたであろうか。彼にとって最大の恥辱であると見えていたもの――宗教的習合《サンクレティスム》――、彼はそれを自分の視線のなかにもっていたのだ……。

これほど多くの類似性にたいして、可能な解釈は二つしかない。ドウランの好みに大いにかなう第一の解釈によれば、アステカの祭儀がこれほどまでにキリスト教の典礼を連想させるのは、はるか遠い過去において、アステカ人がキリスト教の教えをすでに受容していたからである。「昔の伝道師のことで私はインディオに問いただした。(中略)事実上彼らはカトリックであった。永遠の休息の至福と、これを得るためにこの地上で送らなければならない清らかな生活についてインディオがもっている知識に触れたとき、私は感嘆の念に打たれた。とはいっても、こうしたことすべては彼らの血塗られた、おぞましい偶像崇拝と混じり合っていたので、その富も輝きを失っていた。私がこのようなことを率直にいうのは、これらの国々には実はかつてキリスト教伝道師がいて、いまいったような教えを彼らに残していったと信じられるからである」(同書、I, 9)。

ドウランはこのような漠然とした主張にとどまらず、自分の信念に詳細な表現をあたえた。すなわち、問題の伝道者とは聖トマスであり、その面影はケツァルコアトル〔羽毛ある蛇〕の別名にほかならぬトピルツィンの姿で、アステカの物語のなかにとどめられている。この同一視はドウランが指摘するもう一つの類似性にもとづいている。「彼らはまた理性をもち、救済の余地ある神の被造物でもあったので、神は福音伝道者のないままに彼らを見捨てておくことができなかったのだ。もしそうだとすれば、この地にやってきた伝道師とはトピルツィンである。その物語によれば、彼は彫刻家であって、見事な像を石に刻んだ。ものの本によれば、輝かしい伝道者、聖トマスは同じ職業にたずさわる職人頭であった」(同書、I, 1)。福音伝道者がここを通過したことについて、これらの類比よりもう少し手ごたえのある証拠を見出すことができれば、ドウランも心やすらかでありえたろう。ときに彼はその証拠をいまにも発見しそうな感触を得ることもあるが、ここぞというときに、それらは彼の指の間からこぼれ落ちてしまうのだ。彼は山腹に刻まれた十字架のことを耳にする。不幸なことに、それがどこにあるのかもはやだれも知らない。彼はまた、あるインディオの村に意味の分からない文字で書かれた一冊の本があったという噂を聞く。その村に急ぎ駆けつける。だが駆けつけても、その本は何年か前に燃やされてしまったということを知るだけである。「そのことを聞いて、私は本当にがっかりしてしまった。なぜならその本があれば、それがヘブライ語で書かれた聖福音書であるかもしれないというわれわれの推測に光をあてることができたはずだからである。私は激昂して、本を燃やしてしまった人々を叱りつけた」(同書、I、1)。だが、決定的証拠にかけているという事実も、ドウランがケツァルコアトルに捧げた一章に、つぎのような標題を選択する妨げにならない。すなわち、〈チョルーラ族にたいそう畏れ慕われる彼らの神にして、スペイン人の到来を予告していたがゆえにトルテカおよびスペイン人の父である、ケツァルコアトルと呼ばれる偶像神について〉。だからケツァルコアトルはトルテカ族およびスペイン人の共通の父だったのだ。しかし、ときとして恐ろしい疑念がドウランの心を占め、これらすべての類似性について別の解釈もまた可能であることを彼も認めざるをえなくなる。「多くの点でキリスト教と迷信的宗教は共通の地盤を見出した。だが、この地に伝道師がいたことを確信していても(私はこれを信じるに足るだけの多数の証拠を発見した)、私がつかんだ証拠はまだ十分に立証されていないので決定的なものとして使うことができない。(中略)決定的な説は提出不可能であろう。一方つぎのようにいうこともできる。すなわち、悪魔がおのれを神として崇めさせるために、神聖な宗教を盗み、改竄したのだと。というのは、すべては数知れぬ迷信の混合物だったからだ」(同書、I、16)。「すでにのべたように、われわれの神聖なキリスト教はこの地方で知られていたか、あるいはわれらの呪われた敵、悪魔がキリスト教カトリックの儀式を、現実にそうであるように悪魔自身の儀式、崇拝としてインディオにとりおこなわせようと無理じいしたかのどちらかである」(同書、I, 3)。なんとすさまじい二者択一であろうか。人は一方の極端から、他方の極端へと投げ出される。この上なく腹黒い悪魔の策略か、それともたぐい稀なる神の恩寵か。ドゥランは長い間はりつめた懐疑に耐えられず、その歴史書を書く時期、つまり一五八〇年から一五八一年にかけての時期には、つぎのような結論を下すこととなった。すなわち、アステカ人は行方不明となった古代イスラエル十支族のうちの一支族以外の何者でもない、と。彼の歴史書の第一章はつぎのような断言ではじまる。「結局われわれは、彼らがその本性からしてユダヤ人であり、ヘブライ民族の一員だと断言できるだろう。彼らの生活様式、祭式、儀式、迷信、占い、寓話が、どう見ても彼らと少しもちがわぬユダヤ人のそれに非常に近いのだから、こう断言しても、大きな過ちを犯すことにはならないだろう」(同書、III, 1)。この起源が同じであることの証拠もまた類比である。どちらも長い旅をおこない、大いに殖え、一人の予言者をもち、何度か地震を経験し、天からの食物を授かり、大地と天との出会いから生まれ、人身御供を知っている(ドゥランの場合、その類似性は伝播によってのみ説明される)。またドゥランは、宗教にかんする本のなかではキリスト教徒との比較と、ユダヤ人との比較を交互におこなっているのにたいし、歴史書の方では事実上もはやアステカの祭式とユダヤの祭式の類似性しか取りあげていないのである。

ドゥラン自身がキリスト教に改宗したユダヤ人の家系の出であった可能性が大きい。彼が差異を無視し、類似性に固執する異常な熱意の原因はこんなところにあるのかもしれない。ユダヤ教とキリスト教という二つの宗教を和解させようと努力する過程で、すでに同じような活動に多少とも意識的に専念したことがあるはずだから。おそらく彼には文化的異種交配への傾向がすでにあったのであろう。いずれにせよ、インディオ文明とヨーロッパ文明の出会いの場と化したドゥランこそ、一六世紀における文化的混血のもっとも完全な具体例なのである。

こんなにも相異なる二つの文明が出会い、そしてその二つの文明を同時に生きなければならないのだから、スペイン人であれアステカ人であれ、各主体の内部にちぐはぐなものを生み出すことになる。ドウランはなによりもまずインディオがこうむる変化に敏感である。征服戦争最後のメヒコ攻囲戦のときに、彼はアステカ人の間にある内紛をすでに指摘している。「国中が苦しみと内紛のなかにあった。ある者はスペイン人と和平を望み、ある者は戦いを欲していた。異邦人を殲滅せんと、軍装を準備し、城壁や堀を作る者もあれば、平和と安全、それに自分たちの生命と財産が守られることしか願わない消極的な者もいた」（同書、III、76）。その五〇年後、彼の執筆の時期になっても、彼の関心の対象が軍事から宗教に変化したとはいえ、内紛は相変わらず以前のように深刻である。インディオもそのことを知っている。あるインディオが異教的祭祀に固執していることをはじめて知ったときの様子を、ドウランはつぎのように語っている。「彼が馬鹿なことをしたので、私は彼を叱った。彼が答えるには、〈神父さま、驚かないで下さい。私たちはまだネパントラなのです。〉私はこの語の意味、すなわちそれが〈中間に〉を意味することを知っていたが、彼がどのような〈中間〉のことを考えていったのか、話してくれるように頼んだ。彼はいった。信仰が人々のなかにまだ十分に根づいていない以上、自分たちがどっちつかずのままにとどまっていることに驚いてはならない、自分たちはどちらの宗教によっても導かれていないのだ、と。つまり、もっと突っ込んでいえば、彼らは神を信じてはいたが、それと同時に古い悪魔的な儀式や慣習を守っていたのである」（同書、II、3）。だがスペイン人の方もこの出会いから無傷のままで抜け出すことができない。こうしてドウランは、それと知らずに自分自身の肖像画でもあるものを描く、というよりも、自分の運命の寓話を書くことになったのである。

彼の文化的異種交配は、いくつかの仕方で示すことができる。一番目につきやすく、だがおそらくもっとも表面的なのは、彼がインディオの生活様式や、その不自由で苦しい生活をともにしているという点である。彼のいうことを信じれば、これは多くの海外布教師の宿命であった。「彼らは獣といるときは獣に、インディオといるときはインディオに、野蛮人といるときは野蛮人に、つまりわれわれ本来の習慣と民族から切り離された人間になった。」だがそれは理解のために支払わなければならない代価である。なぜなら、「外側から語る者、絶対にそんなことに首を突っ込もうとしない者が理解できることは、ごくわずかである」（同書、II、3）からである。このような生活を送っているうちに、彼はある種の行動が偶像崇拝的性格をもっていることに気づいても、そうした行動を許容し、それだけでなく自分でも同じことをおこなうようになる。それは一つには、彼が賛嘆の念を抑えることができない、あのおそらくは宗教的な意味をもつ歌を前にしたときのように、疑惑は疑惑として放置することの方を好んだからであろう。「私は祭りの踊りの間に何度もあの歌を聞いた。そして、それらの歌が彼らの領主をほめたたえる歌であったとしても、これほどの賛歌、これほどの武勲を聞くことに深い喜びを感じていた。（中略）ときに、これらの歌や神に捧げられた他の歌に合わせて、踊りが踊られるのを私は見た。それらはとても悲しい歌だったので、私は憂鬱と沈痛な気分に囚われてしまった」（同書、I、21）。あるいはもう一つ別の理由としては、信徒たちを回心させることに絶望しているからとも考えられる。たとえば、キリスト教の儀式で用いるロウソクのかわりとしての献花が、実際にはテスカトリポカ神の遠い記憶にもとづいていることを、彼が発見するときのように。「私はそうしたことを見る。だがなにもいわない。なぜなら全員が知らぬふりをしていることは、とくと承知のことだからである。それで他の者たちと一緒に、花で飾られた杖を取り、あとに続く」（同書、I、4）。

他の文化的異種交配の形態は、意識されることははるかに少ないが、実際にはもっと重要である。何よりもまず、ドウランは両方の文化を根底から理解している数少ない人間の一人である――あるいはこういった方がよければ、彼は一方の文化の記号を他方の文化の記号に翻訳することができたということである。このことが彼の作品を、一六世紀のスペイン人が没頭したインディオにかんする認識活動の頂点に位置づけることになる。彼自身、実際に翻訳しようとする際に直面する困難について、つぎのように証言している。「原住民の歌はすべてきわめて難解な隠喩がからみあっているので、その歌を非常に特殊な方法で研究するか、意味が分かるように説明してもらうのでなければ、理解できる人がいるとはまず思えない。そのため私は歌の内容を聞き取ろうと、ことさら注意深く耳を傾けはじめた。その結果、当初は隠喩をあらわす語や表現は支離滅裂に見えていたが、〔原住民たちと〕議論と検討を重ねたいまでは、今日でも作られている神事の歌でも俗世間の歌のなかでも、それらの隠喩が優れた真理をあらわす言葉となっていることが分かるのである」（同書、I, 21）。すなわちひとたび理解すれば、アステカ語のテクストが神――つまり偶像崇拝――にかんするものであっても、ドウランはそれにたいして賛嘆の念を禁じえないのだ。

こうした理解の結果が、アステカの宗教についてドウランが生みだした貴重きわまりない書物なのである――貴重きわまりないというのは、たとえ好意的で注意深くなされようとも外側から記述することには満足せず、少なくとも物事がなぜそうなのかを理解しようとしている事実上唯一の書物だからである。「テスカトリポカの頭部にはピカピカした黄金の輪がめぐらされており、その輪は立ち上る煙に揺らめく黄金の耳のところで終わっていた。」これが描写である。貴重な描写ではあるが、このままでは理解不可能である。解釈、というよりも思いつきのような日常的で平凡な発想がすぐに続く。「その意味するところは、テスカトリポカは不幸な人々や罪人の祈りと請願を聞き入れたということなのだ」（同書、I, 4）。

あるいはまた、「例外的なことだが、祭司が、貴族であるこれら二人の女性に死をあたえたとき、二人が処女のままで死んだことをはっきり示すために、慣習にしたがって脚をたがいに交叉させ、腕の方は伸ばした状態にした」(同書、I、16)。意図が指示されているので、アステカ人が象徴的に想起する方向がなんであるかが理解できる。おそらくドゥランの指摘はそのすべてが正しいわけではなかろうが、少なくとも答えを模索している点に彼の値打ちがある。

文化的異種交配のもう一つの魅力的なあらわれは、ドゥランが作品を書く際の視点の進展のなかに見られる。宗教にかんする彼の書物のなかでは、すでに見たように、アステカとスペインという二つの視点が区別される。たとえそのどちらかへの変質がはじまっていたとしてもである。とはいっても、ドゥランの生来的な習合主義《サンクレティスム》がその二つの視点の明確な区別をあやうくしていた。この宗教書よりあとにくる歴史書の方が、この点ではなおいっそう込み入っている。しかし、一見したところではドゥランの意図は単純である。つまりもっとも狭い意味での翻訳家の意図である。彼はいっている。自分は目の前にナワトル語で書かれた写本をもっているが、ときおりそれを他の原典と突き合わせたり、スペインの読者のために難解な個所を解明したりしながらスペイン語に置き換えている、と。それが有名な、謎の〈クロニカX〉(今日の専門家はそのように呼んでいる)、すなわちアステカの歴史の壮大な絵巻物語である。原本は不明だが、テソソモクやトバールの書物を理解するためにはぜひとも読んでおかなければならない本である。「私の意図はただ一つ、ナワトル語をわれわれの母国語スペイン語へと翻訳することであった」(同書、III、18)。必要に応じて、自分の個人的見解とアステカの物語の視点との差異を指摘することも彼は忘れない。「このようなことはすべてがあまりに信じがたく思われたので、もし私が『年代記』に取り組んでいるのでなければ、また絵や文字で書かれた他の多くの写本のなかにも同じものがあることを発見していたのでなければ、嘘つき呼ばわりされることを恐れて、このようなことをあえて断言したりはしないであろう。歴史を翻訳する者は、外国語で書かれたものからいろいろなものを拾い出してきて小説を作るのであってはならない。私はこの規則にしたがうことにした」（同書、Ⅲ, 44）。彼の目標は自分で責任を取らなければならないような真実を書くことではなく、他者の声に忠実であることである。彼が私たちに提供するテクストはたんなる翻訳ではなく、引用文でもある。ドゥランは私たちが読む文章の言表行為の主体ではないのだ。「インディオの物語と年代記にしたがって、真実を書かなければならない」（ドゥラン、前掲書、Ⅲ, 74）。もちろん、ただたんに真実を物語ることとは別のことである。

だがこの計画はこの書物の途中で放棄される。「私のただ一つの希望は、アステカ族とその偉大な武勲について、そしてこの民族を破滅へと追いやった不幸な宿命について語ることである」（同書、Ⅲ, 77）というとき、ドゥランは自分とアステカ族の歴史との間に介在する言説の主体についてもはや触れようとはしない。彼自身が話者と化したのだ。他の比較の場合には、彼はさらに大胆になる。「彼ら〔王家の一族〕の生存中には、アステカ国は彼らから多大の恩恵を受けていたので、王は自分の一族の名誉を永久にとどめるため石像を彫らせ、記念とした。歴史家はその歴史物語のなかで、また画家は顔料を駆使し、入念な筆遣いで、これら勇敢な騎士や領主の生活と武勲とを生彩に富んだ色彩で描いたのであった。このようにして、彼らの栄光は太陽の輝きのごとく、国々の津々浦々まで広まった。私のこの歴史書のなかで、私もまた彼らの栄光と名誉を物語ろうとしたが、私の本そのものがあるかぎり彼らが不滅であることを願ってのことであった。これらの人たちはこのようにして、美徳を愛するすべての人々の手本となり、その栄光は神の祝福をうるであろう。なぜなら彼らは神と人間から愛されるからである。そしてやがて輝かしい栄光につつまれ、聖人と肩を並べることになるであろう」（同書、Ⅲ, 11）。

これは夢ではなかろうか。ドゥランは〈注釈者〉に助けられることもある慎ましい翻訳者の役割を大きく逸脱し、英雄の栄光を不朽ならしめることがその任務であるあの歴史家の地位を自分に要求しているのだ。そして実際、アステカ人自身が彫刻や絵画の形で残したイマージュと同じ仕方でその任務をはたすのである——ただし、彼がこれらの英雄をキリスト教の天国にいる諸聖人のイマージュとダブらせている点はのぞくけれども。というのはアステカ人が描く場合、こうしたイマージュはありえないのだから。ドゥランはそれゆえ、アステカ人の物の見方に完全に同化した——いや、そうではない。というのは、彼は自分のキリスト教信仰にまったく疑いを抱いていないし、また自分の歴史書をつぎのような文章で結んでいるのである。「われらの神にして主たるイエス・キリスト、および聖母にして至高の聖処女マリアの名誉と栄光をたたえて、私はこの作品を閉じることにしよう。そしてこの本をわれらの聖母カトリック教会の検討にゆだねよう。この教会の奴隷であり子供である私は、その庇護のもとで、誠実な真のキリスト教徒として生きかつ死ぬことを誓うものである」(同書、III, 78)。スペイン人でもアステカ人でもないドゥランは、ラ・マリンチェのように最初のメキシコ人の一人である。(〈クロニカX〉の)最初の歴史物語の作者はアステカ人であったにちがいない。ドゥランの読者は必然的にスペイン人である。そしてドゥランはといえば、彼自身が一方から他方への通行を可能にする存在であり、自分が作り上げた作品のなかでもっともすぐれた作品なのである。

　視点の融合がもっともはっきりあらわれるのは征服についての物語においてである。なぜなら、それよりも古い歴史にかんする場合には、ドゥランはただ一つのタイプの証言、つまり伝承説話《レシ・トラディショネル》に依拠する以外に仕方がなかったからであり、そしてこの伝承説話が一貫性のある視点を具現していたのである。ところで征服にかんしては、アステカ人の視点そのものがかなり一貫性を欠くものとなっている。はじめのうち物語では、モクテスマが歴代の諸王の描写の伝統にしたがって理想的な王として描かれている。「彼は円熟し、瞑想的で、高潔で、きわめて寛大な、不屈の精神の持ち主であった。彼はすぐれた統治者のなかに見出すことのできる、あらゆる美徳で飾られていた。彼の見解や決定はいつもきわめて適切であったが、戦争にかんすることではとりわけそうだった」（ドウラン、前掲書、Ⅲ, 52)。だがこのような判断を下すことには問題がある。それでは、アステカ帝国の崩壊の理由を内部から理解することができなくなってしまうからである。すでにのべたように、アステカ人の歴史的心性からすれば、彼ら自身の歴史のまったく外部にあるこの出来事ほど耐えがたいものはない。だからこの歴史そのもののなかにモクテスマの失墜の十分な理由を見出さなければならないのだ。その十分な理由とは、アステカの年代記作者によれば、モクテスマの並はずれた傲慢さである。「彼はやがて自分の運命のなんたるかを知り、その苦しみを味わうであろう。そして事実そのとおりになるのである。というのも、彼は神そのもの以上のことをなさんとしたからである」（同書、Ⅲ, 66)。「彼は思い上がって有頂天になった。（中略）彼がおこなったすべてのことが神の逆鱗《げきりん》に触れた。だから彼の身の上に降りかかるであろう不幸は、彼自らが求めたのである」（同書、Ⅲ, 67)。同じ〈クロニカⅩ〉にもとづき、似たような精神で書かれたトバール写本には、これと同じような仕方で混血の原因はモクテスマ皇帝自身にありとする挿絵が載せられている（図15参照)。この挿絵では、彼はアステカの首長を象徴するアクセサリーを身につけているにもかかわらず、ヨーロッパ人の風貌をもつヒゲを生やした男として描かれている。このような人物像はアステカ人とスペイン人の間の過渡的段階をはっきりと予告し、そのことによってこの変遷の衝撃をやわらげているのである。

ドウランの歴史書のなかのこれらの文章は、おそらく原典の年代記から取られてきていると思われるが、すでにキリスト教の影響を感じさせる。ところでアステカの年代記作者が自分と同じ国の人間を〈彼ら〉

図15　モクテスマ二世の肖像画

として語りはじめれば、ドウランもまたスペイン人について同じ語り方をはじめるのだ。二人とも自分の生まれた世界から自己を疎外したのである。そのため彼らに共通の努力の結晶である物語《レシ》は複雑な両義性をおびている。徐々に二人の作者の差異は消滅し、ドウランは自分がのべる言説をじかに受け入れはじめる。それが、彼が別の知的源泉、とくに征服者《コンキスタドール》の物語を導入する理由である（このことによって、彼は自分の理想とする忠実さを放棄し、真実性の理想を奉じるのである）。そのために彼はさまざまな原資料を比較対照し（原資料にはしばしば矛盾が見られるからである）、一つの出来事にかんしてあるいくつもの解釈から、彼自身が保証できるものを選択しなければならなくなる。「このことは信じることさえ困難であった。しかもこの点について、私に心を開いてくれるような征服者《コンキスタドール》はただの一人もいなかった。だが彼らのだれもが、もっとはっきりしている明らかな事実さえも否定し、そのことについては、書いたにせよ語ったにせよ彼らの物語る歴史のなかでは沈黙を守りとおしているほどであるから、ここにのべることもまた否定し、黙殺することであろう。なぜなら、ここで問題だったのは過ちであり、この上ない残虐行為であったからだ」（同書、Ⅲ, 74）。「このことについて、私の『年代記』では何一つ語られていないし、話題にもされていない。だが信頼に値する人たちから聞いたのだから、私はそれをここに書いている。（中略）この人たちを信用し、他ならぬこのことを書く私なりの理由とは、それがかつて征服者《コンキスタドール》であったある修道士の口を通じて私に保証されたということである」（同書、Ⅲ, 74）。「かりに『年代記』では語られていなくても、これらの女性たちに純潔と礼節と内省的な生活を守りぬくよう指導するほど、スペイン人の美徳が偉大であったとは私には思えないのだ」（同書、Ⅲ, 75）。

　このように、ドウランによって語られる征服の歴史は同じ事実についての土着民の物語とは著しく異なっており、これら土着民の物語とゴマラのようなスペイン人の手になる歴史との中間のどこかに位置づけられる。ドウランは自分の報告から、今後アステカ人の側の物語のなかに執拗に語りつがれる可能性のある誤解をすべて排除したし、征服者を駆り立てた動機がなんであるかについては当時のスペイン人の目に映ずるがままに指摘している。メヒコの神殿でアルバラードがおこなった大殺戮の物語はこの点での好例である。この物語はドウランの歴史のなかにあますところなく取り入れられている。つぎの引用はそのほんの一部である。「アステカの祭司たちは太い梁を取り出し、神殿の上から転がした。だがその梁は階段のはじめの方の段にぶつかって、下まで落ちずにすんだという。それは奇跡だとみなは思った。いかにもそれは奇跡であった。なぜなら、〔神殿の襲撃という〕いともあさましくむごい振舞いに出た者〔つまりスペイン人〕が、他の者共々地獄へ墜ちるのではなく、この世にとどまって罪の償いをすることを望まれたのは、神のご慈悲だからである。だが彼らは野蛮さのあまり、自分たちをかくも大きな危険から救ってくれようとするこの好意、この神の恩寵に気づきもせずに、祭司たちを一人残らず殺害し、偶像を階段の下に投げ落とそうとしたのであった」（同書、III、75）。

スペイン人の兵士がウィツィロポチトリ〔アステカ族の主神〕の神殿を襲撃し、偶像を破壊するこの場面に、ドウランは神の慈悲の介入を見ている――だが余人にはまったく予期できないところにそれを見ているのだ。すなわち、神がスペイン人を救ったのは、もっぱら彼らが自らの罪を償うためであった。それにたいし、偶像を破壊し、祭司たちを殺すことはこの恩寵を拒絶することである。これではウィツィロポチトリは神の予言者かキリスト教の聖人と受け取られかねないが、ドウランの視点は依然としてインディオ的であると同時にキリスト教的なのである。この事実そのものからして、ドウランは彼が関係する二つの民族のいずれにも似ていない。征服の時代のスペイン人もアステカ人も彼のように考えることはできなかった。文化的混血児の地位に到達したドウランは、自ら選び取った仲介者と翻訳家の地位をそれと知らずに放棄しなければならなくなった。彼が描き出そうとする人々を前にすると、混血児としての彼自身のアイデンティティが強く出てきて、理解するという本来の計画は失敗する。その登場人物たちに、彼や彼と同じ時代を生きている他の文化的混血児のものでしかない思想や意志をあたえてしまうのだ。知を支配することは観察対象への接近を可能にする。だがこの接近それ自体が知のプロセスの妨げになるのである。

インディオやインディオ文化にたいするドゥランの判断が、矛盾しているとはいわないまでも、はなはだ曖昧であることを見ても驚くには当たらない。ドゥランが彼らのうちに善良な未開人とか理性をもたぬ獣を見ているのではないことは確かだが、彼が観察からえたさまざまな結果――つまり、インディオは見事な社会組織を所有しているが、その歴史には残酷な行為や暴力しかないとか、彼らは際立って知的な人間たちだが、にもかかわらず異教的信仰のなかで盲目のままでいるなどという矛盾する観察結果を、どのようにして折合いをつければいいのか、彼にはあまりよく分からないのだ。そこでドゥランは最終的に、選択しないことを選択する。だがそうすることにより、彼の感情の両義性を、全力をあげて誠実に維持することを選択しているのである。「この人々は一部分では立派に組織され統治されていたが、他方では暴力的で残酷で、刑罰と死の影に満たされていた」(同書、I、《序文》)。「彼らが信仰の根拠にしたこれら子供じみたことをしばし検討するたびに、彼らを盲目にした無知を垣間見て私は驚きに打たれるのだ――この世のあらゆることにおいて器用で賢明な民族であり、とくにエリート階級の人たちはそうであるというのに」(同書、I、12)。逆にスペイン人にかんする場合にはドゥランの態度は容赦ない。彼はいかなるチャンスも逃さず剣を手に信仰を説く者たちを糾弾する。この点で彼の立場は、表現こそ辛辣さにおとるが、もう一人のドミニコ会修道士ラス・カサスとさほどちがわない。そのせいで、征服から生じたすべての結果の是非を秤にかけなければならないようなとき、ドゥランは途方に暮れてしまう。「スペイン人がこの土地にやってきたのは〔アステカの暦で〕〈一の葦〉の年である。〔インディオの〕魂にとってこの恵みは、重大でこの上なく幸福なことであった。なぜなら彼らはわれわれの信仰を受け取ったからである。以来、この信仰は数を増し、いまもなお増し続けている。だが、この年ほど彼らが苦しんだことがあっただろうか」（同書、II, 1）。

価値論的次元と実践論的次元で、ドゥランは引き裂かれた存在である。つまり、インディオをキリスト教に改宗させる、インディオ文化に改宗したキリスト教徒なのだ……。とはいっても認識論的次元では曖昧なところなど少しもない。この次元でのドゥランの成功は議論の余地がない。だが表向きの彼の計画はそこにはなかった。「この他にもまだ娯楽、笑劇、冗談、滑稽なゲーム、あるいは芝居の上演などについて語ることもできるであろう。だがそうすることは私の年代記の目的ではない。その当時存在していた悪を知らしめ、今日もし悪の回帰が予想され、あるいは身近に感じられたりする場合には、それを防ぎ、しかるべくそれを根絶やしにする措置を講ずること以外私は欲するものがないのだから」（同書、II, 8）。こうした実利的な計画が別の計画――ドゥラン自身の言葉を借りれば、彼が「いつも好奇心に満ち、分からないことを質問することが好き」（同書、I, 8）であったことからおそらくは生まれた別な計画に取って代られたことは、私たちにとって幸運であった。そのために彼は私たちにとって、彼自身が〈知への欲望〉と呼んでいるものの典型的人物であり続けるのである。

## 3 サアグンの業績

ベルナルディノ・デ・サアグンは一四九九年スペインに生まれた。青年時代はサラマンカの大学でまなび、その後フランシスコ修道会に所属する。一五二九年メキシコに到着し、一五九〇年に死ぬまでメキシコにとどまっている。彼の経歴には特筆すべき事件はなにもない。それは教養人としての経歴である。若いころは大変な美男子で、他のフランシスコ会修道士は彼が公衆の面前に姿をあらわすのを好まなかったほどであるとか、また死ぬまで彼の修道会の典礼と、その典礼が定めるさまざまな義務を忠実に守りとおしたともいわれている。「彼は温厚で、謙虚で、貧しく、言葉づかいは控え目で、だれにたいしても分けへだてなく礼儀正しく相対した」(『インディアス教会史』、V, 1, 41)と、彼の同時代人にして友人であるヘロニモ・デ・メンディエタは書いている。

サアグンの活動は現代の知識人のそれにいささか似て、大きく分けて二つの方向に向かっている。教育と著作活動《エクリチュール》である。サアグンはもともと文法学者、つまり〈言語学者〉である。メキシコに着くと、彼はナワトル語をまなぶ。この点で彼は、彼以前の修道士たち、たとえばオルモスやモトリニーアの例にならっている。この事実そのものがすでに大きな意味をもっている。ふつう征服された方が征服者の言葉をまなぶのである。はじめのころの通訳がインディオであることは偶然ではない。彼らはコロンがスペインに連れ帰って通訳にしたり、スペイン人にすでに占領されてしまった島々からやってきて通訳(〈フリエン〉

とか〈メルチオール〉となったり、あるいはラ・マリンチェのように奴隷として贈り物にされたのが通訳となったのである。スペイン人の方も劣等の立場にあるときには言葉をまなぶ。たとえばマヤ人のまっただなかで生きなければならなかったアギラールやゲレーロ、時代的にはもっとあとのカベサ・デ・バカの立場がそうであった。自分たちの支配下にある者たちの言葉をまなぶコロンとかコルテスの姿など想像もできないが、ラス・カサスでさえ現地人の言葉を完全にマスターすることはない。スペインからやってきたフランシスコ会修道士やその他の修道士が、敗者の言語をまなぶ最初の人々である。むろんこのような行動は計算ずくであるとはいえ（敗者の言語をまなぶことはキリスト教の普及にもっとも役立つはずである）、それがもつ意味の重大さに変わりはない。つまり、たとえそれが他者をよりよく同化するためでしかないとしても、自己を他者に少なくとも部分的には同化することからはじめているのである。こうした行為がもたらすさまざまなイデオロギー上の結果は、当時すでに明らかなものとなっていた。たとえばラス・カサスは一五六六年、教皇宛の未完の書翰のなかで、「何人かの恥ずべき者たちが教皇陛下の御前に参上して、信者の言葉をまなんでいる司教たちをけなしております」、また、メキシコ在住の聖アウグスティヌス、ドミニコ、フランシスコの各修道会の長者たち自身が一五七九年九月一六日の陳情書で、宗教裁判所にたいし聖書を土着民の言葉に翻訳することを禁止するように要求していると報告している。

そういうわけでサアグンはナワトル語を徹底的にまなび、一五三六年のフランシスコ修道会付属学校の創立と同時に（ラテン語）文法の教授に就任する。この学校はメキシコのエリートのために建てられ、旧貴族の子弟のなかから学生を募集する。そこでの教育はまたたく間にレベルアップした。サアグン自身、後につぎのように述懐している。「このことを知ったスペイン人や他の修道会士は、素質などまるでもち合わせていないこのような者たちに文法を教えられるような有能な者などだれ一人いるはずはないとして、大いに笑い、われわれを揶揄した。だが、われわれとともにまなんで二、三年もたつと、彼ら〔インディオ〕は文法にかんするすべての問題に通暁し、ラテン語で話す、理解する、書くはおろか、英雄叙事詩を作ることさえできるようになった」(『概史』、X, 27)。

精神のこの急速な進歩を前にして驚くのも無理はない。一五四〇年ごろ、つまりコルテスによるメヒコ攻囲戦の後二〇年たつかたたぬかのうちに、メキシコ人の貴族がラテン語で英雄叙事詩を作っているというのである。それとともに注目すべきことは、この教育が相互教育である点である。メキシコ人の青年を煩瑣なラテン文法に導く一方で、サアグン自身は彼らとの接触をナワトル語とナワトル文化の認識をより完全なものにするために利用している。彼は語っている。「彼らはすでにラテン語に深く通じているので、語の的確な使い方や彼ら独特の言葉づかいはもちろんのこと、われわれが説教で口にしたり、授業で使ったりする場ちがいな表現を指摘してくれる。われわれが犯す誤りはすべて彼らが直してくれる。だから彼らの言語に翻訳しなければならないものは、もし彼らの吟味を経なければ一つとして間違いを免れることはできない」(同書)。

メキシコ人学生の急速な進歩は、メキシコ文化にたいする興味をかきたてるばかりでなく、敵意をも周囲の社会のなかに生みだすことになる。ヘロニモ・ロペス某はトラテロルコの学校を訪れた後、カルロス五世につぎのように書き送っている。「彼らが公教要理を知ることは結構ですが、読み書きができることは悪魔とつき合うことと同様危険なことであります」。一方サアグンはつぎのように説明する。「一般信徒も修道士もインディオが進歩すること、さらにそれ以上に進歩することもありうることを知ると、真っ向から反対し、それがそのまま続くことを邪魔するため、あれこれ難癖をつけはじめた。(中略)彼らはいった、あのような連中は修道会に入るべきではないのだから、文法を教えてなんの役にたつのか、と。人々はかくして彼らを異端者と化す危険に追い込んだのである。人々はまた、聖書を読めば、古代の族長がインディオの慣習さながら複数の妻を同時にもっていたことが彼らに知られてしまう、ともいった」(『概史』)。言語はつねに権力の伴侶であった。スペイン人は言語における優位を失うことによって、権力においても優位を失うことを恐れていたのである。

サアグンの努力の第二の方向は著作活動である。ここでは彼は明らかに授業の間にえた知識を活用している。彼は多数の書物をあらわした。そのいくつかは失われてしまったが、残されたものすべてが、彼が自らに選び取った二つの文化の間の仲介者としての役割の刻印を帯びている。つまり彼があらわした書物は、キリスト教文化をインディオに紹介するか、反対にスペイン人のためにナワトル文化を記録したり説明するかのどちらかなのである。こうしたサアグンの活動もまたさまざまな障害に直面する。彼の著作、とくにその『概史』が今日まで失われずにいたのはほとんど奇跡である。彼はつねに上長者の意に逆らえない立場に置かれているが、その上長者は彼を後押しすることも、彼の仕事を不可能にすることもできた。彼が取り組んでいる仕事は費用がかかりすぎるという口実で、ある日突然彼にたいする予算がカットされる。「著者にたいして、彼が使っている写字生を解雇し、著者自身が一切を自分の手で書くべしという命令が下された。ところで、著者は齢七〇をこえ、手もふるえる有様なので、なにも書くことができなくなってしまった。だがこの命令は五年以上もの間解除されなかった」(同書、II、《プロローグ》)。ほかではつぎのように書いている。「援助も庇護もないので、私はこれ以上うまくやることができなかった」(同書、I、《真摯なる読者に》)。ヘロニモ・デ・メンディエタは彼についてつぎのような苦渋に満ちた文章を書く。「この哀れな修道士は自分の数多い著作にかんしてはまったくの不運であって、いま私が話しているこの一一冊の本も、総督の手によってまんまとだまし取られてしまった。総督はそれらの本をインディオにかんする書物を要求していたある年代記作者宛にスペインに送ったが、おそらくは食料品の包紙として使われるのが関の山だろう。われわれの手元に残った彼の労作についていえば、そのうちで彼が印刷に付すことができたのは、われらの主と聖人の祭日に原住民の使用に供するための賛美歌だけであった」(『インディアス教会史』V, 1, 41)。残りの著作が印刷されるのは一九世紀および二〇世紀である。

サアグンの主要作品は『ヌエバ・エスパーニャ諸事物概史』である。この作品の構想はドゥランの場合のように、宗教と布教にかんする考察から生まれた。キリスト教の普及を容易ならしめるため、サアグンはメキシコ人の古い宗教を事細かに描写するのである。彼自身はこの点についてつぎのように説明した。「わが主任司祭の命令に服さんがため、私はヌエバ・エスパーニャ生まれの人々の間にあるキリスト教の教義と文化、およびその存続にとってもっとも有益であり、かつ彼らの教化に努めている司祭とその協力者が教化の支えとして利用するのにもっとも便利であると思われることを、原住民の言葉で記述しなければならなかった」(同書、II,《プロローグ》)。未来の改宗者の生活習慣を知らなければならない、病気を治すには患者を知らなければならないように。これは別の機会を捉えて彼が使っている比喩である。「医師は病気が生じる体液と原因を知らなければ、患者にたいして薬を正しく処方することはできないであろう。(中略)説教師と聴罪師は魂の医師である。だから精神の病を治すには、これら薬や病気に精通してしかるべきである。(中略)偶像崇拝とそれにともなう祭式、迷信、占い、悪弊、儀式などの罪は完全には消滅していない。このような罪を消し去るために説教し、それらがまだ命脈を保っているかどうかを見きわめるのに必要なのは、偶像崇拝の時代に彼らがそれらをどのように運営していたかを知ることである」(同書、I,《プロローグ》)。一方ドゥランはつぎのようにいった。「茨や薮でおおわれた石ころだらけの荒れ地では、すべての根や切り株を抜き取らないかぎり、畑や果樹に十分な実りを見ることはないだろう」(ドゥラン、前掲書、I、《プロローグ》）。インディオはキリスト教の男性的な文明の種子を受け入れるべき、あの受け身の土地であり、肉体なのだ。

そもそもこの態度はキリスト教の伝統と完全に一致している。「聖アウグスティヌスは『神の国』第六篇で、異教徒の奇想天外な神学を論じることは無駄で余計なことだとする考えを否定した。なぜなら、彼自身がいっているように、異教徒がいつわりの神々について語りついでいる神話や内容のない作り話のなんたるかをひとたび知るや、それが神々などではないこと、また、理性的存在にとって有益なものはなに一つその神々の本質からは引き出せないことを、当の異教徒に理解させることがますます容易になったからである」（同書、III、《プロローグ》）。この企図はサアグンがその全生涯をとおして取り組んだ、ほかのさまざまな活動と一致する。すなわちナワトル語によるキリスト教のテクストの作成、または福音伝道の実践への参加である。

だがこうした公然たる動機のほかにもう一つ別の動機があって、これら二つの目標の共存がその作品を複雑なものにしている。すなわちナワトル文化を理解し、保存しようとする願望である。この第二の計画が最初のものより先に実現の見通しをえた。事実、一五四七年にはすでにサアグンは儀礼的言説の集成、つまりアステカ人の一種の実践道徳哲学である『ウェウェトラトルリ』の収集を終え、はやくも一五五〇年には征服にかんする原住民側の物語の収録をはじめている。一方、最初の計画である『概史』が形をなしはじめるのは一五五八年以降である。そのときサアグンはテペプルコにいる。だがここでもっとも重要なのは、この二番目の計画、つまりメキシコの文化を理解しようとしたことが、彼の制作方法を決定し、そしてその方法が今日私たちが目にしているようなテクストを生み出したことである。

実際、その制作過程で彼がもっとも苦心したのは、インディオを改宗させる最善の方法の探求であるよりも、記述の対象にいかにして忠実であるかということになる。認識の方がドゥランの場合よりもさらに一歩、実利的利害関係にまさるのである。このことがサアグンをもっとも重大な決定へと導く。すなわちテクストはもっとも信頼に足る証人から収集された情報をもとに作成されるべきこと、またその情報の忠実さを保証するため、情報は情報提供者の言語で記載されるべきことである。だから『概史』はナワトル語で書かれるのである。第二段階でサアグンは自由訳を添付し、全体に挿絵を入れることをきめている。その結果、作品の構造は非常に複雑化し、ナワトル語、スペイン語、挿絵という三つの伝達手段がたえまなく交錯することになる。

それゆえまず適切な情報提供者を選択し、情報の照合を何度も重ねることによって、彼らが提供する物語の正しさを確認しなければならない。サアグン――ヨーロッパの歴史でこうした手続きを駆使した最初の一人である彼は、自らに課した義務を模範的な緻密さではたすのである。一五五八年から一五六〇年にかけてテペプルコに滞在している間に、彼は自分のところにこの町の何人かの有力者にきてもらう。「私は彼らを前にして私がなにをしようとしているかを説明し、私と問題を語り合い、私がなにを訊ねてもすべて私を満足させてくれるような、経験豊かな有能な人間を何人か紹介してくれるように彼らに頼んだのである」(同書、II,《プロローグ》)。有力者たちは引き下がり、翌日、昔の事情にとくに精通している一二人の老人のリストをもって戻ってくる。サアグンはトラテロルコの付属学校の最優秀の教え子四人を呼び寄せる。「二年近くもの間、私は自分が立てたプランにしたがって、これら高貴な人々および彼らと同じ身分の高い文法学者と頻繁に議論を重ねた。彼らはわれわれの議論の主題を絵であらわした(なぜならそれが彼らがかつて使用していた文字だったからだ)。文法学者はその絵の下に同じ主題を彼らの言語で書きあらわした」(同書)。

サアグンは一五六一年トラテロルコに戻り、一五六五年までそこにとどまる。はじめから作業がくり返される。有力者がスペシャリストを選び、彼はまた最優秀の教え子に取り巻かれる。「一年以上もの間、みんなは学校に閉じこもり、私がすでにテペプルコで書いていたもの全部を訂正し、書きなおし、足りないものを書き加えた。そしてわれわれは改めてその写しを作成した」（同書）。最終稿の骨組みが構成されるのはこのときである。一五六五年、ついに彼はメキシコ市に行く。すべての仕事がもう一度見なおされる。このとき彼は全体を一二巻に分けることに決定している。この一二巻には、以前にまとめられていた道徳哲学にかんする資料（第六巻所収）と征服にかんする資料（第一二巻）もふくまれている。「そこでは三年間、私が書いたものを一人で何度か見なおし、修正を施した。私はそれを一二巻に区分けし、各巻をさらに章と節に区分した。（中略）メキシコ人はこの一二巻の誤りを訂正し、多くのことをつけ加えた。一方、みんなはそれを清書することに没頭していた」（同書）。サアグンはその仕事をする間中ずうっと、情報提供者から意見を聞き出すと同時に、メヒコの歴史が絵でもって記録されている古文書にあたり、その解説を受けている。古文書にたいする彼の態度はディエゴ・デ・ランダの態度とは逆で、ディエゴ・ドウランと同じである。彼は焚書がおこなわれていることを報告しているが、その報告をつぎのようにおぎなっている。「数多くの古文書が保存され、隠し込まれた。われわれが見たものはそれであった。人々は今日でもなおそれらを保管している。われわれが彼らの伝統を理解できたのは、保管されていたこれら古文書のおかげである」（同書、X, 27）。

ひとたびナワトル語のテクストが最終的な形でき上がると、サアグンは翻訳を添付することに決める。この決定は、最初の決定（もっともすぐれたスペシャリストを探し出し、彼らの意見をたがいに照合して真偽を確認すること）以上とはいわないまでも、それと同等の重要性をもっている。この点でのサアグンの独創性を見るために、これを彼と同じようにメキシコの歴史に興味をもち、同じように情報提供者や絵文書に依存していた同時代の人々——彼らにはそれ以外の手立てがなかったのだ——の仕事に比較してみよう（つまりラス・カサスの『弁明的史論』とかホセ・デ・アコスタの『新大陸自然文化史』のような資料編纂物はのぞいて）。モトリニーアのような人物はもちろんさまざまな言説は耳にしたが、彼の『インディアス史』は彼独自の視点から書かれ、他者の言葉《パロール》は短い引用という形でしか入ってこない。それも場合によってはつぎのような注記をともなっている。「これは、この本のなかで使われているほかの表現と同じくインディオ特有の言葉の綾であって、われわれスペイン語の慣用となじまない」（同書、Ⅲ，14）。そうなるとそれ以外の部分は〈自由間接話法〉、つまり構成要素を正確に分離することができない言説の混合物となる。そこでは内容は情報提供者のものであり、視点はモトリニーアのものである。だが一方がどこで終わり、他方がどこではじまるのか、どのようにして知ればいいのだろうか。

ドウランの場合はもっと複雑である。彼の書物は、彼によれば「この民族の口承伝説と絵文書から、あるいは何人かの老人から」（ドウラン、前掲書、Ⅱ，1）引き出された。彼はこのいずれをも念入りに記述している。彼はとうぜんその両者の選択に細心の注意を払っているが、サアグンのような仕方で複雑な手続きに深入りすることはない。歴史書にはナワトル語で書かれた〈クロニカX〉も資料として使うが、これはもはや絵文字の古文書ではない。すでに見たように、彼はときとして自分の仕事を翻訳家の仕事とみなしているが、実際にはたんなる翻訳といったものではない。ドウラン自身、大幅な削除をおこなったり、あるいは証人やその他の写本などからえられた情報を生かすために、自分の年代記の仕事を断念する旨をしばしば表明しているし、これこれの解釈を選択するときには、その理由をその場その場ではっきりのべているのである。必要とあらば、彼はメキシコで育てられた幼年時代の自己の経験を盾に取る。その結果、すでに見たように、彼の本はその内部に多数の声を秘めた一つの声を聞かせるのである。

それだけでなく、ドウランはほかの翻訳家兼資料編纂者と同様、注解《アノタシオン》とでも呼べそうな一種の介入をおこなっている（ただし注解はテクストの内部にあらわれるのであって、外部にではない）。この注解の実際のあり方を見るために、ほかの例、たとえば『ミチョアカン報告』の翻訳者と見なされているマルティン・デ・ヘスス・デ・コルーニャ神父の例を取りあげてみよう。『ミチョアカン報告』はつぎの四つの特徴をもっている。まず第一に、慣用的表現もしくは隠喩的表現の解説である。「彼らはいう、〈私はあなたと結婚するであろう〉と。で、そのときの彼らの真意は性交にある。なぜなら、これが彼らの言葉の使い方だからである」（同書、Ⅲ，15。このような話し方がとくにタラスコ族だけを特徴づけるものであるかは疑問である）。第二の特徴は話法にかんする覚書である。「語り手が戦争や偉業の遂行をつねにクリカヴェリ神のおかげであるとし、国家の支配者についてはなにも語ろうとしなかったことを理解しなければならない」（同書、Ⅱ，2）。第三の特徴とは、慣習の記述をとおして言外の意味を明らかにし、物語を理解可能にする補足的情報である。「このことは彼らのいつもの習慣と一致していた。というのは生贄にされるべき捕虜を手に入れたとき、彼らはその捕虜とともに踊ったが、彼らによれば、その踊りは捕虜にたいする自分たちの同情を表現しており、すみやかに捕虜を天国に送り届ける力をもっていたからである」（同書、Ⅱ，34）。最後に、物語に描かれている時代以降に起こったことにかんする覚書である。「その後、あるスペイン人は彼の遺骸を発掘したが、見出した黄金はごくわずかであった。なぜなら、それはまだ征服の初期のころであったからだ」（同書、Ⅱ，31）。

ところでこのコルーニャ神父にはこれとは別の介入もあって、そのために彼のテクストは直接話法でとおすかわりに、ところどころで自由間接話法を取っている。彼は語る主体を〈彼ら（ils）〉、〈彼ら（eux）〉、

〈人々〉によって指示し、決して〈われわれ〉とはいわないし、ある種の断定をおこなうときには、その前に〈人々は［つぎのように］思っている〉（同書、Ⅲ, 1）のような語る主体の心的態度をあらわす定型表現を先立たせる。ときには情報提供者のものではありえない比喩――「彼らはユダヤ人と同じで、血統を混合したりはしない」（同書、Ⅲ, 11）――を使ったり、さらにはその信憑性に疑問の余地を残す細部描写――「その女性は門の前で立ち止まり、十字を切った……」（同書、Ⅱ, 15）――さえ導入している。こういった介入は『ミチョアカン報告』のようなテクストの場合には、その資料的価値を失わせてしまうわけではないが、翻訳の忠実さの限界をあらわすものとなっている。限界とはいっても、翻訳のかたわらに原典のテクストを添えておけば乗り越えられたであろう。

さてサアグンが選ぶのは全体的な忠実さの道である。つまり彼は、人が彼にたいしていった言説そのものを再現しており、またその言説を翻訳で置き換えるのではなく、翻訳を言説に添付しているのである（メキシコでは、オルモスがこのやり方で彼に先んじた稀な一人である）。そうなれば、この翻訳は逐語訳である必要もなくなる（だが、ほかの人たちの翻訳は逐語訳だったのだろうか。それはだれにも分からない）。翻訳の役割はナワトル語のテクストの役割とは別である。それゆえ、ある種の長々とした記述は省略してほかのものをつけ加えたりしているが、複数の声の間の対話は、そのためにかえってより緻密なものになっている。ただちに指摘しておかなければならないのは、この全体的忠実さは全体的信憑性を意味しないということである。しかもこの全体的信憑性は、形而上学的な理由によってではなく、文字による表現をもたらすのがスペイン人であるという理由で、本来的に不可能なのである。私たちがナワトル語のテクストを入手したところで、メキシコ人の視点からの表現と、スペイン人を喜ばせるか、あるいはその反対に不快の念を催させるために書かれたものとを区別することはもはや不可能である。スペイン人はこれらすべてのテクストの受け手なのであって、受け手は一つの言説の内容にたいして、著者同様の責任をになっているのである。

最後に原稿に挿絵が入れられる。挿絵を描くのはメキシコ人である。だが彼らはすでにヨーロッパ芸術から強い影響を蒙っており、したがって挿絵自体が二つの表現様式の出会いの場、つまりテクストを構成する二言語、二視点間の対話の上にさらに重ね合わされた対話になっている。あらゆる点で例外的なこの作品、『ヌエバ・エスパーニャ諸事物概史』の完成（ここでは、この制作の細部のすべてを語ることはしなかった）に、サアグンは合計して四〇年近くを費やしている。

このような努力の成果が、征服以前のアステカ人の精神的・物質的生活にかんする貴重この上ない百科事典であり、私たちのヨーロッパ社会とはなにからなにまでちがっており、まもなく決定的に壊滅することを運命づけられている一社会の詳細な肖像画なのである。この肖像画は「ヌエバ・エスパーニャ生まれの人々の現実を闇のなかに葬り去らないこと」（同書、I、《プロローグ》）というサアグンの自負した野心にまさしく一致するのみならず、彼が用いているつぎのような比喩が、彼が望んでいたように語に適用されているだけでなく、語が指示するものごとにも適用されていることを正当化すると思われる。「この著作は一つの網だといってもよかろう。それは、この言語を構成するすべての語ならびに語の本来的意味と隠喩的意味、すべての話法、よきにつけ悪しきにつけ伝承の大部分を、白日のもとに浮かびあがらせるために用いられる網なのだ」（同書）。

だが、この百科事典は出版されたときからその価値が正当に評価され、アステカ世界にかんするすべての研究の基礎的役割をはたしているとしても、この百科事典もまた一冊の書物、一個の対象《オブジェ》、あるいはむしろ一つの行為であって、そのようなものとして分析に値するという事実に人はそれほど注意を向けなかった。ところで、対他関係にかんする、そして対他関係において認識が占める位置にかんするこの研究の枠組みのなかで、サアグンが私たちの興味を引くのは、まさしくいまいったような視点なのである。かつて古典主義者とロマン主義者の対立についていわれたことに引きつけていえば、ドウランとサアグンのうちに一つの関係が取る二つの対立する形式を見ようとすることもできるであろう。すなわちドウランは対立物の相互浸透、サアグンはその分離である。サアグンがインディオの言説によりいっそう忠実であるとすれば、ドウランの方はインディオそのものにもっと近く、彼らをもっとよく理解していることは確かである。だが実際には、両者の差異はそれほど画然とはしていない。なぜならサアグンの『概史』もまた二つの声の相互作用の場だからである（つまり、ここでは挿絵は除外して考えている）。だが、この相互作用はあまり目立たない形式を取っているために、これを分析するにはもっと注意深い観察を必要とする。

一、情報提供者の声はナワトル語のテクストのなかだけで表明され、サアグンの声はスペイン語のテクストのなかで表現される、と考えるのは明らかに素朴すぎる考え方であろう。とうぜんのことながら情報提供者がスペイン語のテクストそのものの主要部分にたいして責任を負っているばかりでなく、後に見るように、もっと目立たないやり方ではあるが、サアグンがナワトル語のテクストのなかに入り込んでいるのである。ところで、どちらか一方のテクストにはあるが他方にはない文章がいくつかあるが、このような文章こそが私たちの問題に直接に関与している。スペイン語のテクストのなかでサアグンの介入がもっとも明らかなのは、枠組みの役割をはたしている種々のプロローグ、はしがき、序文、脱線などである。これらが問題のテクストと周囲の世界との間の移行部の役割をはたしている。だが、これら序文類の対象と主文の対象とは同じではない。それはメタテクストなのであり、序文類はアステカ人よりもむしろ書物の方を対象にする。だから、この対比はかならずしも事態を鮮明にするものではない。しかしながらサアグンは何度か内容にたいして介入している。たとえば第一巻の補遺とか第二巻第二〇章の章末などである。アステカ人のすべての神々の描写が終わったあとで、サアグンははじめてつぎのような頓呼法ではじまる反論をつけ加える。「メキシコ人、トラスカーラ人、ミチョアカン地方の住民であるヌエバ・エスパーニャの諸君、およびこのインディアスのほかのすべてのインディオたちよ、諸君の書いたもの、描いたもの、そして諸君が今日までそのなかで生きてきた偶像崇拝的祭儀にはっきり示されているように、諸君は、祖先たちが諸君を放置した不信仰と偶像崇拝の大きな闇のなかでこれまで生きてきたことを知らなければならない。これよりは心をこめて聞いていただきたい……」。つぎにサアグンは偶像崇拝とその悪影響について論じている聖書の四つの章をそのまま(ラテン語で)書き写している。本来の意味での反論がはじまるのはそのあとである。ということは、ここでサアグンが自分の名において語りかけているのは情報提供者そのものにたいしてなのだ。つぎにもう一度頓呼法がくるが、今度は〈読者に〉たいしてである。最後に、神に呼びかけたのでなければ、とくにだれにあてられたのでもない、いくつかの〈著者の叫び〉がある。そこでは彼はメキシコ人がこのように過ちのなかに迷い込んでいることに遺憾の意を表明している。

同じく〈著者の叫び〉という標題でまとめられて切り離された第二の介入が、子供の生贄の描写のあとに出てくる。「いままでのべたような、動物的で悪魔的であるよりはるかに非人間的な残忍さを知って、心を動かされず、涙も流さず、恐怖心や戦慄に襲われない冷酷な心が存在しうるとは私には思えない。」この場合この〈叫び〉はとくに、このような物語の結果、間違った判断を下されかねないメキシコ人を正当化し擁護するためにある。「これら不幸な子供たちが対象になったあの残忍な狂気の原因を、あまり子供の父親だけに押しつけてはならない。彼らはさめざめ涙を流し、心は苦しみ悶えながらこの生贄の実行におよんだのだ。原因はわれわれの非常に古くからの仇敵、悪魔の底知れぬ残忍な憎しみに求められるべきである……」（同書、II，20）。

このような介入において注目すべきことは、介入がおこなわれる回数がごく少ない（サアグンの作品でスペイン語のテクストの占める部分が、ほとんど七〇〇ページにもおよぶことに注意していただきたい）ことだけでなく、そうした介入がおこなわれる部分がほかの部分から非常にはっきり分離されていることである。ここではサアグンは自分の声と情報提供者の声を、その両者に一切の混同が起こらないような仕方で併置しているのである。他方、アステカの祭儀そのものの描写では、彼は一切の価値判断をひかえており、その結果その描写はひたすらインディオの視点のみを描き出している。一例に人身御供の描写を取りあげ、いかにしてその当時のさまざまな著者が、物語のなかで表現されるインディオの視点を保護し、あるいはそれに影響をおよぼしているかを見てみよう。最初はモトリニーアの例である。

「哀れにも生贄にされる不幸な者たちは、その石の上に仰向けに寝かされた。そのとき彼らは胸をそらせたような格好になったが、それは手足を縛られていたからである。通常、生贄の儀式を執りおこなうのは偶像に仕える大神官あるいはその代理者であるが、（中略）哀れな犠牲者の胸はそらされたような格好になっているので、彼らはあの残忍な石刀でその胸を力一杯切り開き、素早くその心臓を取り出した。このあさましい行為の執行者は、取り出した心臓を生贄台の敷居の外側の部分にたたきつけた。血の跡がそこに残った。（中略）心臓を取り出されるにしろ、ほかのいかなる方法で殺されるにしろ、生贄にされる者が自ら進んで死んで行ったなどと考えるのは間違っている。彼らは力ずくで連れてこられたのであり、死と恐るべき死の苦しみを痛烈に味わっていたのである」（『インディアス史』、I，6）。

〈残忍な〉、〈あさましい〉、〈哀れな不幸な者たち〉、〈恐るべき苦しみ〉——原住民側の物語を駆使できるにもかかわらず、それを引用さえしていないモトリニーアが、彼と彼の仮想の読者の共通の立場をあらわす言葉をテクストのあちらこちらにちりばめることによって、このテクストに自分自身の視点を導入していることは明らかである。モトリニーアは、いってみれば読者の反応を予感し、それをおもてにあらわしているのである。ここでは二つの声は同じレベルにはない。それぞれが別々に自らを表現している。すなわち二つの声の一方（モトリニーアの声）は他方の声を包摂し吸収しており、その結果、他方の声は直接には読者に届かず、言葉の完全な意味での唯一の主体であるモトリニーアの仲介を介してのみ届くのである。

今度はドウランが描いた同じような場面を取りあげてみよう。「生贄のインディオは杖と盾をもち、太陽の騎士たちが運んで行く贈り物の小さな荷物をかかえて、神殿の頂上を目指し一歩一歩登りはじめた。これは東から西へと動く太陽の運行を象徴していた。このインディオが頂上にたどりつき、正午を示すためにある神聖な太陽石の中心に立つと、生贄執行者がやってきて、その場で彼の胸の真中を切り開き、彼を生贄として捧げた。心臓が取り出され、血が太陽に向かってばらまかれたが、このことによってその心臓は太陽に捧げられたのであった。つぎに太陽が西に沈むことを象徴させるため、彼らは死骸を階段の下まで転落させた」（『ヌエバ・エスパーニャのインディアス史』、III、23）。

〈残忍な〉も〈あさましい〉も〈不幸な〉もない。ドウランは一切の価値判断をさしひかえ（ほかの場合には彼もやはり価値判断を下すが）、落ち着いた調子で物語を書き写している。だがそのかわりに、モトリニーアにはない新しい語彙があらわれてきている。解釈の語彙である。奴隷は太陽を象徴する、石の中心は正午を示すためにある、死体の転落は落日を象徴する……。すでに見たように、ドウランは自分が描写している祭儀を理解している。もっと正確にいえば、その祭儀に通常どのような連想がともなうのかを知っている。だから読者に自分の知識を共有させるのである。

サアグンの文体はさらに異なっている。「(捕虜あるいは奴隷の)主人たちは彼らの死に場所である生贄台まで、彼らの髪の毛をつかんで引きずって行った。その台は高さ三アンパン〔尋《ひろ》〕かそれを少し上回る程度、幅は二アンパンか、ほぼその程度の石であったが、彼らはその台に連れてこられると、その上に仰向けにひっくり返され、脚に二人、腕に二人、頭に一人と、計五人の人間が生贄となる者を押えつけた。すると生贄を殺す手筈になっている祭司がやってきて、大槍の穂先のようにとがったフリント〔火打石〕の小刀を両手にもって胸に打ちつけた。胸を押し開くとすぐに祭司はその開口部に手をさし入れ、心臓をえぐり出し、つぎにそれを太陽に捧げると、ヒョウタンのなかに投げ込んだ。心臓がもう一度取り出され、血がヒョウタンのなかに注がれ、そのヒョウタンをこの死者の主人が受け取ると、死体は捨てられ、神殿の下まで転がり落ちた」(前掲書、III、2)。

思いがけず〈ヌヴォー・ロマン〉の一ページを読まされているようなものである。この描写はドウランやモトリニーアの描写の対極にある。一切の価値判断がないだけでなく、いかなる解釈も存在しない。私たちが相手にしているのは純粋な描写である。サアグンは文学的な異化の技法を駆使しているように見える。詳細な技術的説明を積み重ねることによって、すべてを外側から描き出す。数量の指摘が頻出するのはそれゆえである。〈三アンパン強〉、〈二アンパンか、ほぼその程度〉、等々。

だが、モトリニーアとドウランがインディオの物語に彼ら自身の個性とか教養の刻印を押しているのにたいし、サアグンはそれを生のままで私たちにさし出している、換言すれば二重音声《ディフォニー》が単一音声《モノフォニー》になっている、と考えるのは間違っていよう。インディオがサアグンのような仕方で語らなかったことは火を見るよりも明らかである。彼のテクストは民俗学的調査の綿密な質問といったものを思わせる(だが最終的にはちょっとズレている、というのは、捉えられたのは意味ではなくて、形式だからである）。インディオの間ではそのような仕方で自己を表現する必要はなかったのだ。このような言説は彼らの対話者がだれであるかによって強く左右される。その上サアグンのテクストそのもののなかにその証拠を見出すことができる。つまり先に引用したテクストの抜粋はナワトル語の対応部をもっていないということである。この部分はほかの章（同書、II, 21）で収集された証言をもとにサアグン自身がスペイン語で作成したものである。この章には祭儀の構成要素についての説明はあっても、詳細な技術的説明はまったく見出すことができない。それでは最後に示したテクストは介入のゼロ座標なのであろうか。そうとは思われない。宣教師たちが自分たちの民俗学的研究に失敗したからではなく、そもそもゼロ座標というのがおそらくは幻想だからである。すでにのべたように、言説は最終的にはその対話者がだれであるかによって決定される。ところでこの対話者は、あらゆる可能な場合を想定してみてもスペイン人という一外国人なのだ。さらにつけ加えれば、アステカ人が彼らの間でも、相手が子供であるか新たな秘儀参入者であるか、あるいはものを知っている老人であるかによって、話し方が異なっていたし、さらには祭司と戦士ではちがう話し方をしたということは、実際に観察することはできなくても確信をもって断言できることであろう。

二、範囲を明確に限定されたサアグンのもう一つ別の介入が、とくに第一巻の特定の章の標題のなかに見出される。これらの標題はアステカの神々とローマの神々との間に一連の対等な関係を設定しようとする試みをあらわしている。サアグンはこのような試みを何度かくり返しているが、実際にはそれほど自信をもっているわけではない。その標題とは、〈七、チコメコアトルという名の女神。これはケレス の再来である。〉〈一一、チャルチウトリクエという名の女神。これはユノの再来である。〉〈一二、トラソルテオトルという名の肉欲を司る女神。ビーナスの再来。〉等々。第一巻のプロローグでは、都市と都市の住民について類似性を認めることを提案する。「トゥーラというこの名だたる大都市の人々はまことに金持ちで誠実、思慮深くかつ勇敢であったが、ついにはトロイを襲った不幸な運命をたどることになった。（中略）メヒコ市はもう一つのベニスであり（運河があるので）、その住民もまた彼らのもっている高邁な知識と礼儀正しさゆえにもう一人のベニス人である。トラスカーラ人はカルタゴ人の後継者のように見える。」実際には、この種の対比はこの時代の文書のいたるところに見出される（この問題については、後でもう一度論じることにしよう）。ここでそれ以上に目につくのは、このような対比のはたす役割が、数によっても、またその対比にあたえられた位置によっても制限されていることである。すなわち、ここでもまたアステカ世界を記述するテクスト自体の外部（このような類比はナワトル語のテクストのなかにはあらわれていない）、絵画というより額縁（標題、序文）のなかなのだ。この場合にも声の起源について間違えようがない。介入は率直で、包み隠しがなく、これ見よがしでさえある。

したがって、〈叫び〉と類比というこれらの二つの相互作用の形式は、完璧に明確な仕方で言説を二分している。だがこれとは別の形式が、次第に複雑化する二つの声の相互浸透に形をあたえている。

三、生贄の描写にかんする場合には、サアグンは翻訳に道徳的判断を意味する言葉は一切つけ加えない。ところがアステカの神々について語る場合には、彼は困難な選択に直面する。どのような用語を使っても、価値判断は避けられないからである。〈神〉という語で翻訳しても〈悪魔〉という語で翻訳しても、あるいはその奉仕者については〈祭司〉であっても〈魔術師〉であっても、いずれにせよ彼の価値判断はさけられない。すでに最初の用語〔祭司〕は正当化をはかり、第二の用語〔魔術師〕は非難をふくんでいる。中立の用語などないのだ。そこからどのように抜け出せばいいのか。サアグンの取った解決策とは、その二つの用語のどちらか一方だけを選択することはせず、それらを交互に使用すること、要するに体系の不在を一つの体系として仕立て上げること、そうすることによって、対立する道徳的判断を原則上所持しているこういう二つの用語を中立化することである。その結果この二つの用語は同義語となるのである。たとえば第二巻の補遺三の標題の一つは〈悪魔に敬意を表しておこなわれた儀式にかんする報告〉を予告し、つぎの補遺四の標題は〈神々への奉仕を任務とする種々の祭司の差異にかんする報告〉である。第三巻の第一章では順序は逆になっている。標題は〈神々の起源について〉であるが、最初の文章は、「以下は、ウィツィロポチトリという名の悪魔の誕生と起源について知っている原住民の老人が、われわれに話してくれたことである」となっている。作品全体へのプロローグのなかでは、サアグンは故意の〈いい間違い〉をとおして同じような中立性を作り上げている。たとえば、「私は神にかんする事柄について、というよりも偶像崇拝について一二巻の書物を書いた……。」〈神〉だと考えるのは情報提供者で、〈悪魔〉であるとするのはサアグンだと考えることもできるかもしれない。だが自分自身の言説にそれら二つの用語を取り入れるとき、彼は情報提供者の立場を全面的に受け入れるわけではないが、自分の言説を情報提供者の方向に撓《たわ》めており、その結果、これらの用語は交互使用のおかげで、その質的なニュアンスを失うのである。

ほかの標題には、サアグンの立場に特有の両義性を示す別の証言を見ることができる。すなわち、「それは大守の祈りであったが、その祈りには精妙な表現が数多く見られ……」(サアグン、前掲書、VI, 5)。おそらく、ある者たちが主張したように、この点でサアグンはドウランに似て、アステカ人における自然にもとづくもの(ここでは言語)に賛嘆の念を抱き、超自然的なもの(諸偶像)を非難している。にもかかかわらず私たちがここで一つの例、つまり情報提供者の声がサアグンの声の内部にあって、それを変形させつつ自らを聞かせているという例に直面していることに変わりはない。サアグンのほかのテクスト、すなわちナワトル語で作成されたメヒコ人にたいするキリスト教の説教のなかには、もう一つ別の干渉が観察される。この場合にはサアグンの方が、アステカ人の散文のある種の文体的手法(対句法、隠喩)を使用している。

四、情報提供者の声がサアグンの言説のなかに現前していたとすれば、一方サアグンの声の方も彼らの言説のなかに浸透した。問題なのはすでに見たような、はっきり指摘し、範囲を限定できる直接的介入ではなく、もっと漠然としていると同時にもっと規模の大きな現前である。それはサアグンがアステカ文化とのはじめての接触の後に立てたプランにしたがうとともに、文明とはなんでありうるかという、彼なりの理念との関連で仕事を進めているからである。私たちはサアグン自身を通じて、彼がアンケートを実施していることを知っているが、この事実はどれだけ高く評価しても評価しすぎることにはならないだろう。不幸にしてこのアンケートの質問表は残されていないが、今日の巧みな研究技術によって復元されている。たとえば第一巻のアステカの神々の描写は、すべての章(つまりすべての回答)が、ある順序にしたがっていることを明らかにするが、その順序はつぎのような質問に対応している。(一)この神の肩書、性格、特徴はなにか。(二)どうような力をもつのか。(三)その神を祝うためにおこなわれる祭儀はなにか。(四)どのような姿をしているか。つまりサアグンはアステカの知にたいして自分の概念的な切り取り方を押しつけている。その結果、私たちにはこのアステカの知が、実際には質問表からくる構成を本来的に所有しているように見えるのである。確かに各巻の内部にはちがいが認められる。冒頭はつねに厳密な順序にしたがっているが、その後はこの図式からの逸脱や回り道が次第に多くふくまれるようになる。このようなものを残しておいたのはサアグンの良識である。そしてこのような即興にあたえられた部分が、質問事項のもたらす結果をある程度埋め合わせている。だがこのことはたとえば、サアグンが至高の神（この神の名の一つがテスカトリポカである）の本性を理解することの妨げになっている。というのは、この至高の神は見ることも触れることもできず、自らが自らの起源であり、歴史の創造者であるが、自分自身は歴史をもたないからであり、にもかかわらずサアグンはアステカの神々がキリスト教徒の神にではなく、ローマの神々に似ていると予想しているのだ。ある場合には結果は完全に否定的である。たとえば、インディオの〈自然占星術〉について論じている第七巻では、サアグンは自分の宇宙概念と完全に異なっている宇宙概念にもとづく回答をあまりよく理解できず、何度も自分の質問事項をくり返しているように見える。

質問事項は新大陸の知にたいしてヨーロッパ的知の構成を押しつけ、ときとして的確な情報の通過の妨げになっているが、それだけでなく、あつかうべき主題を決定し、このことによってほかの主題を考慮の外に置くのである。大きな例を取れば（このほかにもたくさんあるだろうが）、私たちはサアグンの本を読んでもアステカ人の性生活について知ることはごくわずかである。おそらくこのような情報提供者自身によって斥けられたのであろうし、サアグンの場合は無意識的に回避したのかもしれない。それが実際にどうであったかは分からない。だが残虐行為は、すでにキリスト教の神話のなかにあるために、調査にあたっているこのスペイン人にそれほど衝撃をあたえず、したがってそうした行為をありのままに書き写すことができたようにも思えるが、一方、性はその神話のなかに場をもたないのである。

一九世紀におけるこの本の最初の出版者自身が、性についてのべられているこの本の数少ないページを下品だとして、完全に意識的な検閲をおこなっているのを見るのはばかばかしいかぎりである。この時代には、(大まかないい方をすれば)宗教にかんする禁忌はもはや存在せず、したがって瀆聖も瀆神も存在しない。逆に人々の意識を占めはじめるのは羞恥心である。だから彼らの目にはすべてが猥褻だと映ずるのである。この本のフランス語版の翻訳者はその序文(一八八〇年)のなかで、一六世紀の修道士における「魂の純粋さと、思考の表現における放埒との間のこのようなコントラスト」についてあれこれ釈明する義務を感じ、結局はそれを原住民のせいにして、告解の際の彼らの話題がこの良心的な修道士の耳を腐敗させたらしいとしている――「ところで、インディオ相手の初期の聴罪司祭が、いかに不潔きわまる汚物のなかで彼らの日々の長たらしい話を聞くことを余儀なくされたかはいうまでもあるまい」(前掲書、《序文》、p. XIII)。だから翻訳者の方は、サアグンのテクスト全体を翻訳する自分の勇気を自賛するのである。にもかかわらず彼は、ところどころであえていくつかの修正をおこなう。「訳者はここで、ブスタマンテ〔スペイン語テクストの最初の刊行者〕のひそみにならって、淫らな個所を削除しなければならないと信ずる。フランス語の繊細さはこうした個所を読むに耐えないものにするだろうからである」(p. 430)。実際にはこの個所はスペイン語――うわべはもっとも繊細でない言語――で、注記の形で残されている。あるいはまた、「以下の章はいくつかの淫らな個所をふくんでいるが、このような個所は、もともと使われていた言語の素朴さと、すべてを誠実に表現しようとするサアグンの断固たる決意を考慮してのみはじめて許すことができる(中略)。私はこの翻訳で原文に絶対的にしたがうつもりである。ただし、サアグンが老人たちの使ったナワトル語から離れないためには使ってもいいと信じた単語のかわりに、裸というもう少しぼかした単語を用いるという変更はのぞいて」(p. 210)。スペイン語のテクストは実際にはただたんに雄性性器(miembro genital)(同書、III, 5)といっているにすぎない。この表現の責任を本当にアステカの老人たちに求めなければならないのだろうか。だから、サアグンが三〇〇年後の彼の本の刊行者ほど上品ぶらなかったことを喜ぼうではないか。にもかかわらず、こうしたことすべてにおいて彼がスペイン語のテクストだけでなく、ナワトル語のテクストそのものにたいしても責任を負っていることに変わりはない。原典それ自体がサアグンの宗教的信念や社会的献身の跡をとどめているのである。

五、さて、以上のようなミクロ構造にかんする観察ののちにマクロ構造のレベルに移れば、見出されるのはやはり、同じような、他者のうちへのもう一つの声の〈訪れ〉〔干渉〕である。たとえば、あつかう主題の選択そのものにおいて、サアグンの声のなかに情報提供者の声がひびいている。サアグンの表向きの計画が、インディオの宗教の研究をとおして福音伝道を容易ならしめることにあったことは覚えておられると思うが、この理念に一致するのはかろうじて作品の三分の一程度にすぎない。サアグンの最初の意図がいかなるものであれ、彼に提供された資料があまりに豊かであるために、彼は当初の計画を他の計画で置き換えることを決意し、その結果、人間にかんする事柄、あるいは自然にかんする事柄でさえ、神もしくは超自然的なものと同じだけの場を占める百科事典的な記述をおこなうことになったのは明らかである。この変更はまさしく原住民の情報提供者の影響によるものである。たとえば水蛇にかんするつぎのような記述は、キリスト教にとっていかなる有用性をもつのだろうか（図16参照）。

「人間狩りをおこなうために、この蛇は驚くべき策略を使う。蛇は水辺の近くに大きな洗面台ほどの大きさの穴を掘る。水底の窪みでひげ鯉などの大きな魚をつかまえ、口のなかに入れて、自分が掘った穴に運んで行く。そのなかに魚を吐き出す前に、蛇は鎌首をもたげ、あたりを見渡す。つぎにはただ魚を自分の小さな養魚池に置くだけで、ほかの魚を取りに行く。だれか向こう見ずなインディオが、蛇のいない間

図16 伝 説 の 蛇

に穴のなかの魚を取り、それをかかえて逃げ出す。蛇は戻ってきて、自分の魚が盗まれたことに気づくと、尻尾を支えに立ちあがり、四方八方に目をこらし、泥棒がとうに遠くまで逃げていても、その姿を捉える。泥棒の姿を捉えることができなければ、匂いをかいで跡を追い、矢のように突進する。その姿はまるで草や茂みの上を飛んでいるかのようである。泥棒に追いつくと、蛇は彼の首に巻きつき、強く締めつける。そして二股に分かれた尻尾の先端を泥棒の鼻の穴のそれぞれに突っ込むか、そうでなければ尻のなかにさし入れる。このままの格好で、蛇は自分から魚を奪い取った者の身体をギュウギュウ締めつけ、息の根を止めてしまうのである」(サアグン、前掲書、XI, 4, 3)。

サアグンはここで、当初の計画にたいするこうした情報の位置づけなど気にも止めず、人が彼に話してくれるがままに書き取り、翻訳している。

六、だが同時に、全体の構想はサアグンの構想のままである。それは、もっとも高いもの(神)から、もっとも低いもの(小石)にまでいたるスコラ的な知の集大成なのである。幾多の修正、加筆がこの全体的構想をいささか不明瞭なものにしたが、おおよその輪郭をたどれば、この構想は以下のように再構成することができる。第一、第二、第三巻は神々について、第四、第五、第七巻は占星術と占い、つまり神々と人間との関係について論じ、第八、第九、第一〇巻は人間にかんする問題にあてられる。最後に第一一巻は動物、植物、鉱物を対象とする。以前に収集されていた資料に相当する二巻、すなわち第六巻の儀礼的言説集成と、第一二巻の征服物語とは、実際にはこの構想のなかに入っていない。このような構想は、ただたんに情報提供者の精神よりもサアグンの精神の方にぴったり一致しているだけでなく、そもそも巻と章の下位区分をもつこうした百科事典的な計画そのものがアステカ文化のなかに対応するものをもたない。サアグンの著作はヨーロッパの伝統のなかでさえあまり一般的なものではないが、にもかかわらず、それはまさしくこのヨーロッパ的伝統に根本的に根ざしているのであって、その内容が情報提供者からきているかどうかは大して重要ではない。サアグンはアステカ人の言説から出発して書物を生み出した、ということもできよう。ところで書物とは、この文脈ではヨーロッパ的カテゴリーである。とはいえ、当初の目的は逆転する結果となった。なぜならサアグンはヨーロッパ人の文化の普及に役立てようとして、インディオの知を利用しようと思い立ったのであったが、結局は彼自身の知を原住民の文化を保存するために奉仕させてしまったのだから……。

もちろんこのほかにも取りあげるに値する、二つの声の相互浸透のさまざまな形式はあるだろう。だが、以上にあげたものだけで『ヌエバ・エスパーニャ諸事物概史』における言表行為の主体がもつ複合性を立証するのに十分である。あるいは、サアグンによって表明されたイデオロギーと書物の著者に帰すべきイデオロギーとの間の距離を立証するのに十分である、といってもいい。このことは中心的な議論の余白に彼が残している考察のなかにもはっきりあらわれている。これはサアグンが自分の信仰に疑いを抱いているとか、あるいは自分の使命を放棄したということではない。そうではなく、ラス・カサスやドウランのように、彼もまた宗教感情そのものとその対象とを区別せざるをえなくなったのである。つまりキリスト教徒の神はよりすぐれているとしても、インディオの宗教感情はより堅固なのである。「宗教と彼らの神神への崇拝についていえば、ヌエバ・エスパーニャのインディオたちは自分たちの神々を崇めるために、あれほど多くの生贄を犠牲にせざるをえなかったが、これほどまでに熱烈に自分たちの神々を慕う偶像崇拝者はこの世のどこにもいたためしはないと私は思う」(同書、I、《プロローグ》)。したがってアステカ社会をスペインの社会でもって置きかえることは両刃の剣となる。そしてサアグンは注意深く事の成否を比較検討したあげく、ドウラン以上に断固たる調子で、否定的な最終的結論を出して決着をつけるのである。「スペイン人は、土着民の宗教的祭礼や世俗的な生活が自分たちの目から見て偶像崇拝であり野蛮であるというそれだけの理由で、彼らにスペイン国内と同じ生活をさせようという思いあがった野心を抱き、土着民がもっていたすべての慣習と自己統治法を踏みにじろうとしたが、そのスペイン人の到来によってこれらすべての〔偶像崇拝の〕実践が終わりを告げたとき、彼らの昔からの統治機構が一切失われてしまったのであった。(中略)だが、さまざまな重病や彼らが短命となったことはのぞいても、この新たな機構が人人を堕落させ、彼らを神の目にも人間の目にも嫌悪すべきものにする、きわめて悪い好みを植えつけ、悪質なおこないを生み出しつつあることは、いまやはっきりしている」(同書、X、27)。

だからサアグンは、社会的諸価値はすべてのものが相互に関係づけられる一つの全体を形成すると見なしている。つまり同時に社会そのものを転覆させることなくして、諸偶像を転覆させることはできないのだ。しかもキリスト教の視点から見てさえ、かわりに構築された社会は最初のものよりも劣っている。「彼らが過去のさまざまな時代において、公務行政や神々への奉仕の点でいまよりいっそうの能力を発揮していたことが真実であるとすれば、それは彼らが自分たちの憧れと欲求にもっと合致した体制下に生きていたからである」(同書)。サアグンは革命的な結論はなにものべていない。だが彼の論理の必然的帰結とは、キリスト教化はとどのつまり善よりも悪をもたらしたということ、それゆえキリスト教化はおこなわれなかった方がよかったということではなかろうか。実際には彼の夢は、ほかのフランシスコ会修道士と同じく、むしろ新たな理想国家、つまりメキシコの(それゆえスペインから独立した)キリスト教国の創設、地上における神の王国の創造にあるといえるだろう。だが彼は同時に、この夢は不可能に近いことも知っている。だから現在の国家の否定的側面を指摘することで満足している。とはいえこうした立場は、彼がメキシコ文化に重要性を認めていることも手伝って、彼の作品にたいする権力機関のあからさまな糾弾を招き寄せることになる。すでに見たように、彼にたいする予算がカットされるだけではなく、フェリペ二世の一五七七年づけの勅令によって、この作品を読むことがだれにたいしても禁止される。まして、この作品の紹介に努めることなど言語道断なことであった。

日常生活においても、サアグンの言葉を信じれば、修道士がいるおかげで両義的な結果が生じている。新たな宗教は新たな生活習慣に通じるが、この新たな生活習慣が、昔の宗教以上にキリスト教精神からかけ離れた反応を生み出した。サアグンは青年を教育する際に修道士たちを待ちかまえている幻滅について、なんのユーモアもまじえずつぎのように語っている。「彼らの昔の習慣にならって、(中略) われわれは彼らに、真夜中に起床し、聖母マリアの朝課をおこなう習慣を身につけさせた。夜明けには日禱を朗唱させた。夜は自らを鞭打ち、念禱をおこなうよう教育さえした。だが、彼らはかつてのように肉体労働に従事することがなかったので、青年特有の激しい肉欲の命ずるがままに、しかも彼らの食生活は彼らの昔の国家での生活と比べて比較にならないほど向上していたので、われわれの間のいつもの優しさと憐憫をいいことに、彼らは肉欲の衝動に駆り立てられ、淫蕩な習慣に手をそめはじめた……」(前掲書)。こういう事情で神様は人を悪魔に手渡してしまうのである。

もう一度くり返すが、サアグンがインディオの味方をしたと主張したいのではない。彼の書物のほかのページは、彼がキリスト教にたいして完璧な揺るぎない信念を抱いていたことを示しているし、参考にしうるすべての資料が、彼が人生の終わりにいたるまで、ほかのいかなることにもましてメキシコ人のキリスト教化に専念していたことを立証しているのである。だが、いかなる点で彼の作品が二つの声、二つの文化、二つの視点の相互作用の産物であるかを見きわめなければならない。たとえこの相互作用がドゥランの場合ほど明確ではないにしてもだ。それゆえ、この類を見ない作品を粉々にし、一切の相互作用を無視して、情報提供者がこの書物のナワトル語のテクストの唯一の責任者であり、サアグンただ一人がスペイン語のテクストの責任者であると断定しようとする現代の特定の専門家がおこなった試みを、なんとしてでも斥けなければならない。いいかえれば、それが一つの作品であるという事実そのものに最大の面白味がある作品から、二つの書物を作りだそうとする試みを斥けなければならないのだ。対話《ディアローグ》とは、人がそれについてどう考えようと、二つのモノローグの和ではない。完全な版もしくは校訂本の早急な出版が待たれるゆえんである。それによって、人類の思想のこの比類ない記念碑を、その真の価値において読みかつ評価することができるからである。

対他関係の類型学のなかにサアグンをどのように位置づければよいのだろうか。価値判断の次元では、彼はすべての人類は平等だとするキリスト教の教義に同意する。「実際、統治にかんしては、いくつかの専制的暴力を別にすれば、彼らは礼儀正しさを誇っているほかの民族にいささかも劣っていない」（同書、I、《プロローグ》）。「確かなことは、これらすべての人々がわれわれ自身と同様アダムの幹から出た、われわれの兄弟だということである。彼らはわれわれがわが身を愛するように愛さなければならない隣人なのだ」（同書）。

だがこうした原則的立場は彼の場合、ラス・カサスのようにインディオのアイデンティティを肯定したり、インディオを理想化したりすることにはならない。インディオはスペイン人と同じく長所も欠点ももっている。ただその配置がちがうのだ。ときとして彼はインディオの性格上のさまざまの特徴を嘆かわしく思い、不満をもらしたりもするが、そうした特徴を（セプルベダならそうしたであろうが）生来的な劣等性で説明せず、生活条件のちがい、とくに風土的条件のちがいによって説明する。この説明の仕方の変化は相当なものである。原住民の怠惰と偽善について語ったあとで、サアグンはつぎのように記している。「私はこの地の原住民がもっている欠点や愚かさにそれほど驚きはしない。なぜならこの地に住んでいるスペイン人もまた、ここで生まれたスペイン人はなおさらのこと、このような悪い好みを身につけたからである。(中略)このことはこの国の風土、あるいは星まわりに起因すると思うのである」(同書、X, 27)。ある些細な点でサアグンはラス・カサスとはっきり異なっている。ラス・カサスの場合、すべてのインディオは同一の資質をもっている。個々人はいうまでもなく、諸民族間にも差異は存在しない。サアグンの方は、彼への情報提供者一人一人をその本名で呼ぶのである。

行動の次元でも、サアグンは特殊な立場を占めている。彼は自分の生活様式もアイデンティティもまったく放棄しない(彼はゲレーロに似ても似つかない)。それでも彼は他者の言語と文化を根底から知ることをまなび、この知るという努めに全生涯を捧げ、しまいには、すでに見たように、最初は彼の研究対象でしかなかった人々のある種の価値観を共有する。

だがサアグンの例がもっとも興味深いのは、もちろん認識論的《エピステミック》次元、すなわち知の次元である。まず目につくのは彼の仕事の量的側面である。彼の知識の総量は厖大であり、量的にはほかのいかなる者の知識をも凌駕している(ドウランの場合が彼にもっとも近い)。この知識の質的性格はさらに形容しがたい。サアグンは驚くべき量の資料をもたらしているが、その資料を解釈せず、つまりほかの文化(サアグンの文化)のカテゴリーのなかに翻訳せず、まさにそのことによって自己の文化の相対性を露呈させている。これは今日の民族学者が——アンケートから出発して——取り組んでいる仕事である。彼または彼と同時代のほかの学者修道僧たちの仕事が民族学的態度の萌芽をふくんでいた、まさにそのかぎりにおいて、これらの仕事は時代に受け入れられなかったともいえるであろう。しかしながらモトリニーア、オルモス、ラス・カサス(『弁明的史論』)、サアグン、ドウラン、トバール、メンディエタの書物が一九世紀にいたるまで刊行されず、なかには失われたものさえあるということは驚くべき事実である。すでにのべたように、サアグンは民族学的方向にはためらいがちの一歩を記すにすぎない。それは彼がおこなったアステカの神神とローマの神々との対比である。ラス・カサスは『弁明的史論』において、この比較研究の道をはるかに遠くまで押し進める。そしてほかの者たちが彼のあとを追う。だが比較研究の態度は民族学者の態度ではない。比較研究をおこなう学者は、自分にとって外的であるさまざまな対象《オブジェ》を同一の次元に置き、自分は唯一の主体であり続ける。比較の対象はサアグンの場合にもラス・カサスの場合にも、他者の神々、すなわちアステカ人、ローマ人、ギリシア人の神々である。比較は他者を自己と同一の次元に置かず、自己のカテゴリーを問題にすることはない。反対に民族学者は、一方の文化と他方の文化の相互的照明に貢献しており、すでに一六世紀のユルバン・ショーヴトンが使っていた気のきいた警句を用いれば、「他者の顔にわれわれをうつしだす」役割をはたしている。人は自己によって他者を知る。だが同時に、他者をとおして自己を知るのである。

今日、彼の崇拝者がどのようにいおうと、サアグンは民族学者ではない。しかも、ラス・カサスとちがって根本的に比較研究者というのでもない。彼の仕事はむしろ民族誌学《エトノグラフィー》に、つまり民族学的研究に不可欠な前提としての資料収集に属している。二つの文化どうしの対話は彼の場合、偶発的で無意識的である。それはコントロールを失ったスリップであり、方法として確立していない(確立できない)。むしろサアグンは、文化間の雑種形成の断固たる敵ですらある。聖母マリアをアステカの女神トナンツィンと同一視することが容易だなどとは、彼の目には〈悪魔的発明〉に属するのであって、彼と同じキリスト教徒が二つの宗教のさまざまな一致点を前にして、またインディオがキリスト教を受け入れるその速さを目のあたりにして、安易に感激したりすることに飽くことなく警告を発しているのである。彼の目論見は二つの声の相互浸透を促進することではなく、それら二つの声を併置することにある。彼の場合の声とは〈偶像崇拝〉について語っている原住民か、彼の書物のなかに書き写された聖書の言葉かのどちらかである。だから、これら二つの声のどちらか一方が正しいことをいえば、他方は間違いをいっていることになる。しかしここに未来の対話の最初の素描、私たちの現在を予告するまだ形をなさない胎児を見ることができるのである。

# エピローグ

## ラス・カサスの予言

死期を目前にしたラス・カサスは遺言書につぎのように書いた。「かくも不当な、暴君的な、野蛮な仕方でおこなわれた、これら冒瀆的で犯罪的な卑劣な所業のために、神はスペインに激怒と憤怒をふり注がれるであろうことを私は確信する。なぜならスペイン全体が多かれ少なかれ、あれほど多くの廃虚と絶滅を引きかえに不当に手に入れた、血みどろの富の分け前にあずかったからである。」

それゆえ、予言とも呪詛ともつかないこの言葉は、征服者だけでなくスペイン人全体の、しかも現在だけでなく将来にもわたる共同責任を明らかにしている。そして犯罪は罰せられ、罪は報いを受けるであろうことを予告しているのである。

私たちは今日、ラス・カサスの見方が正しかったか否かを判断するのに好都合なところに位置している。彼の予言の広がりを幾分緩和し、ここでいわれているスペインを〈西ヨーロッパ〉で置きかえることができる。なるほどスペインは植民地化と他者破壊の運動のなかで主役を演じてはいるが、これはスペインだけではない。ポルトガル人、フランス人、イギリス人、オランダ人がすぐにあとを追い、その後ベルギー人、イタリア人、ドイツ人が彼らの仲間に加わる。そして、破壊にかんしてスペイン人がほかのヨーロッパ諸国以上のことをしているとしても、それはこれらヨーロッパ諸国がスペイン人に追いつき追いこそうとしなかったからではない。だから、私たちがもっと直接的にこの問題に関与していると感じさせることができるように、「神はヨーロッパに激怒と憤怒をふり注がれるであろう」と読みかえようではないか。

この予言は実現されたのであろうか。各人はそれぞれの判断にしたがってこの問いに答えるであろう。私としては、集団的記憶がまだ選別作業を終えていないときに現在を評価しようとすれば、それがいかなる評価であれ恣意的な部分が入り込むということ、つまりそこにはイデオロギー上の選択が必然的にふくまれているということをはっきり意識した上で、事実についての私なりのヴィジョンを、それが事実そのものの記述だなどと偽ったりせずに公然と引き受けることの方を好む。その上で、私はもっとも特徴的だと思われる諸要素、したがって未来を萌芽としてふくむ——ふくんでいるにちがいない——諸要素を現在のなかから選んだ。このような場合いつもそうであるように、これらの考察はすべてを網羅することはできないであろう。

もちろん近年の歴史上のさまざまな出来事はラス・カサスの正しさを認めているように見える。奴隷制度は一〇〇年前に撤廃され、旧様式（スペイン方式）の植民地主義は二〇年ほど前から廃棄されている。数々の報復が植民地権力者側の市民にたいしておこなわれ、いまもなおおこなわれている。報復を受ける市民の唯一の個人的な罪とは、問題の国に彼らが属していることだけであることがしばしばである。ということはイギリス人、アメリカ人、フランス人はみな彼らの旧植民地の被支配者から共同責任者と見なされているということである。これを神の激怒と憤怒の結果と見るべきかどうか、私は知らない。だが新大陸征服の事例史を知るにいたった者には、二つの反応が不可避的に生じると私は考える。まず最初の反応は、こうした〔報復〕行為はヨーロッパ人が犯した犯罪とつり合いが取れるまでには決していたらないだろうということ（その意味で、この行為は許容できるということ）、つぎの反応は、これらの行為はヨーロッパ人がおこなったもっと罪深い行為を再現することにしかならないということである。しかし歴史がくり返されるのを見ることほど悲しいことはない――とくにそれが破壊の歴史であるときには。今度はヨーロッパの方がアフリカ、アジア、ラテン・アメリカの国民によって植民地化でもされれば（もちろん現状はそんなことからはほど遠いが）〈あっぱれな報復〉ではあろうが、これは私の理想とはなりえない。

マヤの一人の女性が犬に食い殺された。数行に要約できるこの女性の物語は、対他関係の極端なあり方の一つを集約している。彼女の夫――彼女はこの夫の〈内的な他者〉である――は、彼女が自由な主体として自己を主張することがまったくできないようにしている。戦闘で殺されることを恐れる夫が、妻から意志を奪うことで恐ろしさから逃れようとしたのである。しかし戦争は男だけの問題ではない。だから夫が死んでからでさえ、妻は夫のものでなければならない。スペインの征服者が不意にやってきたとき、この女性はもはや二人の男の欲望と意志が敵対し合う場でしかない。男たちを殺し、女たちを凌辱する、これは一人の男が権力を掌握した証拠であるとともに、その報酬である。この女性は自分の夫にしたがうこと、自分の社会の規則にしたがうことを選択し、自分に残されたあらん限りの個人的意志力によって、自分が対象となっていた〔夫の〕暴力を守ろうとする。だが、この小さなドラマの結末を決定するのは、文化の外在性なのだ。戦時中のスペイン女性なら凌辱されたであろうに、彼女は凌辱されない。彼女は犬の群れに投げあたえられるのである。なぜなら彼女は要求に応じない女であり、かつインディオの女だからである。いまだかつて他者の運命がこれほど悲劇的であったことはない。

私は、この物語が、そしてその他数知れない同じような物語が忘れられることのないようにこの本を書いている。私は〈真実を追求する〉ことの必要と、真実を知らせることの義務を信じている。私は情報の作用が存在すること、情報効果が強力であることを知っている。私が願うのは、マヤの女性たちが偶然に出会ったヨーロッパ人を犬の群れに食い殺させることではない（もちろんばかげた想定だ）。そうではなく、他者を発見することに失敗した場合、いかなる危険が発生するかを思い出してもらいたいのだ。

なぜなら他者とは発見すべきものだからである。この事実は驚嘆に値する。というのは人間は決して一人ではなく、その社会的次元を失えば人間であることを止めてしまうからである。だがいいたいのはつぎのことである。生まれたばかりの子供にとっては、彼の世界が世界そのものである。成長とは外在性と社会性の学習である。いささか乱暴ないい方をすれば、人間の一生は私が世界を侵略することと、最終的に世界が私を死骸や灰の形で吸収すること、という両極端のなかに封じ込められている。そして他者の発見が、中間的な無数のニュアンスをともなって、周囲の世界と融合した対象物《オブジェ》としての他者の発見にはじまり、私と対等ではあるが異なった主体としての他者の発見にいたるまでのいくつもの段階があるように、人は他者の完全な発見をなしとげることもなく（他者の完全な発見がありうると仮定してだが）一生を過ごすこともありうるのである。私たち一人一人は自分の力で他者の発見をやりなおさなければならない。以前の経験がそれを免れさせることはない。だが以前の経験は、無知の結果がいかなるものかを私たちに教えることはできる。

しかしながら、他者の発見がたとえ各個人によって引き受けられ、永遠にやりなおされなければならないとしても、それはまた一つの歴史をもち、社会的文化的に決定されたさまざまな形式をもっている。新大陸征服の歴史を見渡したとき、一六世紀の黎明に、つまりコロンとコルテスの間に、ある大変化が起こった（というよりも啓示された）と私は思う。同じような差異（むろん細部における差異ではない）はモクテスマとコルテスの間にも観察することができる。つまり差異は時間的にも空間的にもその働きを示すのである。にもかかわらず、私が時間的な対比以上に空間的な対比について長々と論じてきたのは、前者がはてしない段階的推移によって模糊としているのにたいし、後者は大洋によってへだてられていることも手伝って、望ましい明確さをそなえているからである。この時代以降ほぼ三五〇年もの間、西欧は他者を同化し、外的他者性を消滅させることに努めてきた。そしてあらかたそれに成功した。西欧の生活様式と価値観は全世界のものとなった。コロンの望みどおりに、植民地の住民は西欧の習慣と服装を自分のものとして受け入れたのである。

この空前の成功は、とくに西欧文明固有のある特徴に負っている。そしてこの特徴は長い間人間そのものの特徴と見なされてきた。だからヨーロッパ人におけるこの特徴の開花は、彼らの生来の優越性の証拠となった。この特徴とは、逆説的なことだが、ヨーロッパ人の他者を理解する能力である。コルテスは私たちに好個の例を提供している。彼は自分の行動の中心に適応と即興の技術があることを自覚していた。彼の行動は、図式化していえば、二つの段階に整理される。最初の段階は、ある種の感情移入または一時的な同一化を代償にした他者への興味の段階である。コルテスは他者の皮膚のなかにすべり込む。だがあくまでも隠喩的な意味においてであり、文字どおりにではない。この差異は途方もなく大きい。さて、かくして彼は言語の理解と政治にかんする認識を確実なものとし（アステカ人の内部抗争にたいする彼の関心はここから生じる）、適切なコードを選択してメッセージの発信を思うままに操作することもできるようになる。だからこそ彼は地上に再来したケツァルコアトルだとして通用するのである。だが、こうしながらも彼は決して優越性の感情を捨て去ったりはしない。事実はまったくの逆であって、彼の他者を理解する能力がこの優越性の証拠となっている。そこで第二段階がはじまる。第二段階では、彼は自己のアイデンティティをふたたび強調することに満足するのではなくて（彼は本当の意味で自己のアイデンティティを捨てたことはない）、彼自身の世界へインディオを同化させることに着手する。覚えておられると思うが、フランシスコ会修道士も同じ方法でインディオの生活習慣（衣服、食物）を自分のものとして受け入れ、そのことによってインディオをうまくキリスト教に改宗させようとしている。ヨーロッパ人は驚くべき柔軟さと即興の特性を発揮し、そのためにますます自分たちの生活様式をいたるところで押しつけることに成功する。適応の能力であるとともに吸収の能力であるこの能力は、もちろん、いかなる意味でも普遍的な価値ではないし、かなり評判の悪い裏面をも引きずっている。平等主義――その一つのあり方が（西洋の）キリスト教と近代資本主義国家に特有のものである――が、同じく植民地による領土拡大に一役買っている。これが私たちの事例史の、いささか意外なもう一つの教訓である。

西洋文明は、外的な他者の違和感を消し去りつつあったが、それと同時に自らを内的な他者と見なしつつあった。古典主義時代にはじまりロマン主義の終わりにいたるまで（つまり現代にいたるまで）、作家やモラリストは人格が一つではないこと、あるいは無でさえありうること、私とは一個の他者であり、またはたんなる共鳴箱であることを発見し続けてきた。人は森のなかに獣人がいるとはもう信じない。そのかわりに人間のなかに獣を発見した。すなわち、「人間としての一切の権利を踏みにじり、それが住みついている個人がどんなに純真無垢でも、ぞっとするような恐ろしい夢を吐き出し、もっとも堅く禁じられた思いを囁きかける、あの魂の不可解な要素」（メルヴィル、『ピエールあるいは両義性』、IV、2）を発見したのだ。無意識の設定は、この自己のうちなる他者の発見の頂点であると考えることができる。

今日、ヨーロッパ史のこの時期も終焉を迎えつつあると私は考える。西洋文明の代表者たちはもうあれほど素朴に西洋文明の優越性を信じたりはしなくなった。そして同化運動についていえば、たとえ第三世界の新旧の諸国がヨーロッパ人のような生活をしたいと望み続けているとしても、こちら側で勢いを失っているのだ。少なくともイデオロギーの次元では、私たちは二者択一の二項の中間でよりよいと思われる道を見出そうと努めている。私たちはアイデンティティを巻き込むことのない平等を欲する。私たちはまた優越性／劣等性に堕することのない差異を欲する。私たちは平等主義的モデルと位階制的モデルのすべての利点を知りたいと思い、個人的なものの特性を失うことなく、社会的なものの意味をもう一度見出したいと心より願う。ロシアの社会主義者アレクサンドル・ゲルツェンは一九世紀の半ばにつぎのように書いた。「社会を破壊したり、原子に分解したりせず、個人の諸権利の範囲、現実性、神聖さを理解すること、これがもっとも困難な社会的目標である。」私たちは今日このことをいつも私たち自身にいい聞かせている。

平等のなかで差異を生きること――いうは易し、おこなうは難し。とはいっても、私の事例史のうちに登場する何人かの人たちは、さまざまな仕方でこれに近づいた。価値論的次元では、たとえばラス・カサスのような人が、年老いてから、彼自身の理想のためではなくインディオの理想そのもののなかに身を置いて、インディオを愛し敬意を表するにいたった。これは非統一的な愛、ブランショやバルトの用語を用いれば〈中立的〉ともいえる愛である。行動の次元、他者の同化あるいは他者への同一化の次元では、たとえばカベサ・デ・バカが、二つの文化に無関心であったためではなく、その二つの文化を二つながら内側から生きたために同じく中立地点に到達した。その結果、彼の周囲にはもはや〈彼ら〔他者〕〉しか存在しなかった。つまり、カベサ・デ・バカはインディオ化したのではなかったが、もはや完全なスペイン人でもなかったのである。彼の経験は現代の亡命者の経験を象徴し予告している。そしてこの現代の亡命者は私たちの社会に特有のある傾向を典型的に示しているのである――祖国を失い、かといって別の祖国を獲得することもできず、二重の外在性を生きている存在として。今日ユーグ・ド・サン＝ヴィクトールの理想を、もともとの意味からは逸脱しているが、もっともよく体現しているのは亡命者なのだ。ユーグ・ド・サン＝ヴィクトールは一二世紀に自己の理想をつぎのように表明した。「自分の祖国を麗しいと思っている人はなお未熟な青二才である。どのような国でも自分の国だと感じることのできる人は、すでに強靭な魂をもっている。だが、完璧な人間はただ一人、その人にとって世界全体が異邦であるような人である」（フランスに住んでいるブルガリア人である私はこの引用文を、アメリカ合衆国で暮らしているパレスチナ人エドワルド・サイドから拝借した。サイド自身は、トルコに亡命したドイツ人エーリッヒ・アウエルバッハの作品のなかでこれを見出した）。

最後に認識の次元では、ドウランやサアグンのような人たちが、十分な形で実現したわけではないが、二文化間の対話を予告した。この対話は私たちの時代の特徴であり、私たちが見るところでは、植民地主義の落し子であるとともにその断末魔の証拠でもある民族学によって具体的な形を獲得している。対話――そこでは議論の勝ち負けなどはありえず、二つの声のどちらも他方をたんなるものの地位に落しめることもなく、そして人は他者にたいする自己の外在性から利益を引き出すのである。ドウランとサアグン。両義性の象徴。なぜなら、彼らは中世的な精神の持ち主だからである。だがおそらく彼らの時代の文化にたいするこの外在性こそが、彼らの現代性を作りあげた。以上に見たようなさまざまな例をとおして、一つの同じ特性がはっきりあらわれている。それは（バフチン流のいい方をすれば）新たな外ー場所《エクソトピー》、つまり主体としての他者を承認して、共に協力し合うような他者の外在性の肯定である。ここにはおそらく、たんに他者性を生きる新たな生き方があるだけでなく、個人主義（または自己目的主義《オトテリスム》）がいま終焉を迎えつつある時代を特徴づけたように、私たちの時代の一つの特徴がある。レヴィナスのようなオプティミストならつぎのように考えるであろう。「われわれの時代は芸術のための芸術によっても、またニヒリズムによっても定義されたことがないように、技術のための技術の勝利によって定義されることはない。われわれの時代とはきたるべき世界に向かっての行動であり、自己の時代を飛び越すこと――他者の顕現を求める自己超越――なのだ。」

この書物そのものが一六世紀のさまざまな作家や人物像にたいする私の関係をとおして、他者にたいする新しいこのような態度を例示することになるだろうか。私が示すことができるのは私の意図だけであって、それが生み出す結果ではない。私は両極端を回避しようと欲した。第一に、これらの人物の声を生の声として聞かせようとする誘惑、つまり他者によりよく仕えるために私自身を消し去ろうとする誘惑である。第二に他者を自己に従属させ、他者をマリオネットと化し、そのすべての糸を操るという誘惑である。このような両極端の間で私が求めたのは、妥協の場ではなく、対話の道である。私はこれらのテクストに問いただし、順序を入れかえ、解釈する。だがそれとともにテクストに自由に語らせ（引用がこれほど多いのはそのためである）、自らを釈明させる。コロンからサアグンにいたるこれらの人々は、私とは異なる言葉を話していた。だが他者を手つかずのままに放置しておくことは、他者の声を全面的に消し去ることと同様、他者を生かす道ではない。近くてしかも遠い彼らを、私は私たちがおこなう対話の話し相手の一人であると見なそうとしたのである。

もっとも私たちの時代は、これら同じ特徴のいわば戯画化された経験によって定義することもできる。このことはどうしても避けることができない。この戯画的な経験はあまりに数多く起こるために、新しい特徴を覆い隠してしまうことがしばしばあるが、ときにはその特徴よりも前にあらわれることがある。まさしくモデルのないパロディーである。ラス・カサスの〈中立的な愛〉、〈分配的な〉正義は、適当な視点を選びさえすれば、一切が同じだけの価値をもつ一般化された相対主義という形でパロディー化され、意味を奪われる。透視図法主義は無関心と一切の価値の放棄につながるのである。〈私〉による私のなかに住まう〈彼ら〉の発見は、〈われわれ〉のなかに〈私〉が消え去ってしまうことを肯定する全体主義体制特有のなんとも恐ろしい主張につきまとわれている。亡命は、もし二つの文化に同時に所属し、しかもいずれの文化にも自己を同一化しなければ実り豊かである。だが社会全体が亡命者によって形成されていれば、文化どうしの対話は途絶える。そのとき対話は、折衷主義と比較至上主義《コンパラティスム》によって置きかえられ、なんでも少しずつ愛する能力、なにを選択してもそれを喜んで受け入れることがないかわりに、選択したものと無気力に共鳴する能力に取ってかわられる。声どうしの差異を理解させる他性論《エテロロジー》は必要だが、多性論《ポリロジー》は精彩を欠く。最後に、民族学の立場は観光客の立場よりはるかに実り豊かである。観光客は外国の生活習慣にたいする好奇心に駆り立てられ、バリ島やバイア〔ブラジル東部の港市、サン＝サルバドル〕近郊にまで足を伸ばしたりするが、異質なものの経験を有給休暇の範囲内に閉じ込めている。もっとも民族学者とちがって、自分の旅費は自分のポケットマネーで支払っている点は立派である。

　新大陸の征服という事例史を通じて私たちがまなんだのは、西洋文明が勝利を収めたのはとくに対人間のコミュニケーションにおける優越性のおかげであるが、この優越性の確立は、世界とのコミュニケーションを犠牲にしておこなわれたということである。植民地時代を抜け出した現在、私たちはこの世界とのコミュニケーションを再評価したい欲求を漠然とながら感じている。だがここでもまたパロディーが本来のあり方に先行しているように見える。六〇年代のアメリカのヒッピーはベトナム爆撃を続けている自国の理想を受け入れることを拒否し、善良な未開人の生をふたたび見出そうと試みた。セプルベダの手で描かれたインディオにいささか似て、彼らが欲したのは、金銭を使用せず、書物や文字を忘れ、衣服にたいする興味を捨て、機械を使わずすべてを手作りにすることであった。だがこのような共同体は、完全に現代的な個人主義的精神構造をこれら〈原始的〉特徴でメッキしただけのものである以上、明らかに挫折する運命にあった。「地中海クラブ」の方は、同じく原始的世界に沈潜して生活する場ではあるが（金銭、書物、場合によっては衣服なしで）、〈文明人〉の生活をもち込んでも問題にされない。そのスローガンの商業的成功は周知のところである。あれこれの新旧の宗教への回帰はもはや問題にならない。回帰それ自体はこうした傾向の強さを示しはするが、この傾向が具体化されることはありえないと私は考えている。過去に後戻りすることは不可能だからである。私たちが求めているのはもはや〈すべてが許されている〉（無道徳の）道徳ではないことを私たちは知っている。なぜならそうした道徳の結末がいかなるものであるかは経験ずみだからである。そうではなく、新たな禁忌、あるいは過去の人々の禁忌の新たな動機づけを見出し、その意味を感得しなければならない。即興とその場かぎりの自己同一化の能力は、〔それらの対立概念である〕儀礼とアイデンティティを価値として立てることによって、自らの均衡を見出そうとする。だが、生国への回帰だけで十分かどうかは疑わしい。

　新大陸征服の歴史を報告し分析する過程で、私は一見矛盾する二つの結論に到達した。コミュニケーションの形式と種類についていえば、私はまず類型学的視野に身を置いた。インディオは世界との交換を重要視し、ヨーロッパ人は人間関係における交換を重視する。この二つの交換のいずれも、他にたいして本来的に優位に立つということはない。そして人はつねに同時にその両者を必要とする。一方の次元でなにかをえれば、他方でかならずなにかを失う。だが同時に私は、象徴体系の〈テクノロジー〉のなかに進化を確認するにいたった。単純化すれば、この進化は文字言語《エクリチュール》の出現に要約することができる。ところで文字言語の存在は、時間の線的概念あるいは他者の知覚についてもそうであるが、儀礼を犠牲にして即興に有利に作用する。それでは世界とのコミュニケーションから人間どうしのコミュニケーションへの進化も存在するのであろうか。もっと一般的ないい方をすれば、そのような進化があるとすれば、野蛮という概念は相対的でない意味を取りもどすのではなかろうか。

私にとってこのアポリア〔論理上の行きづまり〕の解決は、これら二つの主張の一方を放棄することではなく、個々の出来事にたいして、歴史を体系化しようとする一切の試みを必然的に失敗にいたらしめる多数の限定を認めることにある。これが、なぜテクノロジーの進歩が、今日あまりにもよく知られているように、道徳的社会的価値の次元での優越性（さらには劣等性）を意味しないのかを説明している。文字言語をもつ社会は、文字言語をもたない社会より進歩している。だが生贄の社会と大量殺戮の社会との間で選択を迫られたら、人は躊躇するであろう。

さらに別の次元での最近の経験は落胆させるていものである。平等主義の社会の個人主義を超越し、位階制社会に特有の社会性に到達せんとする欲望がふたたび見出されるのは、なかんずく全体主義社会においてなのである。全体主義国家は、噂ではイサドラ・ダンカンが予感し、バーナード・ショーが恐れたあの怪物じみた子供に似ている。つまり彼のように醜悪で、彼女のように愚劣なのだ。生贄の社会にも大量殺戮の社会にも似ていない点で間違いなく現代的であるこれらの国家は、現代的とはいっても、それら二つの社会のある種の特徴をかね備えており、それをいいあらわすにはかばん語《モ＝ヴァリーズ》を新たに作り出さなければならない。すなわち、それは大量生贄（massacrifice）の社会なのである。生贄の社会におけるように、人は国教の信徒だと公言し、大量殺戮の社会におけるように人は自己の行動を〈すべてが許されている〉というカラマーゾフ流の原理から導き出している。生贄のように、人はまず身内を殺し、大量殺戮の場合のように、こうした虐殺があったことを隠蔽し否定する。生贄のときのように犠牲者は一人一人選ばれ、大量殺戮のときのように儀礼の理念を一切もたず、それら犠牲者を皆殺しにする。第三の項が存在しても、それは先行する二項よりもなお悪いのだ。どうすればいいのか。

この書物を書くにあたって私が必要とした言説の形式、すなわち事例史もまた、純粋な神話に〈逆戻りする〉ことなく、体系的書記行為《エクリチュール》の諸限界を超越せんとする欲望の結果として生み出された。コロンとコルテス、コルテスとモクテスマを比較してみて、私がはっきり意識したのは、産出であれ解釈であれコミュニケーションの形式は、たとえそれが普遍的で永遠のものであろうとも、作家の自由にゆだねられているのではなく、実効力をもつイデオロギーと相関関係に置かれており、したがってそのイデオロギーの記号となりうるということである。それにしても他性論的精神構造《マンタリテ》にふさわしい言説とはなんであろうか。ヨーロッパ文明においてはロゴスがミュトスに打ち勝った。というより多形質言説《ポリモルフ》にかわって、同質の二つのジャンルが優勢となった。すなわち科学とそれと同系統のすべてのものは体系的言説に属し、文学とその変種は語りの言説を用いているのである。だがこの後者の領域も日々縮小の一途をたどっている。神話でさえ相関表に還元され、歴史そのものも体系的分析によって置きかえられている。そして小説は空間的形式を求めて時間の展開との戦いにしのぎを削り、不動の基盤《マトリス》という理想をめざしている。私が〈勝利者《ヴァンクール》〉のヴィジョンと訣別できたのは、彼ら勝利者がわがものとした言説の形式を私自身が捨て去ったときであった。私は、押しつけるのではなく提示する物語に同意し、また一つのテクストの内部で語りの言説と体系的言説とが補い合う、そのようなテクストをもう一度見出さなければならないと感じている（これは個人的な必要性などではまったくない。だからこそこれを書いているのだ）。したがって私の〈歴史〉は、価値の問題は別にしてジャンルの点では、現代の何人かの歴史家がもつ理想に似るよりも、ヘロドトスの歴史に近い。私が報告するある種の事実は一般的な主張に通じ、ほかの事実（あるいは同じ事実のほかの側面）はそうではない。分析に付している物語のそばに、ほかの物語が分析されないままに残されている。そして、ほかならぬいま、私が私の歴史から〈教訓を引き出している〉としても、それはこの歴史の意味を解き明かし、その意味を固定するつもりだからでは少しもない。物語は格言に要約することなどできないのだ。そうではなく、私も私の歴史の読者の一人である以上、この歴史が私に残すいくつかの印象は遠慮せずのべてもいいと考えているからである。

　事例史は過去にも存在した。だがこの語は、そのときといまではもはや同じではない。キケロ以来、人は「歴史は生の指導者なり」（Historia magistra vitae）の金言をくり返している。その意味するところは、人間の運命は変わらないものだが、人は現在の自分の行動を過去の英雄の行動にもとづいて調整することができる、ということである。歴史や宿命にかんするこのような考え方は、現代の個人主義的イデオロギーの到来とともに潰えてしまった。なぜならそのとき人は、一人の人間の生はその人自身のものであり、他人の生とは無関係だと考えたがるからである。私は新大陸征服の物語が、私たちの対他関係の忠実なイマージュを表現しているという意味で模範的《エグザンプレール》〔事例的〕だと考えているのではない。コルテスがコロンと同じでないだけでなく、私たちももはやコルテスと同じではないからである。歴史を知らなければ同じ歴史をくり返す恐れがある、とその金言はいっている。だが人がなすべきことを知るのは、歴史を知ることによってではない。私たちは征服者《コンキスタドール》に似ており、しかも異なっている。彼らの事例は有益だが、私たちが彼らのように行動しないからといって、新たな状況に適応する際に、彼らの轍を踏まずにすむ保証などどこにもない。だが彼らの歴史は私たちの模範になることができる。なぜなら、この歴史は私たちが自省し、類似と差異を発見するよすがとなるからである。ここでもまた、自己の認識は他者の認識を媒介にしておこなわれる。

　コルテスの場合、知の征服は権力の征服に直結している。私はコルテスの例から知の征服を取りあげるが、それはあくまでも権力に抵抗するためである。悪と戦うにはあたかも悪を識別するだけで十分であるかのように、悪辣な征服者を糾弾し、善良なインディオを惜しむだけにとどまることは、軽率の誹りを免れないだろう。場合によって征服者の優越性を認めても、彼らを賞讃することにはならない。もしいつの日か征服を止めさせることを望むのであれば、征服の武器をよく知ることが必要なのだ。なぜなら、征服は過去だけのものではないからである。

私は、歴史がある体系にしたがっているとは思わないし、歴史のいわゆる〈法則〉が未来の社会様式どころか現在の社会様式さえ演繹できるとも思わない。私が信じるのはむしろ、私たちの文化にあるなんらかの特徴の相対性、したがって恣意性を意識するようになることが、すでにその特徴を少しズラすことであるということ、また(科学そのものではなくその対象としての)歴史とはこうした一連の目に見えないズレ以外の何物でもないということである。

# 訳者あとがき

本書は Tzvetan Todorov, *La conquête de l'Amérique*——*La question de l'autre*, Seuil, 1982(『アメリカ大陸の征服——他者の問題』)の全訳である。翻訳では、原文の副題が表題として表面にせりだした格好になった。

それは、本書の冒頭にも書かれているように、副題が主題をあらわし、表題がその主題を展開させるための素材をあらわしているからである。つまり、アメリカ大陸征服の歴史、およびそれについて書かれた言説を通して、他者(スペインに代表されるヨーロッパの文化にたいするインディオの文化、あるいはその逆)との関係がどのように変遷していったかを見ることが、本書でのトドロフのねらいだと思われるからである。

さて、本書にはこのような主題を背負って、「人名索引」に見るように実にさまざまな人々が登場してくる。独立した一章を割り当てられている者だけでも、コロン(コロンブス)、モクテスマ、コルテス、ラス・カサス、ドウラン、サアグン……。これらの人々が具体的にどのような対他関係を演じて見せたかについては本書を読んでいただくしかないが、ここではまず、本書におけるこれらの人々の配列そのものが一つの意義をになっていることを指摘しておきたい。すなわち他者を「愛さない、認識しない、自己と同一視しない」(二五七ページ)コロン(とモクテスマ)の立場、つまり典型的なモノローグとしての文化る。の立場から、文化を他者とのたえざる対話《ディアローグ》のなかにあるものとしてとらえる立場への漸進的な変化である。

そもそもアイデンティティは差異から事後的に構築されるものなのだ。ということはアイデンティティは対話の産物だということである。つまり「一四九二年——コロンが大西洋を横断した年——以上に近代のはじまりを刻むのにふさわしい年はない」(八ページ)のも、「あまりにも見知らぬゆえに、私たちと同じ人類に属しているのだろうかと危ぶんでしまうほどの未知の人々」(四—五ページ)、すなわちアメリカ大陸のインディオ(との差異)にはじめて遭遇することによって、たとえばコロンに見ることのできる中世的な純然たるモノローグの文化から脱皮したヨーロッパが、(それ以外の文化に対立する)ヨーロッパとしてのアイデンティティを確立した年だからである。だがアイデンティティの根源たるこの差異は、既存の文化装置によってただちに優/劣の関係に翻訳されてしまった。もちろん優越の立場に置かれるのはヨーロッパである。対話から生まれたヨーロッパのアイデンティティが、優/劣の関係を他者に押しつけることによってこの対話の存在を隠蔽し、他者のアイデンティティを拒否するのである。ここに三五〇年間にわたる全世界的な規模でのヨーロッパの植民地支配がはじまることになる。

だが、本来中性的であるはずの差異がインディオとの関係において優/劣の関係を生みだしたことについては、これをモノローグの文化装置一般のメカニスムに帰することができるにしても、あたかもそうした優/劣が幻想以上のものであるかのごとく、征服戦争におけるヨーロッパの圧倒的な軍事的優位やその後の植民地支配が可能になったのはなぜであろうか。トドロフは「象徴体系の〈テクノロジー〉のなかに進化」(三五〇ページ)が存在するからだという。いいかえれば「コルテスと記号」の章に見るように、対人間のコミュニケーションの能力においてヨーロッパの人間はインディオにまさっているのである(トドロフはその理由を訊ねて、「当時のヨーロッパ文明は、自己中心的というより〈他者中心的《アロサントリック》〉であり、そのためにもともと「他者が中心となる可能性」（一五二ページ）をもっていた、と指摘している）。実際、忘れてならないのは、本書を書くことによってヨーロッパの近代を告発し、そこから新しい対他関係のあり方を導きだそうとしているトドロフ自身がヨーロッパの人間であり、彼が対他関係を記述する際に駆使する概念そのもの――アイデンティティにしろ対話にしろ、あるいは差異にしろ――もヨーロッパが生みだした概念だということである。そしてこの進化が「文字言語《エクリチュール》の出現に要約することができる」（三五〇ページ）とすれば、アメリカ大陸征服戦争でのヨーロッパの勝利は、文字言語に支えられた文化の、文字言語をもたない文化（トドロフはこれを儀礼的社会と呼んでいる）にたいする勝利であった。

「彼ら〔インディオ〕の言語教育は連辞《サンタグム》を犠牲にして範列《パラディグム》を、文脈を犠牲にしてコードを、瞬間の効果より秩序を、現在より過去を優遇する」（一二〇ページ）とトドロフは書いている。文字言語をもたない世界は「掟、規範、価値観を具象化」した儀礼的言説をくり返すことによって「集団のアイデンティティを支え」（一〇九ページ）ようとするのであり、そこでは「反復は差異にまさる」（一一九ページ）のである。たとえばスペイン人によるアメリカ大陸の征服という文字通り前代未聞の事件を、インディオがいかにして自分たち固有のありふれた「自然、社会、超自然の網の目に包みこんでしまう」（一〇一ページ）かについては「モクテスマと記号」の章にくわしい。一方、文字言語の世界、トドロフのいう「書物の社会」（一〇九ページ）は「一つの方向性しかもたない時間が支配」（一一九ページ）する世界である。そこでは「個人の力で獲得できる英知が、集団の制度によって伝えられる諸価値に均衡をもたらす」（一〇九ページ）。つまり、反復から解放され、一瞬一瞬新しい時間にさらされている個人は、自分自身の力で「集団の制度によって伝えられる諸価値」と自己とのあいだに一致点を見出していかなければならないのである。とくにコルテスにおいて指摘されるヨーロッパ人の「即興と適応」の能力はここに起源をもつといってよい。インディオとヨーロッパ人との遭遇。インディオにとってもヨーロッパ人にとっても、なにからなにまで新しい事件。とすれば、征服戦争においてヨーロッパが勝利するのは当然のことであった。だがしかし、この勝利によって失われたものも甚大であった。

トドロフは「コミュニケーションには二つの大きな形式」(九四ページ)があるという。人間対人間のコミュニケーションと人間対世界のコミュニケーションである。ヨーロッパ人が得意とするのは人間対人間のコミュニケーションであり、インディオの方は人間対世界のコミュニケーションである。人間が生きていくためにはいずれもが不可欠である。だがヨーロッパの勝利はこの第二の型のコミュニケーションを徹底的に抑圧することになった。「その得意とするものによってこの地上全体を支配しているうちに、ヨーロッパ人は世界と一体化する自らの能力を心のうちで踏みつぶしてしまった。」それだけではない。征服戦争、民族大虐殺、植民地支配を通じて地球全体を自己の文化のパラダイムのなかに組み込んでしまったヨーロッパ人は、全人類から人間対世界のコミュニケーションを回復する可能性を奪ってしまったともいえよう。だから「勝利はすでに敗北に満ちていたのだ」(一三五ページ)と結論づけるトドロフの筆致は悲痛である。

このことから、「平等のなかで差異を生きること」という命題が、新しい対他関係の指針として打ちだされることになる。これが「いうは易し、おこなうは難し」(三四六ページ)なのは、すでに見たように「差異の原理は優越感を、平等の原理は無＝差異〔無関心〕を容易に生みだす」(八六ページ)からにほかならない。ラス・カサス、バスコ・デ・キロガ、カベサ・デ・バカ、ドウラン、サアグンらの言説にトドロフが見るのは、対話を拒否し自らモノローグのなかに閉じこもろうとする文化に抗し、「平等のなかで差異を生き」ようとする努力、いいかえれば「自分と似ているが同時に異なっている人間として」（二一七ページ）他者を認知しようとする努力である。そして彼らはこの努力を通じて、対他関係にかんして新しい地平を開く思想をつぎつぎと提起していく。たとえば、ドミニコ会修道士ラス・カサスは「宗教のただなかに〈透視図法主義《ペルスペクティヴィスム》〉とでも呼べそうなものを導入する」（二六二ページ）。つまり物の大きさを（宗教などによって絶対的に定められた）物そのものの大きさによって測るのではなく、ある視点からの遠近によって測定しようとする相対主義である。そこではキリスト教の神も、あるいは〈野蛮〉という概念も相対化され解体される。これについてトドロフは「宗教についてある一つの言説を受け入れる者は、まさしく宗教的言説そのものの放棄に向かう最初の一歩を踏みだすことになると思われる」（二六三―二六四ページ）とのべている。諸民族間の対話に向かって新しい時代がはじまるのである。

だが、文学者トドロフの面目躍如たる観があるのは、「サアグンの業績」の章でのテクストの分析においてであろう。トドロフはここで「メキシコの歴史に興味をもち」「情報提供者や絵文書に依存していた」さまざまな年代記作者のテクストを比較し、そこから「サアグンの独創性」（三一三―三一四ページ）を明らかにしようとしている。すなわち、彼らのテクストはいずれもが情報提供者（インディオ）と作者（スペイン人）という二つの声の複合体として存在しているが、その二つの声の関係を対他関係という観点から見ようとするのである。この興味津々たる分析は本書をつぶさにたどっていただきたいが、そこで明らかにされるのは「情報提供者の声がサアグンの内部にあって、それを変形させつつ自らを聞かせ」、「一方サアグンの声の方も彼らの言説のなかに浸透」（三二六ページ）する「二つの声の相互浸透のさまざまな形式」（三三二ページ）である。それと比較されているモトリニーアの場合についてトドロフはつぎのように書いている。「二つの声の一方（モトリニーアの声）は他方の声を包摂し吸収しており、その結果、他方の声は直接には読者に届かず、言葉の完全な意味での唯一の主体であるモトリニーアの仲介を介してのみ届くのである」（三三一ページ）。モトリニーアの言説がヨーロッパ中心主義であるとするなら、サアグンにおいてはじまるのは対話である。トドロフはサアグンのテクストのうちに「偶発的で無意識的である」（三三七ページ）にせよ、自分と対等でありかつ異なったものとしての他者とのあいだで、対話を交わしつつおたがいに変形しあう「未来の対話の最初の素描、私たちの現在を予告するまだ形をなさない胎児」（三三八ページ）を見出すのである。

コロンによるアメリカ大陸の発見は新しい時代をもたらした。そのとき「世界は閉じられ」、「それまでは、人は全体にはかかわらない一部分を構成していたのにたいして、自分たちがその一部になっている全体の存在に気づいたのだ」（八ページ）。以来、今日にいたるまで五世紀という時間が流れた。だが近代のはじまりにもたらされたこの状況に変わりはないし、逆に現代を生きる人間の条件として私たちの上にますます重くのしかかっている。アメリカ大陸征服に際し他者をめぐって演じられたさまざまなドラマは、したがって現在においても意味を失っていないし、「差異の原理は優越感を、平等の原理は無＝差異〔無関心〕を容易に生みだす」ことによって近代の初頭におこなわれた惨劇を、二度とくり返してはならないという意味で、ますますその価値を増しているということもできよう。これがトドロフにこの書物を書かせた理由であり、また彼のいう「事例〔模範〕史」ということの意味でもある。

以上が、簡略化しすぎたきらいはあるが、本訳書『他者の記号学』の骨子である。

本書でのトドロフの試みが、世界を一つの閉じた完結的で自己充足的な統一体とみなすギリシア以来のヨーロッパ思想の諸限界を明らかにしようとするデリダの試みや、ロイヤル・サイエンスにたいしてマイナー・サイエンスの概念を対立させるドゥルーズ＝ガタリの方向と軌を一にしていることはいうまでもない。

だが本書は、このような哲学者たちの難解な思弁とは無縁な、知的ではあるが平易な読む喜びを読者にあたえてくれるだろう。それは、トドロフ自身が「エピローグ」のなかでいっているように(三四八ページ)、他者との対話の道を模索する本書自体もまた、一六世紀に書かれたさまざまなテクストとの対話だからである。対話が二人の対等の人間がいることを前提としているように、本書は対話の一方の当事者であるおびただしい引用文で埋められている。そしてもう一方の当事者であるトドロフが、すぐれたインタビューアーの腕前をもって、これらの引用文から言葉を引きだしているからである。その現場に立ちあわされる読者はこの知的な焔に身を焼かれる思いにかられるであろう。

訳文は前半を菊地、後半を大谷が担当し、及川が全体を調整することにしたが、結局三人で全部を見なおすことになった。トドロフの編集した資料篇も菊地・大谷の手で訳業が進められていることを付記する。また、既訳の文献はできるだけ参照して多大の恩恵を受けたことを記し、トドロフの原文との関係で引用という形にすることはできなかったが、感謝の意を表しておきたい。また法政大学出版局の稲義人氏の本書刊行に示された情熱と松永辰郎氏の真摯な御支援にも改めて感謝の言葉を述べさせていただきたい。

訳　者

## 著　者

ツヴェタン・トドロフ（Tzvetan Todorov）

1939年，ブルガリアに生まれる．1973年，フランスに帰化．ロラン・バルトの指導のもとに『小説の記号学』（67）を著して構造主義的文学批評の先駆をなした．『象徴の理論』（77），『象徴表現と解釈』（78），『言説の諸ジャンル』（78），『批評の批評』（84）で文学の記号学的研究をすすめるかたわら，『ミハイル・バフチン　対話の原理』（81）以後，記号学的見地から〈他者〉の問題に関心を深め，本書（82）をはじめ，『アステカ帝国滅亡記――インディオによる物語』（83），『はかない幸福―ルソー』（85），『われわれと他者』（89），『極限に面して』（91），『歴史のモラル』（91），『フランスの悲劇』（94），『共同生活』（95），『異郷に生きる者』（96），『未完の菜園』（98），『悪の記憶・善の誘惑』（2000），『越境者の思想』（02），『イラク戦争と明日の世界』（03），『絶対の冒険者たち』（06），『啓蒙の精神』（06），『文学が脅かされている』（07）などを刊行している．91年，『歴史のモラル』でルソー賞を受賞．

## 訳　者

及川　馥（おいかわ　かおる）

1932年生まれ．東北大学大学院文学研究科博士課程修了．茨城大学名誉教授．

大谷尚文（おおたに　なおふみ）

1947年生まれ．東北大学大学院修士課程修了．石巻専修大学教授．

菊地良夫（きくち　よしお）

1942年生まれ．東北大学大学院博士課程修了．岩手大学名誉教授．

《叢書・ウニベルシタス　199》
他者の記号学　アメリカ大陸の征服

1986年12月20日　　初版第１刷発行
2014年６月10日　新装版第１刷発行

ツヴェタン・トドロフ
及川　馥／大谷尚文／菊地良夫　訳
発行所　一般財団法人　法政大学出版局
〒102-0071 東京都千代田区富士見 2-17-1
電話03(5214)5540／振替00160-6-95814
製版・印刷：三和印刷／製本：積信堂

Printed in Japan

ISBN978-4-588-09982-3

# 人名注・索引

（＊印は本書中に引用された文書・文献．末尾に「著者不明の書」および「邦訳文献一覧」を付す．）

**ア行**


アウィツォトル　Ahuitzotl　198

アウエルバッハ（エーリッヒ）　Auerbach, Erich（1892-1957，ドイツ生まれの文献学者，文学史家，『ミメーシス』*Mimesis*（1946））　347

　＊『文献学と世界文学』*Philologie und Weltliteratur*, 1967

アウグスティヌス　Augustinus, Aurelius（仏）Augustin（354-430，初期キリスト教会の教父・哲学者）　19, 215, 311

　＊『神の国』*Cité de Dieu*

アウ・シュパン・ナウアト　Ah Xupan Nauat　101

アギラール（フランシスコ・デ）　Aguilar, Francisco de　123, 151, 160

　＊『ヌエバ・エスパーニャ征服にかんする簡潔な報告』*Relación breve de la conquista de la Nueva España*

アギラール（ヘロニモ・デ）　Agilar, Geronimo de　123, 139-140, 169, 271, 307

アクイナス（トマス）→トマス・アクイナス

アコスタ（ホセ・デ）　Acosta, José de（1539頃-1600，スペイン出身のイエズス会宣教師，71年インディアスに赴きペルーで神学教授になる）　95, 103, 112, 314

　＊『新大陸自然文化史』*Historia natural y moral de los Indias*

アビラ（アロンソ・ロペス・デ）Avila, Alónso Lopez de　v, 272

アブラハム　Abraham（〔旧約〕イスラエルの民の指導者）　260

アリストテレス　Aristotelēs（仏）Aristote（前384-322，ギリシアの哲学者）　35, 210-211, 222-223, 238, 266

　＊『形而上学』*Métaphisique*

　＊『政治学』*Politique*

アルバラード（ペドロ・デ）　Alvarado, Pedro de　74, 77, 155, 170, 235, 303

アルファルガニ　Alfraganus（9世紀半ばのムスリムの天文学者）　41

アルベルティ　Alberti, Leon Battista（1404-72，イタリア・ルネッサンス期の人文主義者・建築家・絵画理論家）　172

アレキサンデル六世　Alexander VI（仏）Alexandre（ローマ教皇，在位1492-1503）　14

アンブロシウス　Ambrosius（仏）Ambroise, saint（340頃-97，ミラノの司教，四教会博士の一人）　19

　＊『ヘクサエメロン』*Héxaeméron*

イサク　Issac（〔旧約〕イスラエルの伝説的族長，アブラハムの子）　260

イサベラ　Isabela（1451-1504，カスティーリャおよびスペインの女王）　12, 16, 30, 223

　＊『遺言書』*Testament*

　＊《C．コロンへの手紙》Carta... a D. C. Colón→フェルナンド五世

イザヤ　Yeša'yah (仏) Isaïe (〔旧約〕前8世紀頃のユダヤの予言者)　31
イシュトリルショチトル (アルバ)　Ixtlilxochitl, Alva　145, 280
＊『スペイン来襲物語』*Relación de la venida de los Enpañoles*
イツコアトル　Itzcoatl　82
ヴァスコ・ダ・ガマ　Vasco da Gama (1469頃-1524, ポルトガルの航海者, インド航路の発見者)　10
エズラ 'Ezrā' (仏) Esdras (〔旧約〕前5世紀のユダヤ教律法学者)　19, 30
＊『エズラ書』*Livres d'Esdras*
エピナール　Epinal　246
エフタ　Yiptāh (仏) Jephté (〔旧約〕イスラエルの士師, 戦いに勝てば帰還して最初にであった者を生贄に捧げると誓った)　260
オバンド (フワン・デ)　Ovando, Juan de　240
＊『〔インディアスの人々にかんする〕勅令』*Ordonnances*
オビエド　Oviedo y Valdés, Gonzalo Fernández de (1478-1557, スペインの歴史家, インディアス歴史編纂官)　205, 209, 221, 230, 272
＊『インディアス概史ならびに大陸・諸島自然史』*Historia general y natural de las Indias, islas y Tierra firme del Mar Oceano*→『歴史』と略記
オヘダ (アロンソ・デ)　Hojeda, Alonso de (1471頃/65頃-1515, スペインの航海者, コロンとともにアメリカに航行)　45
オラルテ　Olarte, D. de　244
《チョルラ書翰》Carta de Cholula→モトリニーア
オリード (クリストーバル・デ)　Olid, Cristobal de　134
オルギン (ガルシア・デ)　Olguin, Garcia de　145
オルティス (トマス)　Ortiz, Tomás　208
オルテギーリャ　Orteguilla　143
オルメード (バルトロメー・デ)　Olmedo, Bartolomé de　150
オルモス　Olmos, Andrés de (1491頃-1570, スペイン生まれのフラシスコ会修道士, 言語学者)　106, 306, 316, 337

**カ行**

カオナボ　Caonabo　56
ガガヴィッツ　Gagavitz　146-147
カサス (ラス)→ラス・カサス
カソンシ　Cazonci　108, 129-134
カフカ (フランツ)　Kafka, Franz (1883-1924, チェコソロバキアのドイツ語作家) 190
＊『流刑地にて』*In der Strafkolonie*
カベサ・デ・バカ (アルバール・ヌニェス)　Cabeza de Vaca, Albar Nuñez (1490頃, -1557/60, スペインの探検家・植民地行政官)　273-278, 307, 346
＊『遭難記』*Naufragios y comentarios*
カマルゴ (ムニョス)　Camargo, Muñoz　280
カラマーゾフ (イワン)　Karamazov, Ivan (ドストエフスキーの小説『カラマーゾフの

兄弟』の登場人物） 200, 351
カランサ・デ・ミランダ（F・バルトロメ） Carranza de Miranda, F. Bartolomè 226, 268
カルロス一世 Carlos I（スペイン王，在位1516-56→カルロス五世） 193
カルロス五世 Karl V（仏）Charles Quint（1500-58，神聖ローマ皇帝，在位1519-56） 159, 165-166, 180-181, 193, 223, 239, 243, 308
《勅令》Cedula, 1530
キケロ Cicero（仏）Cicéron（前106-43，ローマの政治家・雄弁家・道徳哲学的著作家） 353
キラストリ Quilaztli 118
キロガ（バスコ・デ） Quiroga, Vasco de（1470年代-1565，スペイン出身のヌエバ・エスパーニャの司教，メキシコでの法の確立とインディオの保護・隔離に全力を傾注した） 108, 190, 268-271, 274
＊『記録集』*Documentos*
＊『法的報告』*Informacions en derecho*
クエラヴァペリ Cueravaperi 129
グスマン（ニーニョ・デ） Guzmán, Niño de 134, 186
クック船長 Capitaine Cook（1728-79，イギリスの探検家・軍人，太平洋海域の未知の部分を明らかにした，ハワイで原住民に殺された） 103
クネオ（ミケレ・デ） Cuneo, Michele de 26, 66-68
＊《アナリへの手紙》Lettre à Annari
グリハルバ（フワン・デ） Grijalva, Juan de 137, 150
クリュソストモス（聖）→ヨハネス・クリュソストモス（聖）
クレメンス七世 Clemens VII（仏）Clément VII（1478-1534，アヴィニョン在住のローマ教皇，在位1523-34） 181
クワウテモク Cuauhtemoc（アステカ最後の皇帝） 76, 80, 122, 126-127, 131, 145, 169, 191, 235
ゲルツェン（アレクサンドル） Herzen, Alexandre（1812-70，ロシアの革命的民主主義者・小説家・思想家，ナロードニキ主義の開祖） 346
＊《過去と思索》
ゲレーロ（ゴンサーロ） Guerrero, Gonzalo 271-272, 276, 307, 336
ゴドイ（ディエゴ） Godoy, Diego 158, 178
＊『H・コルテスへの報告』*Relación a H. Cortés*
ゴビノー Gobineau, Joseph-Arthur, Comte de（1816-82，フランスの作家・外交官，人種的社会学の創設者） 248
ゴマラ Gomara, Francisco Lopez de（1511頃-65頃，スペインの従軍司祭・著述家，メキシコ遠征後罷免されたコルテスと知己をえ，コルテスが死ぬまで従軍司祭としてつかえる） 77-78, 138, 144, 150, 156, 160, 168, 171, 302
＊『メキシコ征服史』*Historia de la conquista de Mexico*
コルテス（エルナン） Cortés, Hernán（仏）Cortez, Fernand（1485-1547，スペインのメキシコ征服者） 8, 72, 74-83, 95, 112-113, 120-123, 125, 133-135, 137-151, 153-169, 172,

176-182, 221, 241-243, 245-246, 248, 250, 253, 256-257, 272, 307-308, 343-344, 352-353
＊《第一報告書翰》《第二報告書翰》《第三報告書翰》《第四報告書翰》《第五報告書翰》 Cartas y Documentos
コルドバ（エルナンデス・デ） Córdoba, Hernandez de 137, 151
コルーニャ（マルティン・デ・ヘスス・デ） Coruña, Martin de Jesus de la 129, 315
＊『ミチョアカン報告』*Relación de Michoacan*
コロン（クリストーバル） Colón, Cristobal（仏）Colomb, Christophe（1451-1506, アメリカ大陸への航海者） 6, 8-69, 72, 86, 100, 102-104, 137, 147, 149, 153, 172, 181, 202, 221, 223, 226, 228, 242, 246, 257, 269, 280, 306-307, 343-344, 348, 352-353
＊『〔航海〕日誌』*Journal*
＊『予言の書』*Livre des prophéties*
＊《たぐいまれな手紙》Lettre rarissime
＊《アントニオ・デ・トーレスへの覚書》Mémoire pour Antonio de Torres
＊《両国王への書翰》Lettre aux rois
＊《教皇アレクサンデル六世への書翰》Lettre au pape Alexadre VI
＊《世襲財産の相続指定》Institution de majorat
＊《サンタンヘルへの書翰》Lettre à Santangel
＊《キューバの誓い》Serment sur Cuba
＊《モーセン・ペドロ・マルガリーテへの教示》Instructions à Mosen Pedro Margarite
＊《保育女官への書翰》Lettre à la nourrice
コロン（ディエゴ） Colón, Diego（1478頃-1526, クリストーバル・コロンの長男, スペインの植民地開発者） 36
コロン（バルトロメー） Colón, Bartolomé（1461頃-1514, クリストーバル・コロンの弟, スペインの植民地開発者） 61
コロン（フェルナンド） Colón, Fernando（1488-1539, クリストーバル・コロンの私生児, スペインの歴史家） 11-12, 54, 56, 63
＊『クリストーバル・コロン提督の生涯』*Vida del Almirante don Cristobal Colón*
コロンブス （羅）Columbus（仏）Colomb→コロン（クリストーバル） 35
コロンボ （伊）Colombo（仏）Colomb→コロン（クリストーバル） 35

**サ行**

サアグン（ベルナルディノ・デ） Sahahún, Bernardino de（1494-1590 スペインのフランシスコ会修道士, 歴史・言語・民族学に通じ, 〈文化人類学の先駆者〉あるいは〈中南米民族学の父〉といわれる） 8, 107, 112, 126, 136, 164-165, 167, 169, 280, 306-314, 316-320, 322-329, 331-337, 347-348
＊『ヌエバ・エスパーニャ諸事物概史』*Historia general de las cosas de Nueva España*
サイード（エドワード） Saïd, Edward 347
＊『オリエンタリズム』*Orientalisme*, 1980
サンタンヘル Santangel 21, 37, 47, 53-55, 57

サンドーバル　Sandoval　145
サン＝ヴィクトール（ユーグ・ド）→ユーグ・ド・サン＝ヴィクトール
シエーヴル　Chièvres　193
シーザー　Caesar（仏）César（前102頃-44，ローマの政治家）　144
ショー（バーナード）　Shaw, George Barnard（1859-1950，イギリスの劇作家・批評家）　351
ショーヴトン（ユルバン）　Chauveton, Urbain　337
　＊『キリスト教徒の読者へ』*Aux lecteurs chrestiens*, 1579
スアングア　Zuangua　130
ストラボン　Strabon（前64頃-後21頃，ローマ時代のギリシア系地理学者・歴史家）　264
スマラガ（フワン・デ）　Zumarraga, Juan de（1468/76-1548，メキシコの初代司教）　186, 283
　＊『国王陛下への手紙』*Carta a Su Magestad*
セプルベダ　Sepúlveda, Ginés de　8, 210-213, 215-217, 221-222, 226, 229, 237, 258, 265-266, 271, 335, 349
　＊『第二のデモクラテス』*Democrates Alter*
　＊『王国と王の義務について』*Du royaume et des devoirs du roi*
ソクラテス　Sōkratēs（仏）Socrate（前469-399，ギリシアの哲学者）　5
ソリタ（アロンソ・デ）　Zorita, Alonso de　92, 106, 125, 172, 196
　＊『ヌエバ・エスパーニャ報告書』*Breve y summaria relación de los señores de la Nueva España*

### タ行

ダイ（ピエール）　D'Ailly, Pierre（1350-1420，フランスの高位聖職者・神学者）　21, 31, 43
　＊『世界像について』*Imago Mundis*
タピア（アンドレス・デ）　Tapia, Andrés de　148, 151
　＊『メキシコ征服にかんする報告』*Relación sobre la conquista de Mexico*
ダビラ（ペドラリアス）　Davila, Pedrarias　205
ダンカン（イサドラ）　Duncan, Isadora（1878-1927，アメリカのバレリーナ）　351
チマルパイン　Chimalpahin　235
　＊『第六，第七報告』*Sixième et septième relations*
ツィラカツィン　Tzilacatzin　123
ディアス（フワン）　Díaz, Juan　137, 150
　＊『行程……』*Itinerario*
ディアス・デル・カスティーリョ（ベルナール）　Díaz del Castillo, Bernal（1500頃，-81，スペインの征服者・年代記作者，コルドバおよびコルテスの遠征にしたがう）　72, 75, 77, 80, 83, 99-100, 121-122, 125, 139, 141, 143-145, 150-151, 154-155, 158-160, 167-169, 178-179, 181, 183, 235, 272
　＊『ヌエバ・エスパーニャ征服実録』*Historia verdarera de la conquista de la Nueva España*

ディオクレティアヌス Dioclētiānus (仏) Dioclétien (245-313, ローマ皇帝) 77
テソソモク (アルバラード) Tezozomoc, Alvarado 124, 125, 280, 297
＊『メキシコ年代記』*Crónica Mexicana*
デモクラテス Democrates 211, 213, 215
デューラー(アルブレヒト) Dürer, Albrecht (仏) Albert (1471-1528, ドイツの画家・版画家) 182
ドウラン (ディエゴ) Durán, Diego (1537-88, スペインのドミニコ会修道士, 年代記作者) 8, 81, 85, 88-93, 96-98, 104, 108, 113-114, 117-118, 148, 164-165, 218, 280-294, 296-300, 302-305, 310, 312-315, 318, 321-322, 325, 332-333, 335-337, 347
＊『ヌエバ・エスパーニャのインディアス史および大陸付属諸島史』*Historia de las Indias de Nueva España e Islas de la Tierra Firme*→『ヌエバ・エスパーニャのインディアス史』と略記
トスカネリ Toscanelli (1397-1482, イタリアの天文学者・地理学者・数学者・医師) 30, 172
ドニャ・マリーナ Doña Marina (→マリンチェ〔ラ〕) 140, 141, 160
トバール Tovar 77, 97, 100, 105, 112, 124-127, 297, 300, 337
＊『メキシコインディオの起源と信仰』*Origines et Croyances des Indiens du Mexique*
＊《アコスタへの手紙》Lettre à Acosta
トマス (聖) Thomas, saint (〔新約〕福音書の12使徒の一人) 291
トマス・アクイナス Thomas Aquinas (仏) Thomas d' Aquin, saint (1225/27-74, イタリアの神学者・哲学者) 211
トーレス (アントニオ・デ) Torres, Antonio de 11, 33, 56, 65
トーレス (ルイス・デ) Torres, Luis de 42
ドン・キホーテ Don Quijote (仏) Don Quichotte (セルバンテスの小説『才知あふるる郷士ドン・キホーテ・デ・ラ・マンチャ』の主人公) 14

## ナ行

ナウアト (アウ・シュパン)→アウ・シュパン・ナウアト
ナチャンカン Nachancan 271
ナルバーエス (パンフィロ・デ) Narváez, Pánfilo de (1470頃-1528, スペインの軍人, キューバ総督ベラスケスからコルテス討伐の命を受ける) 74, 95, 188, 194, 234, 273
ネブリーハ (アントニオ・デ) Nebrija, Antonio de 173
＊『カスティーリャ語文典』*Gramática de la lengua castellana*
ネサワルピルリ Nezahualpilli 92, 100

## ハ行

パウロ (聖) Paulos (仏) Paul, saint (?-62/65, 原始キリスト教最大の伝道者, イエスの12使徒の一人) 149, 225, 264-267
＊「コロサイ人への書」*Epître aux Colossiens*
＊「ガラテア人への書」*Epître aux Galates*

＊「コリント人への第一の書」*Premiere Epitre au Corinthien*
パウルス三世　Paulus III (仏) Paul (ローマ教皇，在位1534-49)　223
＊『崇高なる神』*Sublimus Deus*
パネ (ラモン)　Pane, Ramón　56, 61
バフチン　Bakhutine, Mikhaïl (1895-1975, ロシア‐フォルマリスムの代表的評論家)　347
バルディビア (ペドロ・デ)　Valdivia, Pedro de (1489頃-1554頃,，スペインの軍人，ピサロとともに南米を征服した)　205
＊《書翰集》Cartas ...
バルト　Barthes, Roland (1915-80, 現代フランスの文芸批評家・記号論者)　346
＊『彼自身によるロラン・バルト』*Roland Barthes par lui-même*, 1975
バルボア (バスコ・ヌニェス・デ)　Balboa, Vasco Nuñez de (1475-1517, スペインの探検家，パナマ海峡を横断して太平洋を発見)　195
ビエンベニダ (ロレンソ・デ) Bienvenida, Lorenzo de　83
＊《フェリペ陛下への手紙》Carta a Don Felipe
ビトリア (フランシスコ・デ)　Vitoria, Francisco de (1486頃-1546, スペインのドミニコ会士，スコラ学者，国家間の正義と平和を論ずる著作を残し〈国際法の父〉と称された)　206-208, 247, 251-253
＊『インディオについて』*De Indis*
＊『戦争の権利』*De Jure Belli*
ピンソン (マルティン・アロンソ)　Pinzón, Martın Alonso　25, 38
フェリペ (皇太子)　Felipe (仏) Philippe, prince (→フェリペ二世)　224, 230
フェリペ二世　Felipe II (仏) Philippe (1527-98, スペイン王，神聖ローマ皇帝カルロス五世の子，スペイン絶対王政の絶頂期の王)　240, 334
フェルナンド五世 (カトリック王)　Fernando V el Catolico (仏) Ferdinand (1452-1516, シチリア・カスティーリャ・アラゴン・ナポリ王)　12, 30, 162-163, 238
＊《C. コロンへの手紙》Carta ... a D. C. Colón→イサベラ
フェルレル (モーセン・ハウメ) Ferrer, Moèsn Jaume (15世紀のカタローニャの航海者)　28
＊《コロンへの手紙》Carta a Colón
フエンレアル (セバスティアン・ラミレス・デ)　Fuenleal, Sebastian Ramirez de　108, 239
＊《書翰，1532年11月3日付》Carta, 3. 11. 1532
ブスタマンテ　Bustamante　328
プトレマイオス　Ptolemaios, Klaudios (仏) Ptolémée (2世紀中頃，アレクサンドリアで活躍したギリシアの天文学者，天動説を主張)　24
＊『地理学』*Géographie*
プトレマイオス (ルッカの)　Ptolémée de Lucques　211
＊『君主統治について』*De regimine*
ブランショ　Blanchot, Maurice (1907-, 現代フランスの文芸評論家・小説家)　346
＊『無限なる対話』*Entretien infini*, 1969

フランチェスカ（ピエロ・デルラ） Francesca, Piero della（1410/20頃-92，イタリア・ルネッサンス中期の代表的画家・数学者） 172
フリエン Julien 86, 306
プリニウス Plinius, Gaius P. Secundus（仏）Pline（23/24-79，ローマの博物学者，百科事典的性格をもつ『博物誌』を書いた） 22
ブルネレスキ Brunelleschi, Filippo（1377-1446，イタリアの建築家・彫刻家，近世ヨーロッパの円蓋構造建築の基礎を築く） 172
ブルーノ（ジョルダーノ） Bruno, Giordano（1548-1600，イタリアの自然哲学者，世界の無限性と地動説にもとづく宇宙論を提唱） 266-267
　＊『無限，宇宙および諸世界について』*De l'infinito universo e mondi*
ペテロ（聖） Petros（仏）Pierre, saint（?-64頃，イエスの12使徒の一人，パウロとともに原始キリスト教の基礎を作ったがローマで迫害を受け殉教） 20-21, 203
ヘノバ（フワン・バルビ・デ） 23
　＊『カトリコン』*Catholicon*
ベラスコ（ルイス・デ） Velasco, Luis de 244
ベルナルディーズ Bernáldez 29, 48, 55
　＊『カトリック両王たるフェルナンド，イサベル両陛下についての物語』*Historia de los Reyes Católicos don Fernande y doña Isabel*
ヘロドトス Hērodotos（仏）Hérodote（前494-30/29，ギリシアの歴史家，ペルシア戦争を9巻の『歴史』にあらわし，歴史の父と称される） 352
ポマール（フワン・バウティスタ） Pomar, Juan Bautista 107, 187, 280
　＊『テスココ報告』*Relación de Tezcoco*
ポーロ（マルコ）→マルコ・ポーロ
ボローニャ（フランチェスコ・デ） Bologna, Francesco de 162
　＊《クレマン・ド・モヌリアへの手紙》Lettre à Clément de Monelia

**マ行**

マキャヴェリ Machiavelli, Niccolò Bernardo（1469-1527，イタリアのルネッサンス期の政治思想家・政治家，政治をキリスト教的モラルから解放した，近代政治学の先駆者） 102, 162-163
　＊『ローマ史論』*Discorsi sopra la prima deca di Tito Livio*, 1531
　＊『君主論』*Il principe*, 1532
マゼラン Magellan, Ferdinand（1480頃-1521，ポルトガルの航海者・軍人，最初の世界周航指揮者） 10
マタイ（聖） Matthaios（仏）Matthieu, saint（1世紀前半，イエスの12使徒の一人） 265
　＊『マタイによる福音書』*Evangile selon Matthieu*
マホメット Mahomet（570-632頃，アラビアの予言者・イスラム教の開祖） 224
マリア（聖母） Maria（仏）Marie, Vierge（イエスの母） 37, 337
マリンチェ Malinche 141
マリンチェ（ラ） Malinche, La 140-143, 271-272, 299, 307

マリンツィン　Malintzin (→マリンチェ〔ラ〕) 140
マルガリーテ（モーセン・ペドロ） Margarite, Mosen Pedro　55, 56
マルコ・ポーロ　Marco Polo (1254-1324, イタリアの旅行家,『東方見聞録』の著者) 13, 15, 18, 43
マルティレ（ピエトロ） Martir de Angleria, Pedro (仏) Martyr, Anghiera Pierre (1457-1526, イタリアの新大陸関係の歴史家・年代記作者) 50, 54, 77, 110, 144, 161, 163-164, 195, 209
　＊『新世界80年史』*Decadas del Nuevo Mundo*
ミゲル（ヘロニモ・デ・サン） Miguel, Jerónimo de San　196
　＊《書翰, 1550年8月20日付》Carta, 20, 8, 1550
メルヴィル　Melville, Herman (1819-91, アメリカの小説家,『白鯨』の著者) 345
　＊『ピエールあるいは両義性』*Pierre ou les Ambiguïtés*
メルチオール　Melchior　86, 138, 307
メンディエタ（ヘロニモ・デ） Mendieta, Geronimo de (1525-1604, スペインのフランシスコ会宣教師, 国王フェリペ二世の政策に反対しその著『インディアス教会史』は発禁処分を受けた) 306, 309, 337
　＊『インディアス教会史』*Historia eclesiástica indiana*
メンデス（ディエゴ） Mendez, Diego　45
メンドーサ　Mendoza　82
モア（トマス） More, Thomas (1478-1535, イギリスの思想家・政治家) 269-270
　＊『ユートピア』*Utopia*, 1511
モクテスマ（二世） Moctezuma II (アステカ皇帝) 6, 8, 72, 74-78, 80-82, 85-87, 93, 95-100, 102, 104, 108, 118-122, 124-128, 130-131, 135, 139-141, 143, 145, 147-148, 152, 154, 157-160, 164-167, 171-172, 176, 178, 197, 300-301, 343, 352
モクテスマ（一世） Moctezuma Ier　93, 97, 114
モテクソーマ　Motecuhzoma (→モクテスマ〔二世〕) 85
モトリニーア　Motolinía Toribio de Benavente (1495頃-1565頃, スペイン生まれのフランシスコ会宣教師, メキシコの〈12使徒〉の一人, 征服以前のインディアスの文化およびフランシスコ会の活動にかんする執筆を命じられ『ヌエバ・エスパーニャ布教史』を完成) 79, 83, 89, 122, 124, 127-128, 144, 185, 187-191, 196-197, 239, 244, 278, 306, 314, 320-322, 337
　＊『ヌエバ・エスパーニャ布教史』*Historia de los Indios de la Nueva España*
　＊《チョルラ書翰》Carta de Cholula→オラルテ
モラ　Mora　155
モンテホ（フランシスコ・デ） Montejo, Francisco de　102, 272

### ヤ行

ユーグ・ド・サン＝ヴィクトール　Hugo (仏) Hugues de Saint-Victor (1096頃-1141, フランスのスコラ学者・神秘主義哲学者) 346
ユリシーズ　Odysseus (仏) Ulysse (ホメロスの『オデュッセイア』の主人公) 18
ヨハネス・クリュソストモス　Chrysotomos, Ioannes (仏) Chrysostome, Jean (347

頃-407頃，コンスタンティノポリス主教，4世紀の代表的教父・聖書解釈学者・聖人）225

ラ行

ラス・カサス（バルトロメ・デ） Las Casas, Bartolomé de（1474-1566，スペインのドミニコ会派伝道師・歴史家，1502年以降インディアスで布教に従事，帰国後，著作に専念した） 8, 13, 16, 18, 19, 23, 28, 30-31, 35-36, 43, 65, 67, 102, 124, 160, 183, 186, 193-195, 197, 202, 206, 210, 215, 222-231, 233-241, 243-246, 253, 256-258, 260-271, 274, 304, 307, 314, 332, 335-337, 340-341, 346, 348
＊『インディアス史』*Historia de las Indias*
＊『インディアスの破壊についての簡潔な報告』*Très brève relation sur la destruction des Indes*→『報告』と略記
＊『現存する悪の改善策』*Entre los remedios*
＊『新世界の住民を弁ずる書』*Apologia*
＊『弁明的史論』*Apologética Historia Summaria*
＊『あらゆる人々を真の宗教に導く唯一の方法』*De l'unique manière d'attirer tous les peuples à la vraie religion*
＊『30の法的命題集』*Trente propositions*, 1545
＊『スペイン国王のインディアス支配を立証する論』*Traité des preuves*, 1552
＊《インディアス枢機会議への書翰》Lettre au Conseil des Indes, 1531
＊《ある宮廷人への手紙》Lettre à un personnage de la cour, 1535
＊《皇太子フェリペ殿下への書翰》Lettre au prince philippe, 1544, 1545
＊《カランサへの手紙》Lettre à Carranza, 1555
＊《インディアス枢機会議への覚書》Mémoire au Conseil des Indes
＊《バリャドリードの弁論》Discours de Valladolid
＊《教皇宛未完の書翰》Lettre inachevée au pape, 1566
＊《セプルベダへの反論》Objections à Sepúlveda
＊《遺言書》Testament
ラ・マリンチェ→マリンチェ（ラ）
ランダ（ディエゴ・デ） Landa, Diego de（？-1579，スペイン出身のフランシスコ会修道士，司教，その著『ユカタン事物記』はマヤの宗教，社会生活研究の貴重な資料になっている） v, 108, 196, 271, 278-280, 283, 313
＊『ユカタン事物記』 *Relación de las cosas de Yucatán*
リベラ（ディエゴ） Rivera, Diego（1886-1957，メキシコの画家，メキシコの歴史・生活をテーマとした作品を制作した） 246
ルキアノス Loukianos（仏）Lucien（120頃-80頃，ギリシアの風刺詩人） 269-270
＊『サトゥルヌス祭』*Saturnales*
ルビオス（パラシオス） Rubios, Palacios 203, 206, 241
＊『催告』*Requerimiento*
レヴィナス Lévinas, Emmanuel（1905-，現代フランスの哲学者） 347
＊『他者のユマニスム』 *Humanisme de l'autre homme*, 1972

ロペス（ヘロニモ） Lopez, Geronimo 308
＊《皇帝カルロス五世宛書翰》Carta al Emperador
ロルダン Roldan 45

〈著者不明の書〉

＊『キリスト教教義問答集』*Dialogues et doctrine chrétienne*
＊『任地概要』*Sumario de residencia*
＊『メキシコ歌物語集』*Colección de cantares mexicanos*

〈邦訳文献一覧〉

アコスタ『新大陸自然文化史』上・下，増田義郎訳，「大航海時代叢書」Ⅲ・Ⅳ，岩波書店，1966
コルテス『コルテス報告書翰』（《第二報告書翰》《第三報告書翰》），伊藤昌輝訳，「大航海時代叢書」第Ⅱ期12，岩波書店，1980
コロン『コロンブス航海誌』林屋永吉訳，岩波文庫，1977
サアグン『フィレンツェの絵文書』（邦訳『メキシコの戦争』，『ヌエバ・エスパーニャ諸事物概史』第12書），小池佑二訳，「大航海時代叢書」第Ⅱ期12，岩波書店，1980
ソリタ『ヌエバ・エスパーニャ報告書』小池佑二訳，「大航海時代叢書」第Ⅱ期13，岩波書店，1982
ドウラン『ヌエバ・エスパーニャのインディアス史および大陸付属諸島史』（菊地・大谷訳で法政大学版局より刊行予定）
モトリニーア『ヌエバ・エスパーニャ布教史』小林一宏訳，「大航海時代叢書」第Ⅱ期14，岩波書店，1979
ラス・カサス『インディアス史』１・２，長南実訳，「大航海時代叢書」第Ⅱ期21・22，岩波書店，1981，1983
ランダ『ユカタン事物記』林屋永吉訳，「大航海時代叢書」第Ⅱ期13，岩波書店，1982
アウエルバッハ『ミメーシス――ヨーロッパ文学における現実描写』上・下，篠田一士・川村二郎訳，筑摩書房，1969
アウグスティヌス『神の国』赤木善光他訳，「アウグスティヌス著作集」第11―15巻，教文館，1980―1983
カフカ『流刑地にて』川村二郎・丸子修平訳，マックス・ブロート編「カフカ全集」第１巻，新潮社，1980
ゲルツェン『過去と思索』金子幸彦訳，世界古典文庫，1948
バルト『彼自身によるロラン・バルト』佐藤信夫訳，みすず書房，1972
ブルーノ『無限，宇宙および諸世界について』清水純一訳，岩波文庫，1982
マキャヴェリ『ローマ史論』大岩誠訳，岩波文庫，1949
マキャヴェリ『君主論』池田廉訳，「世界の名著」16，中央公論社，1966
メルヴィル『ピエールあるいは両義性』（邦訳『ピエール』）坂下昇訳，「メルヴィル全集」９，国書刊行会，1981
モア『ユートピア』沢田昭夫訳，「世界の名著」17，中央公論社，1969

# 図版解説・索引

図1 「西インドの船と城」——『クリストーバル・コロンの書翰』，バーゼル，1493年所収（パリ国立図書館） 7
図2 「ドン・クリストーバル・コロン」——ホノリウス・フィロポーヌス『西インドの未開拓地方新航海想像図』，ヴェニス，1621年所収（パリ国立図書館） 9
図3 「ハイチ島に上陸するコロン」——テオドール・ド・ブリによる版画，『アメリカ第4の地方』，フランクフルト，1594年所収（パリ国立図書館） 51
図4 「占い師と書物による運命鑑定」——『フィレンツェの絵文書』VI，36所収（メディチ家の図書館 Bibliotheca Laurenziana，フィレンツェ） 87
図5 「コルテスとインディオにかこまれたラ・マリンチェ」——「トラカーラの絵」，『メキシコ古代遺物』，メキシコ，1892年，No. 7 所収 142
図6 「アルバラードによるメヒコ神殿での虐殺」——D. ドウラン『ヌエバ・エスパーニャのインディアス史』，メキシコ，1967年所収 170
図7 「コルテスがカルロス5世の宮廷で演じさせたアステカのアクロバット芸人」——C. ヴァイディッツによる素描，『クリストフ・ヴァイディッツの風俗ノート』，ベルリン，1927年所収（パリ国立図書館） 180
図8・9 「スペイン人の残虐行為」——ラス・カサス『インディアスの破壊についての簡潔な報告』のラテン語訳（フランクフルト，1598年）のためのテオドール・ド・ブリによる挿絵（パリ国立図書館） 192
図10 「剝いだ皮の使用法」——『フィレンツェの絵文書』II，21所収（メディチ家の図書館 Bibliotheca Laurenziana，フィレンツェ） 219
図11 「コルテスとラス・カサス」——ディエゴ・リベラによるフレスコ画，メキシコ・パレ・ナシオナル（DR） 245
図12 「食人の場面」——『フィレツェの絵文書』IV，9所収（メディチ家の図書館 Bibliotheca Laurenziana，フィレンツェ） 249
図13 「心臓剔出による生贄」——『フィレンツェの絵文書』II，補遺所収（メディチ家の図書館 Bibliotheca Laurenziana，フィレンツェ） 259
図14 「火炙りによる生贄」——ドウラン，同上書所収 259
図15 「モクテスマ二世の肖像画」——『トバール写本』，ジョン・カーター・ブラウン・ライブラリー，アメリカ合衆国ロード・アイランド州プロヴィデンス市所収 301
図16 「伝説の蛇」——『フィレンツェの絵文書』XI，所収（メディチ家の図書館Bibliotheca Laurenziana，フィレンツェ） 330